大夏书系·语文之道

Zhuigensuyuan Jiao Yuwen

追根溯源教语文
文本的背景分析

赵希斌 著

华东师范大学出版社
全国百佳图书出版单位
·上海·

目 录
CONTENTS

引 言 001

第一章 作者 001

文学作品就像作者孕育的孩子,想要了解这个作品,一定要了解作者的人生经历、气质人格、创作理念。

一、人生经历 002

二、气质人格 017

三、创作理念 025

第二章 时空 031

所有的文学作品都会被打上历史与环境的烙印,相应地,文学作品也反映了特定时空的状况,这是解读文本必须观照的重要信息。

一、自然环境 033

二、人文环境 039

三、时代背景 ··· 044

四、重大事件 ··· 061

第三章　文学史与文体发展 ························· 069

> 文学史显现了文学发展的轨迹，是文学自身生命力和外部环境共同作用的结果，其中文体的创生和发展特别值得关注，因为不同的文体在表情达意上有独特的优势，这是理解文本的重要背景。除了文学通史和断代史，教师还应当关注分体文学史，如散文史、小说史、诗史、词史、戏剧史等。

一、文体发展的基本脉络 ····························· 069

二、文体发展的关键特征 ····························· 072

三、文体发展的环境条件 ····························· 074

第四章　文学理论与作品批评 ························· 079

> 文学理论和作品批评是文本解读的重要背景，为文本赏析提供了基本的模式与方法。文道之辨是文学理论与文学批评的基源性问题，文学审美是文学批评的前提与基础，高质量的作品批评是文本解读的重要参考。

一、文道之辨 ··· 082

二、文学审美 ··· 096

三、作品批评 ··· 137

第五章 文本关联与比较 ········· 149

> 任何一个文学文本都不是孤立的,一定与其他文本相关。基于文本的关联与比较,文本的历史脉络和意义内涵凸显出来,学生的视野得到扩展,对文本的理解也更加深刻。

一、母题与类型化题材 ········· 152

二、符号化素材与典故 ········· 155

三、技法与流派 ········· 162

第六章 儒道思想 ········· 169

> 儒道思想设定了中国文化的基本框架,中国文学理论和审美取向也是建立在儒道思想之上的,儒道思想对中国的文人和文学产生了极为深刻的影响。

一、儒家思想 ········· 172

二、道家思想 ········· 183

三、儒道互援 ········· 196

后 记 ········· 221

引 言

宋代杜耒《寒夜》诗曰:"寻常一样窗前月,才有梅花便不同。"同一个月亮,因为有了梅花的衬托,显现出新异和更加丰富的意味。语文教学中任何一个文本都不是孤立的存在,而是与方方面面的信息存在关联,这些信息构成文本的背景,对理解文本至关重要。下面以小学课文辛弃疾的作品《清平乐·村居》为例,来看背景信息的收集与分析对文本解读的价值。

根据教参提示,"这首小词,全然不同于他那些激昂慷慨的作品,呈现出一种清新、宁馨的风格","作者听到那低绕婉转的南方口音,看到这样一幅一家老小其乐融融的乡村生活场景,诗人内心一定充满了无限的柔情和温暖。从他那看似客观的描述中,感受到宁静的乡村生活给他带来的精神上的享受","通过古诗词的学习,感受童年生活的情趣和快乐"。我们尝试收集更多有关这首小词的背景材料,看能否对它形成更丰富、更深刻、更富审美意味的理解。

先看辛弃疾一生的遭遇。辛弃疾出生时北方已陷于金人之手,他的祖父一直希望能够和金人决一死战,辛弃疾在青少年时就立下了恢复中原、报国雪耻的志向。1161年,21岁的辛弃疾召集两千人,参加由耿京领导的起义军并担任掌书记。1162年,他率部队袭击敌营,擒拿叛徒张安国并交给南宋朝廷处决。1164年,24岁的辛弃疾因勇猛善战被宋高宗任命为江阴签判。辛弃疾在南宋任职前期，写了不少有关北伐抗金的建议，但朝廷反应冷淡。他先后被派到江西、湖北、湖南等地担任转运使、安抚使，这显然与辛弃疾的志向大相径庭，他深感岁月流逝、人生短暂而壮志难酬，内心越来越感到痛苦和压抑。辛弃疾虽有出色的才干，但他豪迈倔强的性格和执着北伐的热情，使他难以在官场上立足，"归正人"的身份也阻碍了他的发展，南归四十余年，二仕二出，"惜每有成功，辄为议者所沮"（刘熙载《艺概》）。1180年，40岁的辛弃疾任隆兴（现南昌）知府兼江西安抚使，兴建带湖新居，取名为"稼轩"并自号"稼轩居士"。1181年，由于被弹劾，辛弃疾回到上饶闲居。此后二十年，辛弃疾除了有两年一度出任福建提刑官和福建安抚使，大部分时间都在乡下闲居。1203年，已63岁的辛弃疾被任命为绍兴知府兼浙东安抚使。1205年，辛弃疾任镇江知府，但他又一次被一些谏官排挤打压，被迫离职并回到故宅闲居。1207年，67岁的辛弃疾身染重病，朝廷再次起用他，令他速到临安赴任。诏令到铅山，辛弃疾已病重卧床不起，只得上奏请辞，这年秋天辛弃疾离开人世。

　　基于上述辛弃疾的人生经历，我们以"醉里吴音相媚好"中的"醉"为切入点，分析这是怎样的"醉"，进而更深入地理解这首小词。

　　据邓广铭《稼轩词编年笺注》，辛词共629首，其中涉酒词353首；带湖时期的词作共228首，涉酒词有130余首。① 辛弃疾一生爱酒，自称"少年横槊，气凭陵，酒圣诗豪余事"（《念奴娇·双陆和陈仁和韵》），"总把平生入醉乡，大都三万六千场"（《浣溪沙·总把平生入醉乡》），至晚年仍"羡安乐窝中泰和汤"（《洞仙歌·丁卯八月病中作》），真可谓"身世酒杯中"（《浪淘沙·山寺夜半闻钟》）。

　　辛弃疾欣赏同样爱酒的陶渊明，艳羡陶渊明的田园生活："爱酒陶元亮，无酒正徘徊。"（《水调歌头·再用韵呈南涧》）"醉里却归来，松菊陶潜宅。"（《生查子·民瞻见和复用前韵》）"岁岁有黄菊，千载一东篱。"（《水调歌头·赋传岩叟悠然阁》）"喜草堂经岁，重来杜老，斜川好景，不负渊

---

① 转引自魏萍：《辛弃疾带湖时期涉酒词研究》，重庆师范大学硕士学位论文2011年，第5页。

明。"(《沁园春·再到期思卜筑》)辛弃疾也有看似闲适的日子,他在《清平乐·检校山园书所见》中写道:"连云松竹,万事从今足。挂杖东家分社肉,白酒床头初熟。西风梨枣山园,儿童偷把长竿。莫遣旁人惊去,老夫静处闲看。"隐居带湖期间,辛弃疾也抒写亲近自然的乐趣:"人间走遍却归耕。一松一竹真朋友,山鸟山花好弟兄。"(《鹧鸪天·博山寺作》)但是,辛弃疾注定无法像陶渊明那样生活,他片刻的闲适是靠酒精的麻醉实现的,是用不甘换来的。①辛弃疾在《雨中花慢·吴子似见和再用韵为别》中自称"停云老子,有酒盈尊,琴书端可销忧",转而又写"心似伤弓寒雁,身如喘月吴牛"。辛弃疾饮酒多是"醉中只恨欢娱少,无奈明朝酒醒何"(《鹧鸪天·游鹅湖、病起作》),"宿酒醒时,算只有清愁而已"(《满江红·宿酒醒时》),"怎消除?须殢酒,更吟诗"(《最高楼·长安道》),他时时感受到"人间路窄酒杯宽"(《鹧鸪天·吴子似过秋水》),借酒浇愁愁更愁,最终落得"说剑论诗余事,醉舞狂歌欲倒,老子颇堪哀。白发宁有种,——醒时栽"(《水调歌头·汤坡见和用韵为谢》)。

　　陶渊明弃官归隐,是因为他意识到自己"质性自然,非矫厉所得",追悔自己在官场中"心为形役"(《归去来兮辞·并序》)。陶渊明"知其不可为而不为",最终在隐逸中找到了自己的归宿。辛弃疾则是被弃用,不得不放弃自己的事业而退隐。因此,在辛弃疾的诗词中难见陶渊明式的"久在樊笼里,复得返自然"的喜悦,"采菊东篱下,悠然见南山"的适意,以及"白日掩荆扉,虚室绝尘想"的闲淡,他一直处在"却将万字平戎策,换得东家种树书"(《鹧鸪天·有客慨然谈功名因追念少年时事戏作》)的痛苦与不甘之中。

　　辛弃疾的痛苦与不甘,源自他始终难忘的恢复中原的大业。"袖里珍奇光五色,他年要补天西北。"(《满江红·建康史帅致道席上赋》)"算平戎万里,功名本是真儒事,君知否?……待他年,整顿乾坤事了,为先生寿。"

---

① 刘艳:《"酒境诗心"与"酒情仕心"——陶渊明与辛稼轩饮酒诗词比较研究》,《商丘师范学院学报》2005年第12期,第13—14页。

(《水龙吟·甲辰岁寿韩南涧尚书》)"君非我，任功名意气，莫恁徘徊。"(《沁园春·和吴子似县尉》)他常常自嘲、慨叹苦闷的隐居生活："笑吾庐，门掩草，径封苔。未应两手无用，要把蟹螯杯。"(《水调歌头·汤朝美司谏见和用韵为谢》)"短灯檠，长剑铗，欲生苔。雕弓挂壁无用，照影落清杯。"(《水调歌头·寄我五云字》)他常常在醉酒时沉浸于驰骋征战的幻境中："征衫便好去朝天，玉殿正思贤。想夜半承明，留教视草，却遗筹边。长安故人问我，道愁肠殢酒只依然。"(《木兰花慢》)酒醒后虽抑郁难平，辛弃疾仍盼朝廷能起用他，仍想建功立业，而每每朝廷偶一用之，他都是慨然前往，展示出"功名本是真儒事"(《水龙吟·甲辰岁寿韩南涧尚书》)的人生追求。

报国无门，岁月蹉跎，辛弃疾在他的作品中表现出强烈的苦闷、沮丧、厌世。"多病近来浑止酒，小槽空压新醅。青山却自要安排。不须连日醉，且进两三杯。"(《临江仙·冷雁寒云渠有恨》)"六十三年无限事，从头悔恨难追。已知六十二年非。只应今日是，后日又寻思。少是多非惟有酒。"(《临江仙·壬戌岁生日书怀》)"都将古今无穷事，放在愁边，放在愁边，却自移家向酒泉。"(《丑奴儿·近来愁似天来大》)"而今何事最相宜，宜醉宜游宜睡。"(《西江月·示儿曹以家事付之》)"一饮动连霄，一醉长三日。"(《卜算子·饮酒不写书》)"身世酒杯中，万事皆空。古来三五个英雄。雨打风吹何处是，汉殿秦宫。"(《浪淘沙·身世酒杯中》)"简策写虚名，蝼蚁侵枯骨。千古光阴一霎时，且进杯中物。"(《卜算子·饮酒败德》)"期思溪上日千回，樟木桥边酒数杯。人影不随流水去，醉颜重带少年来。"(《瑞鹧鸪·期思溪上日千回》)

由上述材料可见，辛弃疾一生都沉郁不得志，无奈地退隐山村，直到临终还想为国尽忠。"醉里挑灯看剑，梦回吹角连营。八百里分麾下炙，五十弦翻塞外声。沙场秋点兵。马作的卢飞快，弓如霹雳弦惊。了却君王天下事，赢得生前身后名，可怜白发生！"(《破阵子·为陈同甫赋壮词以寄之》)这首荡气回肠的词淋漓尽致地显现了辛弃疾的英雄气概、家国情怀、悲怆无奈——这是辛弃疾的一生最真实的写照。

在了解了上述背景信息后，我们有理由认为，将《清平乐·村居》这首词理解为辛弃疾对田园生活的喜爱过于简单化、表面化了。正如常国武在《辛稼轩词集导读》中所言："投闲置散，本已不堪，何况自己白发丛生，又值春光明媚？只有饮酒赏春，闲看桑麻生长，目送农妇归宁，聊以自谦自慰而已。"① 这首词不是孤立的，它虽然在描写田园，但它是辛弃疾而不是陶渊明或其他人笔下的田园，这要求我们必须了解辛弃疾、了解他所生活的时代、了解他的其他作品。对辛弃疾的生平及其作品有足够多的了解，我们就会敏感地意识到这首小词里的"醉"非比寻常、意味深厚——这"醉"已经成为辛弃疾诗词中一个富有个人特色和特定含义的符号。辛弃疾的"醉"掩盖了词人的忧伤，也凸显了词人的忧伤，这"醉"，让辛弃疾暂时逃到了一个安宁处，也正是这一逃，让我们看到了他忧伤的背影。

叶嘉莹说得好："辛弃疾的词，有的写自然山水，有的写儿女柔情，然而在这种种不同之中，它所隐藏的底色是什么？……辛弃疾的词是一本万殊——不管他写的是什么，他的底色都是那种英雄豪杰的志意在被摒弃压抑中所受的挫伤。"② 综上所述，辛弃疾闲居带湖期间写的《清平乐·村居》这首词，虽然描绘了乡村一个五口之家的环境和生活画面，但同时还让我们看到了一个忠心报国却报国无门的人，他似乎只能在酒醉中才能让自己暂时放下痛苦与沮丧，沉浸在这宁静而温馨的画面中。

我给北师大的研究生上课时简略介绍了《清平乐·村居》的背景信息，引用了上述内容的一小部分，我发现学生们听得非常专注，要结束这部分内容的时候，学生们说："老师，接着讲吧……"课下很多学生告诉我，他们没想到《清平乐·村居》有这么丰富的背景信息，了解这些信息后，不但对这首词有了更深刻的理解，而且从这些背景材料中获得了许多思考与感动！这件事让我很感慨，也提醒我们语文教学中对作品背景的了解与分析多么重要！

基于丰富的背景信息对文本进行解读，文本因此有了"根"，有了生命，

---

① 常国武：《辛稼轩词集导读》，中国国际广播出版社2009年版，第287页。
② 叶嘉莹：《南宋名家词讲录》，天津古籍出版社2005年版，第51页。

变得鲜活。基于背景信息的支持，文本的意义得到充分的彰显，学生获得最深切的感动，这感动不仅来自文本，也来自这些背景信息。教师为文本解读所收集的丰富而精致的信息大大扩充了学生的视野，成就了高质量的文本解读。

很多人可能会有一个问题：对《清平乐·村居》如此解读，这是作者本人的意思吗？对此叶嘉莹说[①]：

> 作者如果没有这个意思，读者可以有这个意思吗？……我要说，在中国旧日的诗论的传统上，本来也是可以的，而且是曾经受到鼓励的。孔子说："诗，可以兴；可以观；可以群；可以怨。"（《论语·阳货》）孔子论诗，第一个提出来的就是说可以兴。……这本来是我们最原始的、最基本的一个作诗的方法方式，一种引起你作诗的感发的作用，……诗是可以兴的，而且不只是说你说什么就使我感动什么。

美国学者艾布拉姆斯在他的《镜与灯：浪漫主义文论及批评传统》一书中提出文学由四个相关的要素构成：世界、艺术家、作品和读者。[②]文学作品只有经过读者的解读才有意义，对作品的解读是实现作品价值的一个重要且必要的环节。下面是曹禺对他的访谈者说的两段话，从中我们可以看到读者的解读对于实现文本价值的意义：

> 你评论我的剧本，有些是我在创作时没有想到的。一个文学批评家运用逻辑思维，应当而且可以看到作家创作时所未曾意识到的地方。如果作家创作时就想得那么有条理，那么，他就创作不出来了。按道理说，批评家他是应该最了解和最懂得作家的。也可以说是"知心"的吧！[③]

> 田本相同志，你的《曹禺剧作论》真是下了功夫的，这点我非常感谢你。你想到的，往往是我没想到的，我没想到的你却想到了，这是批评家的

---

① 叶嘉莹：《迦陵文集（九）》，河北教育出版社1997年版，第48—49页。
② [美] 艾布拉姆斯：《镜与灯：浪漫主义文论及批评传统》，郦稚牛等译，北京大学出版社2004年版。
③ 刘一军，田本相：《曹禺访谈录》，百花文艺出版社2010年版，第4页。

长处,也是他的好处。我曾经和你说过《孟子》上的一段故事,我之所以反复同你讲,齐宣王所引用的《诗经》中那两句诗:"他人有心,予忖度之",是借用它来表达他自己的心情,意思是说,我心里想的而又说不出来的,你这么一解释我就明白了。这个故事,也可以这么说,作家"有心",批评家能够"忖度"它。我同齐宣王一样,也是借用它来表达我的心情,表达对你的感谢!①

"知心",这个说法好,将文本解读置于一个美好的境地。可是要知作者心,要与作者心相映,甚至要知作者自己未知之心,需要下一番功夫,其中一个重要的功夫就是收集并分析与文本相关的背景信息。

不同的人对文本有不同的解读,这些解读都有道理吗?王夫之以论家对《关雎》理解之不同,得出"作者用一致之思,读者各以其情而自得"(《姜斋诗话》卷一)的结论。对一个文学作品的解读不应是唯一的,也不应是静态的,读者自身的倾向、学识、经历会影响其对作品的理解,对作品有不同的解读是自然的。就像曹禺所说,"你想到的,往往是我没想到的,我没想到的你却想到了",读者有权利面对文本生发属于自己的意义。

我们现在已无法询问辛弃疾本人创作《清平乐·村居》的初衷,即使作者给出一个答案,不同的人对这首词也可以有不同的解读。教参将其解读为对田园生活的热爱"没有错",但我们需要思考的是,这样的解读是否够深刻,能否显现这首词最深层、最动人的美感?换言之,即使辛弃疾写《清平乐·村居》的本意是表达对田园的喜爱,但我们因为了解了更多的背景信息,能够获得"本意"之外的、更丰富的意味,能够联想到宁静背后的汹涌、恬适背后的焦躁、安然背后的沮丧,宁静温馨的画面恰恰凸显了作者内心的不平……这不正是文学"生发情感"的价值吗?这不正是更好的阅读吗?

值得注意的是,对作品的解读虽然不求统一,也没有对错之分,但解读的水平高低却有差异,重视文本解读的逻辑以保证其合理性仍然很重要。郑

---

① 刘一军,田本相:《曹禺访谈录》,百花文艺出版社2010年版,第44页。

振铎在《读毛诗序》中写道①：

> 苏东坡的《卜算子》："缺月挂疏桐，漏断人初定。时有幽人独往来，缥缈孤鸿影。惊起却回头，有恨无人省。拣尽寒枝不肯栖，寂寞沙洲冷。"本是一首很美丽的词，被张惠言选入他的《词选》里，便引了鲖阳居士的话，把它逐句解释起来说："缺月，刺明微也。漏断，暗时也。幽人，不得志也。独往来，无助也。惊鸿，贤人不安也。回头，爱君不忘也。无人省，君不察也。拣尽寒枝不肯栖，不偷安于高位也。寂寞沙洲冷，非所安也。"这种解释，真是不可思议。

这样的解读可谓牵强附会、主观随意，不顾文本内在的情感逻辑和形象逻辑，完全破坏了作品的美。胡适也批评了《红楼梦》研究中的"牵强附会"②：

> 蔡孑民的《石头记索隐》说："《石头记》……作者持民族主义甚挚。书中本事在吊明之亡，揭清之失，而尤于汉族名士仕清者寓痛惜之意。……书中'红'字多隐'朱'字。朱者，明也，汉也。宝玉有'爱红'之癖，言以满人而爱汉族文化也；好吃人口上胭脂，言拾汉人唾余也。……"蔡先生这部书的方法是：每举一人，必先举他的事实，然后引《红楼梦》中情节来配合。但我总觉得蔡先生这么多的心力都是白白的浪费了，因为我总觉得他这部书到底还只是一种很牵强的附会。

胡适说："我现在要忠告诸位爱读《红楼梦》的人：我们若想真正了解《红楼梦》，必须先打破这种种牵强附会的《红楼梦》迷学。"

由这两个案例可以看到，对文本的误读、低水平解读恰恰是因为背景信息缺乏或质量不高，丰富的、高质量的背景信息对于理清文本的情感逻辑、提高文本解读的合理性、避免主观臆断非常重要。

罗兰·巴特指出，写作源自多种文化并相互对话、相互模仿乃至相互争

---

① 《郑振铎全集（第四卷）》，花山文艺出版社1998年版，第7-8页。
② 胡适：《〈红楼梦〉考证（改定稿）》，《胡适文存（一集）》，黄山书社1996年版，第418页。

执,将这种碰撞进行汇聚和整合的不是作者而是读者。①文本交给了读者,不再有所谓的权威给一个标准答案。显然,读者在获得更多权利的同时也面对更大的挑战——读者有能力对文本进行高质量的解读吗?解决这个问题的一个重要途径就是读者需提高收集、筛选、整合文本背景信息的能力。对文本信息的把握不仅要求教师和学生要有能力找到相关信息,还要有好的逻辑将这些信息组织起来并与文本产生恰当的关联。就像文学的创作不是随心所欲的,需要考虑情感的逻辑、形象的逻辑,文本的解读也不能随心所欲、牵强附会。

姚鼐在《述庵文钞序》中说:"余尝论学问之事,有三端焉,曰:义理也,考证也,文章也。"钱穆说:"从学问之成分上讲,任何一项学问中,定涵有义理、考据、辞章三个主要的成分。此三者,合则成,偏则成病。"他还说:"学文学,不能不通史学,学文史之学,又不能不通义理哲学。"②由此可见,文本解读有三个重要成分:内容分析——澄清文本的内容及其中的情意——近于义理;艺术分析——赏析文本的文学美——近于辞章;背景分析——揭示义理及辞章之渊源——近于考据。我在2014年和2016年分别出版了《正本清源教语文——文本的内容分析策略》及《返璞归真教语文——文本的艺术分析》,本书则聚焦文本的背景分析。为文本解读收集高质量的背景信息——考据——已然成为教师应具备的"做学问"的能力,教参已经远远不能满足高质量文本分析的要求,教师必须通过"考据"以获得更多高质量的与文本相关的背景信息。对学生来说,文本分析除了更好地理解文本,还要学会文本解读的方法,其中同样包括"考据"的能力——搜集信息、筛选信息、信息互证、信息整合。

总而言之,为什么很多语文课不精彩、不吸引学生,一个重要的原因就是文本解读的单调与苍白,将文本解读引向标准答案。这样的教学无法激发学生的联想、开阔学生的眼界、诱发学生的感动,学生自然会觉得乏味。文

---

① [法]罗兰·巴特:《罗兰·巴特随笔选》,怀宇译,百花文艺出版社2005年版,第301页。
② 转引自徐国利:《钱穆的学术史方法与史识》,《史学史研究》2005年第4期,第62—63页。

本解读能力是学生语文素养的核心，提高学生收集与分析文本背景信息的能力是语文教学的重要目标。

　　本书构建了一个较为清晰的理论框架，阐明应从作者、时空、文学史与文体发展、文学理论与作品批评、文本关联与比较、儒道思想六个方面收集文本的背景信息。本书尝试将理论与案例结合起来，就像前面对《清平乐·村居》的分析一样，每一部分呈现至少一个较为完整的案例，这有助于我们真切感受背景信息对文本解读的价值，同时，具体的案例也为教师收集文本背景信息提供了模板，让教师了解应收集怎样的背景信息，以及从哪里收集信息。

第一章

作 者

在《作者的死亡》中,罗兰·巴特说:"读者的诞生应以作者的死亡为代价来换取。"他认为,文本不是上帝借作者之笔发布的旨意,而是一个多维空间,多种意义在这个空间中相互结合、相互争执。罗兰·巴特强调要高度重视读者在文本解读中的地位,文本是作者敲下的一串串符码,其意义需要读者生成与发现。作者的意图不重要,它甚至会妨碍读者从文本中获得属于自己的独特的意义。因此,作者一旦完成作品后就要把作品完全交给读者,然后退隐乃至"死去"。① 这个观点承认并赋予读者更多的权利,他们不必猜度、听从作者的"旨意",读者有权获得文本之于自己独特的意义和美感。

强调读者的主动性是有意义的,同时这个观点也有不妥之处。一个文本是某个作者创作的,我们在解读这个文本的时候会考虑诸多背景因素,却忽视、屏蔽文本与文本创作者有关的信息,这显然是矛盾的、不合理的。美国文学理论家韦勒克和沃伦说:"一部文学作品最明显的起因,就是它的创造者,即作者。因此,从作者的个性和生平方面来解释作品,是一种最古老的

---

① [法] 罗兰·巴特:《罗兰·巴特随笔选》,怀宇译,百花文艺出版社2005年版,第299页。

和最有基础的文学研究方法。"① 文本解读当然要重视作者，有关作者的信息与其他背景信息一样，能够帮助我们更深入地理解、欣赏文本。一个优秀的文学作品就像作者孕育的孩子，想要了解这个作品，一定要了解作者的人生经历、气质人格、创作理念。

一、人生经历

莫言说："我从来没感到过素材的缺乏，只要一想到家乡那些乡亲们便奔涌前来，他们个个精彩，形貌各异，妙趣横生，每个人都有一串故事，每个人都是现成的典型人物。我写了几百万字的小说，只写了故乡的边边角角，许多非常文学的人，正站在那儿等待着我。"② 这段话提示，作者的人生经历对其文学创作来说至关重要。对此莫言进一步解释说③：

美国作家托马斯·沃尔夫坚决地说："一切严肃的作品说到底必然都是自传性质的，而且一个人如果想要创造出任何一件具有真实价值的东西，他便必须使用他自己生活中的素材和经历。"（托马斯·沃尔夫讲演录《一部小说的故事》）任何一个作家——真正的作家——都必然地要利用自己的亲身经历来编织故事，作家在利用自己的亲身经历时，总是想把自己隐藏起来，总是要将那经历改头换面，但明眼的批评家也总是能揪住狐狸的尾巴。

文学作品是作者对客观现实世界和内心情感世界的刻画，作者的人生经历不仅提供了写作的素材，也提供了创作的动力。莫言如此剖析自己的人生经历对其小说的影响④：

十八年前，当我作为一个地地道道的农民在高密东北乡贫瘠的土地上辛

---

① [美] 勒内·韦勒克等：《文学理论》，刘象愚等译，生活·读书·新知三联书店1984年版，第68页。
② 莫言：《超越故乡》，《莫言散文新编》，文化艺术出版社2010年版，第16页。
③ 同上，第11页。
④ 同上，第4—6页。

勤劳作时，我对那块土地充满了刻骨的仇恨。它耗干了祖先们的血汗，也正在消耗着我的生命。我们面朝黄土背朝天，比牛马付出的还要多，得到的却是衣不蔽体，食不果腹的凄凉生活。夏天我们在酷热中煎熬，冬天我们在寒风中颤栗。一切都看厌了，岁月在麻木中流逝着，那些低矮、破旧的草屋，那条干涸的河流，那些土木偶像般的乡亲，那些凶狠奸诈的村干部，那些愚笨骄横的干部子弟……当时我曾幻想着，假如有一天，我能幸运地逃离这块土地，我决不会再回来。所以，当我爬上1976年2月16日装运新兵的卡车时，当那些与我同车的小伙子流着眼泪与送行者告别时，我连头也没回。我感到我如一只飞出了牢笼的鸟。我觉得那儿已经没有任何值得我留恋的东西了。我希望汽车开得越快、开得越远越好，最好能开到海角天涯。当汽车停在一个离高密东北乡只有二百华里的军营，带兵的人说到了目的地时，我感到深深的失望。多么遗憾这是一次不过瘾的逃离，故乡如一个巨大的阴影，依然笼罩着我。

两年后，当我重新踏上故乡的土地时，我的心情竟是那样的激动。当我看到满身尘土、满头麦芒、眼睛红肿的母亲艰难地挪动着小脚从打麦场上迎着我走来时，一股滚热的液体哽住了我的喉咙，我的眼睛里饱含着泪水——这情景后来被写进我的小说《爆炸》里——为什么眼睛里饱含着泪水，因为我爱你爱得深沉——那时候，我就隐隐约约地感觉到了故乡对一个人的制约。

1978年，在枯燥的军营生活中，我拿起了创作的笔，本来想写一篇以海岛为背景的军营小说，但涌到我脑海里的，却都是故乡的情景。故乡的土地、故乡的河流、故乡的植物，包括大豆，包括棉花，包括高粱，红的白的黄的，一片一片的，海市蜃楼般的，从我面前的层层海浪里涌现出来。故乡的方言土语，从喧哗的海洋深处传来，在我耳边缭绕。当时我努力抵制着故乡的声色犬马对我的诱惑，去写海洋、山峦、军营，虽然也发表了几篇这样的小说，但一看就是假货，因为我所描写的东西与我没有丝毫感情上的联系，我既不爱它们，也不恨它们。在以后的几年里，我一直采取着这种极端错误地抵制故乡的态度。为了让小说道德高尚，我给主人公的手里塞一本

《列宁选集》,为了让小说有贵族气息,我让主人公日弹钢琴三百曲……胡编乱造,附庸风雅。就像渔民的女儿是蒲扇脚、牧民的儿子是镰柄腿一样,我这个二十岁才离了高密东北乡的土包子,无论如何乔装打扮,也成不了文雅公子,我的小说无论装点上什么样的花环,也只能是地瓜小说。其实,就在我做着远离故乡的努力的同时,我却在一步步地、不自觉地向故乡靠拢。到了1984年秋天,在一篇题为《白狗秋千架》的小说里,我第一次战战兢兢地打起了"高密东北乡"的旗号,我成了文学的"高密东北乡"的开天辟地的皇帝,发号施令,颐指气使,要谁死谁就死,要谁活谁就活,饱尝了君临天下的乐趣。什么钢琴啦、面包啦、原子弹啦、臭狗屎啦、摩登女郎、地痞流氓、皇亲国戚、假洋鬼子、真传教士……统统都塞到高粱地里去了。就像一位作家说的那样:"莫言的小说都是从高密东北乡这条破麻袋里摸出来的",他的本意是讥讽,我却把这讥讽当成了对我的最高的嘉奖,这条破麻袋,可真是好宝贝,狠狠一摸,摸出部长篇,轻轻一摸,摸出部中篇,伸进一个指头,拈出几个短篇……

　　莫言称自己写的有关海洋、山峦、军营的小说是"假货",因为这些东西与他"没有丝毫感情上的联系","既不爱它们,也不恨它们"。莫言自白,"就在我做着远离故乡的努力的同时,我却在一步步地、不自觉地向故乡靠拢"。这一段人生,这一段经历,如烙印般刻在一个作家的心上,在他未来的创作中无时无刻不发挥着重要的影响。真正让莫言感到得意的,是"从高密东北乡这条破麻袋里摸出来的"小说,而这恰恰显示了"故乡对一个人的制约"。

　　作者的生活环境和人生经历是文本分析的重要背景,从中可以看到作品中的人、事、景、境的原型,还有助于了解作者在文本中表达的情意的渊源。作者的爱与恨、讴歌与批判、喜悦与痛苦、伤痕与荣耀都来自他的生活体验,这些体验塑造了作者的世界观和情意反应,也是驱使作者通过作品予以诉说的动力。

　　艺术家有了对人生、世界的独特感受和体验才去创作。就文学的本质来说，它可以是反映或是表现，但文学创作的本源则是体验，没有作家对人生、社会的深切体验，也就不会有文学的创作激情，从而也就不会有真正意义上的文学作品的出现。①艺术家的人生体验是形成创作冲动及艺术生命的重要依据，并在很大程度上决定着他的创作风格。一部文学作品的价值，除了体现在寓意是否深刻、技巧是否精到之外，还有一个更重要的方面，就是看它是否表达了作者最独特的人生体验。②这份独特的体验源自作家独一无二的人生经历，其中有两个方面值得特别关注：

第一，作家的童年经历。

冰心在《我的家在哪里？》这篇散文中写道：

只有住着我的父母和弟弟们的中剪子巷才是我灵魂深处永久的家。连北京的前圆恩寺，在梦中我也没有去找过，更不用说美国的娜安辟迦楼，北京的燕南园，云南的默庐，四川的潜庐，日本东京麻布区，以及伦敦、巴黎、柏林、开罗、莫斯科一切我住过的地方，偶然也会在我梦中出现，但都不是我的"家"！

这时，我在枕上不禁回溯起这九十年所走过的甜、酸、苦、辣的生命道路，真是"万千恩怨集今朝"，我的眼泪涌了出来……

前天下午我才对一位年轻朋友戏说，"我这人真是'一无所有'！从我身上是无'权'可'夺'，无'官'可'罢'，无'级'可'降'，无'款'可'罚'，地道的无顾无虑，无牵无挂，抽身便走的人，万万没有想到我还有一个我自己不知道的，牵不断，割不断的朝思暮想的'家'！"

"自己不知道的，牵不断，割不断的朝思暮想的'家'"，"只有住着我的父母和弟弟们的中剪子巷才是我灵魂深处永久的家"。这个"家"是冰心的童年，那里有她最亲密的人，有她最难忘的岁月，是她的人生之路出发的地方。正如莫言所说："从生理学的角度讲，童年是弱小的，需要救助的；

---

① 张奎志：《体验批评：理论与实践》，人民文学出版社2001年版，第181页。
② 王晓明：《潜流与漩涡》，中国社会科学出版社1991年版，第57页。

从心理学的角度讲，童年是梦幻的、恐惧的、渴望爱抚的；从认识论的角度讲，童年是幼稚的、天真、片面的。这个时期的一切感觉是最肤浅的也是最深刻的，这个时期的一切经验更具有艺术的色彩而缺乏实用的色彩，这个时期的记忆是刻在骨头上的而成年后的记忆是留在皮毛上的。"[①] 将刻在骨头上的记忆用文字抒写出来，这是作家创作的一个重要动力。我们来看鲁迅的童年经历对他人生的影响，以及这种影响与其未来的作品之间可能存在的关联。鲁迅在《父亲的病》一文中回忆说：

我曾经和这名医周旋过两年，因为他隔日一回，来诊我的父亲的病。那时虽然已经很有名，但还不至于阔得这样不耐烦，可是诊金却已经是一元四角。现在的都市上，诊金一次十元并不算奇，可是那时一元四角已是巨款，很不容易张罗的了；又何况是隔日一次。他大概的确存些特别，据舆论说，用药就与众不同。我不知道药品，所觉得的，就是"药引"的难得，新方一换，就得忙一大场。先买药，再寻药引。"生姜"两片，竹叶十片去尖，他是不用的了。起码是芦根，须到河边去掘；一到经霜三年的甘蔗，便至少也得搜寻两三天。可是说也奇怪，大约后来总没有购求不到的。

这样诊治了两年，鲁迅父亲的水肿逐日厉害，几乎不能起床，于是就荐当地另一位名医何廉臣（鲁迅的文章里写为陈莲河）。关于这一位名医，鲁迅是这样记述的：

他一张药方上，总兼有一种特别的丸散和一种奇特的药引。……最平常的是"蟋蟀一对"，旁注小字道："要原配，即本在一窠中者。"似乎昆虫也要贞节，续弦或再醮，连做药资格也丧失了。……药引寻到了，然而还有一种特别的丸药：败鼓皮丸。这"败鼓皮丸"就是用打破的旧鼓皮做成；水肿一名鼓胀，一用打破的鼓皮自然就可以克服它。清朝的刚毅因为憎恨"洋鬼子"，预备打他们，练了些兵称作"虎神营"，取"虎能食羊，神能伏鬼"的意思，也就是这道理。……S城那时不但没有西医，并且谁也还没有想到天

---

① 莫言：《超越故乡》，《莫言散文新编》，文化艺术出版社2010年版，第8页。

下有所谓西医，因此无论什么，都只能由轩辕岐伯的嫡派门徒包办。轩辕时候是巫医不分的，所以直到现在，他的门徒就还见鬼，而且觉得"舌乃心之灵苗"。这就是中国人的"命"，连名医也无从医治的。

父亲的病及医治的过程对鲁迅来说是一个很重要的童年经历，鲁迅从中看到了中国人无奈甚至悲惨的"命"——因为愚昧、孱弱而不自知地承受着各种愚弄与宰割。那时的中国人如此可怜，他们不仅需要强壮身体，更需要被唤醒、受教育、被启蒙。《祝福》中麻木又冷漠的村民、《孔乙己》中无力自拔的生命、《药》中冷漠而又自私的看客，鲁迅生活的时代的中国人，有多少人过着物质匮乏、精神孱弱、灵魂空虚的生活，他们忍受着伤害，也因愚昧而互相伤害。鲁迅成年后弃医从文，用笔作投枪挑战那个世界中的腐朽与残酷，力图改变同胞的心智与灵魂，这一切与其童年经历不无关系。

除了父亲的病，家境的骤然败落对少年鲁迅也影响颇深。鲁迅在《呐喊·自序》里写他小时候有四年多时间几乎每天出入于当铺和药店，从比他高一倍的柜台外送上衣服或首饰，"在侮蔑里接了钱"，再到和他一样高的柜台上给久病的父亲买药。他说："有谁从小康人家而坠入困顿的么，我以为在这途路中，大概可以看见世人的真面目。"父亲死了，祖父还在狱中，少年的鲁迅成了他这一房的代表，孤儿寡母，总少不了受人欺压。周作人在《鲁迅的青年时代》一书中讲了这样一件事情：

鲁迅往南京以前的一年（1897）间的事情，据他当时的日记里说，（这是我看过记得，那日记早已没有了）和本家会议本"台门"的事情，曾经受到长辈的无理的欺压。新台门从老台门分出来，本是智仁两房合住，后来智房派下又分为兴立诚三小房，仁房分为礼义信，因此一共住存六房人家。鲁迅系是智兴房，由曾祖父苓年公算起，以介孚公作代表。这次会议有些与智兴房的利益不符合的地方，鲁迅说须要请示祖父，不肯签字，叔祖辈的人便声色俱厉的强迫他，这字当然仍旧不签，但给予鲁迅的影响很是不小。

这位逼他签字的长辈就是他开蒙的老师周兆蓝，鲁迅对他一直怀着敬意和好感，可是这位老人在涉及利益问题时也不免声色俱厉了。这事对鲁迅的刺激很大，后来他在小说《孤独者》中，让魏连殳说"我父亲死去之后，因为夺我屋子，要我在笔据上画花押，我大哭着的时候，他们也是这样热心地围着使劲来劝我"，显然就是对这件事的回忆。① 童年的这些经历显然对鲁迅的性格产生了重要影响，进而影响了他对社会、对他人的看法。鲁迅说："我小的时候，因为家境好，人们看我像王子一样，但是，一旦我家庭发生变故后，人们就把我看成叫花子都不如了，我感到这不是一个人住的社会，从那时起，我就恨这个社会。"② 鲁迅人格和作品中的"冷"、"硬"、"绝望"、"不原谅"、"刻薄"、"战斗性"与其童年的这些经历不无关系。世态的炎凉、人间的冷暖、社会的狰狞使鲁迅变得早熟而敏感，特别是"对社会阴暗面，对人心人性的阴暗面的强烈的敏感，以致成为一种相对稳定的心理方式、感受方式"③。

与鲁迅相比，沈从文的童年生活非常多彩和愉快，充满了温馨、甜蜜的回忆。例如，沈从文在《从文自传·我读一本小书同时又读一本大书》中写自己小时候的逃学经历④：

我生活中充满了疑问，都得我自己去找寻解答。我要知道的太多，所知道的又太少，有时便有点发愁。就为的是白日里太野，各处去看，各处去听，还各处去嗅闻，死蛇的气味，腐草的气味，屠户身上的气味，烧碗处土窑被雨以后放出的气味，要我说来虽当时无法用言语去形容，要我辨别却十分容易。蝙蝠的声音，一只黄牛当屠户把刀刺进它喉中时叹息的声音，藏在田塍土穴中大黄喉蛇的鸣声，黑暗中鱼在水面拨刺的微声，全因到耳边时分量不同，我也记得那么清清楚楚。因此回到家里时，夜间我便做出无数希奇

---

① 朱正:《鲁迅传》，人民文学出版社2013年版，第25页。
② 许寿裳:《我所认识的鲁迅》，人民文学出版社1999年版，第487页。
③ 薛绥之:《鲁迅生平史料汇编（第四辑）》，天津人民出版社1983年版，第359页。
④《沈从文全集（第十三卷）》，北岳文艺出版社2002年版，第261页。

古怪的梦。这些梦直到将近二十年后的如今，还常常使我在半夜里无法安眠，既把我带回到那个"过去"的空虚里去，也把我带往空幻的宇宙里去。

成年后半夜里无法安眠的沈从文总是回到幼年的时空中，这是因为与成年的世界相比，童年的世界实在是太美好了。逃学往往要受到处罚，但童年的沈从文却"感谢"这处罚[①]：

逃学失败被家中学校任何一方面发觉时，两方面总得各挨一顿打。……我一面被处罚跪在房中的一隅，一面便记着各种事情，想象恰如生了一对翅膀，凭经验飞到各样动人事物上去。按照天气寒暖，想到河中的鳜鱼被钓起离水以后拨剌的情形，想到天上飞满风筝的情形，想到空山中歌呼的黄鹂，想到树木上累累的果实。由于最容易神往到种种屋外东西上去，反而常把处罚的痛苦忘掉，处罚的时间忘掉，直到被唤起以后为止，我就从不曾在被处罚中感觉过小小冤屈。那不是冤屈。我应感谢那种处罚，使我无法同自然接近时，给我一个练习想象的机会。

美丽的世界、美丽的童年，这不仅给沈从文提供了写作的素材，而且给他整个人生渲染了一道温暖的底色，这底色显现在他的文字中，形成了独具特色的温润的文字风格。童年的美丽与他日后在社会中看到的丑陋形成鲜明的对比，促使他用文字表达对这美好的怀念与寄望，这成为沈从文小说的核心主题。

成年人可凭借自己的能力和意志与其生存的世界对话，可以在一定程度上拒绝外部世界的影响，甚至反抗、改造周围的世界。就像陶渊明，他可以拒绝、远离矫厉的官场，建立一个"木欣欣以向荣，泉涓涓而始流"的美好田园。儿童却很难拒绝世界的影响和塑造，从而不断被打上一个个的烙印，这烙印并不会随着年龄的增长而消失，其中蕴含的感动、欣喜、恐惧、困惑反而会不停地积聚，冲击着作者的心灵，直到有一天他得拿起笔将这些情感

[①]《沈从文全集（第十三卷）》，北岳文艺出版社2002年版，第254页。

宣泄出来。1981年，已71岁的曹禺接受采访时说[①]：

在宣化，河北省的宣化府，那时我才八九岁，也许是六七岁吧，我不记得大哥是否去了，还有继母，这段生活给我印象很深。

那宣化府的大堂格外森严，我经常看到拷打土匪，实际上是农民。军法官坐在正堂，两边站着荷枪的士兵，还有古老的刀枪剑戟排列两旁，把犯人推着跪下，打上三四十皮鞭，真是打得皮开肉绽，血肉模糊。那时，我心中格外可怜这些被拷打的农民。打脊背，那是很残酷的。我记得有一次把一个犯人打了，那些打人的士兵便自己花钱买了鸡蛋，用蛋清给被打的人把伤口敷盖了，据说是怕毒火攻心。我想那些行刑的人，恐怕也是出于一种恻隐之心吧！我恨透了那个军法官。等这个犯人的伤好了，又要拉出去枪毙了，我心里难过极了。就是这个被打的囚犯，使我萌生了仇虎的形象。还有段妈妈给我讲的那许多许多的农村故事，后来成为创作《原野》的素材。

你大概记得《北京人》里写的城墙上军号呜咽的声音吧，这种印象并不是在北京得到的，也是在宣化。我那时总是坐到城墙上，听到那种单调的却是非常凄凉的号声；我是非常敏感的，偌大一个宣化府，我一个小孩子，又没有自己亲生的母亲，是十分孤独而凄凉的。

宣化府的后园是十分荒凉的，长着一棵"神树"，十分高大，盘根错节，十分吓人的。枝桠伸张开去，显得整个后山阴森森的。我还记得有一道溪水，我捕捉小溪中的小鱼，一个人玩，傍晚时一个人难过极了，孤单寂寞。《原野》中的莽苍苍的森林形象，同对"神树"的形象记忆有关。

曹禺《原野》中莽苍苍的森林，其中的故事和"仇虎"这个人，都源于他基于童年记忆的原型。童年的往事那么深地印刻在一个人的脑海中，欺凌、暴力、压迫、孤独、凄凉、阴森，对一个孩子来讲，这绝不是概念和符号，而是富含细节的、鲜明的画面与真实的体验，作者成年后将这些体验转

[①] 刘一军，田本相：《曹禺访谈录》，百花文艺出版社2010年版，第68页。

化为写作的素材。同时,这个世界对孩提时的曹禺来说有太多的无奈与困惑,这是最原初、最纯粹的写作动力。正如童庆炳所言:"童年以其天真无邪的赤子之心、纯真自由的人生态度以及感性原始的思维方式而与成人世界有别。这种赤子之心正是作家、艺术家最可贵的,也是他们最明显地区别于其他人的人格和思维特征的。"① 确实,回归童年是每一个人的人生命题,更是一个作家常见的写作动力与写作方式,他们通过文字回到童年,触碰曾经的痛苦与困惑、回忆曾经的安然与快乐。

第二,人生中刻骨铭心的经历。

沈从文快乐的童年生活在他13岁半的时候结束了,他成为兵役的候补者,随卫队到了怀化镇。下面是他在怀化镇的经历②:

我在那地方约一年零四个月,大致眼看杀过七百人。一些人在什么情形下被拷打,在什么状态下被把头砍下,我皆懂透了。又看到许多所谓人类做出的蠢事,简直无从说起。这一分经验在我心上有了一个分量,使我活下来永远不能同城市中人爱憎感觉一致了。从那里以及其他一些地方,我看了些平常人不看过的蠢事,听了些平常人不听过的喊声,且嗅了些平常人不嗅过的气味,使我对于城市中人在狭窄庸懦的生活里产生的作人善恶观念,不能引起多少兴味,一到城市中来生活,弄得忧郁孤僻不象个正常"人"的感情了。

这是沈从文刻骨铭心的人生经历,他的人生场景发生了剧变,从舒缓、温馨、快乐的田园蓦地转变到残酷、血腥、愚蠢的杀戮场。这剧变给他带来巨大的精神冲击,同时也影响乃至塑造了他的作品。后来,沈从文又到了辰州,他在自传中写道③:

我欢喜辰州那个河滩,不管水落水涨,每天总有个时节在那河滩上散

---

① 童庆炳,程正民:《文艺心理学教程》,高等教育出版社2003年版,第133页。
②《沈从文全集(第十三卷)》,北岳文艺出版社2002年版,第306页。
③ 同上,第319页。

步。那地方上水船下水船虽那么多，由一个内行眼中看来，就不会有两只相同的船。我尤其欢喜那些从辰溪一带载运货物下来的高腹昂头"广舶子"，一来总斜斜的孤独的搁在河滩黄泥里，小水手从那上面搬取南瓜，茄子，成束的生麻，黑色放光的圆瓮。那船在暗褐色的尾梢上，常常晾得有朱红裤褂，背景是黄色或浅碧色一派清波，一切皆那么和谐，那么愁人。

美丽总是愁人的。我或者很快乐，却用的是发愁字样。但事实上每每见到这种光景，我总默默的注视许久。我要人同我说一句话，我要一个最熟的人，来同我讨论这些光景。……可是能在一堆玩，一处过日子，一块儿说话的已无一个人。我感觉到我是寂寞的……事实上却是十分孤独的。

"一切皆那么和谐，那么愁人"，"美丽总是愁人的"，"我感觉到我是寂寞的……事实上却是十分孤独的"，沈从文的作品不正是散发着"愁人"和"孤独"的气息吗？他要找一个"最熟的人"聊聊，可已找不到这样的人。消失的何止是最熟的人，还有"最熟的光景"呵！这是让沈从文感到发愁的原因吧。没有人同沈从文"一块儿说话"，所以他要用笔写，他要和过往的自己说话，他要用笔再现、留住曾经的光景。

沈从文坚称自己是"乡下人"，是不折不扣的"乡巴佬"："我人来到城市五六十年，始终还是个乡下人"。[①]"乡下人"、"城里人"不仅是两种身份，对沈从文来说还意味着两个世界——他从那个"一切皆那么和谐"的世界跌落到一个残酷、扭曲、令人费解的世界，这段刻骨铭心的经历无疑对他的人生和文字产生了非常重要的影响。正如他所说，"这一分经验在我心上有了一个分量，使我活下来永远不能同城市中人爱憎感觉一致了"；"弄得忧郁孤僻不象个正常'人'的感情了"。他在《从文自传》的附记中写道："这个自传前一部分写学生生活，后一部分写在封建军阀大小割据、打来杀去、国势危急的背景下离开家庭进入大社会后的见闻和生活遭遇，体力和精神两方面所受灾难性挫折和创伤，一个'乡下青年'在社会剧烈大动荡下如何在一个

[①] 见《沈从文别集·凤凰集》中"沈从文晚年的两篇短文"中的《自我评述》。

小小天地中度过了二十年噩梦般恐怖黑暗的生活。"① 对沈从文来说，在军队的这段经历是断崖般的人生体验！沈从文从来都认定自己不属于那个丑陋而残酷的世界，这让他觉得"寂寞"和"孤独"，他想回到那个甜蜜而温暖的世界，但这又谈何容易！这让他觉得"发愁"，他也把这愁绪嵌入到他的文字里。

由沈从文的这个例子可以看到，一个作者人生中的重大经历会对他产生多么大的影响，这影响当然会反映在他的作品中。下面以柳宗元重大的人生经历——贬谪——为例，说明这段经历作为一个重要背景对理解柳宗元的作品的意义。②

柳宗元被贬源于他执着于理想、刚健不挠的性格，以及勇于除弊、直言强谏的参政实践。柳宗元因支持王叔文的改革而得罪以俱文珍为首的宦官集团，805年33岁时被贬为邵州刺史，赴任途中被加贬为永州司马。十年后，柳宗元奉诏回到长安，却未受到重用，旋即又被贬为柳州刺史。819年宪宗赦召柳宗元回京，柳宗元未及启程即因病去世，年仅47岁。

柳宗元初贬永州，身体和精神都受到极大摧残。"至则无以为居，居龙兴寺西序之下"，"徙播疠土"，"炎暑燠蒸，其下卑湿"，"诊视无所问，药石无所求"，年近七旬的老母在到达贬所半年即染病身亡。这一重大变故，使得"孤囚穷絷"的柳宗元"苍黄叫呼"、"魄逝心坏"（《永州龙兴寺西轩记》）。"永州多火灾"，柳宗元"五年之间，四为天火所迫，徒跣走出，坏墙穴牖，仅免燔灼。书籍散乱毁裂，不知所往；一遇火恐，累日茫洋"（《与杨京兆凭书》）。柳宗元自贬官"一二年来，痞气尤甚；加以众疾，动作不常。眊眊然骚扰内生，霾雾填拥惨沮。……每闻人大言，则蹶气震怖，抚心按胆，不能自止"（《与杨京兆凭书》）。在艰苦环境和疾病的折磨下，柳宗元的身体和心境都坏到了极点："行则膝颤，坐则髀痹。"（《与李翰林建书》）"居蛮夷中久，惯习炎毒，昏眊重膇，意以为常。忽遇北风晨起，薄寒中体，则

---

① 《沈从文全集（第十三卷）》，北岳文艺出版社2002年版，第367—368页。
② 有关柳宗元的贬谪经历，参见尚永亮：《贬谪文化与贬谪文学》，兰州大学出版社2004年版，第99—141页。

肌革瘆憟，毛发萧条，瞿然注视，怵惕以为异候，意绪殆非中国人。"（《与萧翰林俛书》）"残骸余魂，百病所集，痞结伏积，不食自饱；或时寒热，水火互至，内消肌骨，非独瘴疠为也。"（《寄许京兆孟容书》）

使柳宗元备受折磨的还有极度压抑的拘囚感。807年四月的敕文规定，"应左降官流人，不得补职及流连宴会，如擅离州县，具名闻奏"，是年十月敕文再次申明，"自今以后，流人不得因事差使离本处"。柳宗元深感"春风无限潇湘意，欲采苹花不自由"（《酬曹侍御过象县见寄》）。"譬如囚拘圜土，一遇和景出，负墙搔摩，伸展支体，当此之时，亦以为适，然顾地窥天，不过寻丈，终不得出，岂复能久为舒畅哉？"（《与李翰林建书》）他愤怒地发问："吾缧囚也，逃山林入江海无路，其何以容吾躯乎？"（《答问》）在《囚山赋》中，柳宗元更是淋漓尽致地表达了被囚的苦闷："胡井眢以管视兮，穷坎险其焉逃？顾幽昧之罪加兮，虽圣犹病夫嗷嗷。匪兕吾为柙兮，匪豕吾为牢。……谁使吾山之囚吾兮滔滔？！"

人生荒废与报国无门的绝望也时时折磨着柳宗元，他写道：

少时陈力希公侯，许国不复为身谋。风波一跌逝万里，壮心瓦解空缧囚。缧囚终老无余事，愿卜湘西冉溪地。却学寿张樊敬侯，种漆南园待成器。（《冉溪》）

摧伤之余，气力可想。假令病尽已，身复壮，悠悠人世，越不过为三十年客耳。前过三十七年，与瞬息无异。复所得者，其不足把玩，亦已审矣。（《与李翰林建书》）

悲夫！人生少得六七十者，今已三十七矣。长来觉日月益促，岁岁更甚，大都不过数十寒暑，则无此身矣。（《与萧翰林俛书》）

贬谪这段使柳宗元刻骨铭心的人生经历，深刻地影响了他那时的作品，包括山水游记。《小石潭记》是语文教材中的名篇，解读此文章应当观照柳宗元这段贬谪经历。

理解《小石潭记》中的苦闷。柳宗元出游山水的时候，往往是愁闷最重的时候——"闷即出游"（《与李翰林建书》），而他结束游程回返郡中的时候,则往往是他失落感最强烈的时候——"入门守拘挚,凄戚增郁陶。慕士情未忘,怀人首徒搔"(《游南亭夜还叙志七十韵》)。柳宗元的出游往往是"暂得一笑,已复不乐"(《与李翰林建书》)。在"步登最高寺,萧散任疏顽"之后,接踵而来的便是"赏心难久留,离念来相关"(《构法华寺西亭》)。刚刚领略到了一点"始至若有得,稍深遂忘疲"的乐趣,马上又被牵拽到了"去国魂已游,怀人泪空垂"(《南涧中题》)的现实悲患之中。

感受《小石潭记》中的遗弃感。柳宗元的游记呈现的大多是奇异、美丽却遭人忽视、为世所弃的山水。他在《邕州柳中丞作马退山茅亭记》中写马退山"势若星拱,苍翠诡状,绮绾绣错","然以壤接荒服,俗参夷徼,周王之马迹不至,谢公之屐齿不及"。在《钴鉧潭西小丘记》中,他首云此丘乃"唐氏之弃地",继谓"以兹丘之胜,致之沣、镐、鄠、杜,则贵游之士争买者,日增千金而愈不可得",而"今弃是州也,农夫渔父过而陋之,贾四百,连岁不能售"。小石城山的奇美让柳宗元不再怀疑真有"造物者",同时也感慨造物者"不为之中州,而列是夷狄,更千百年不得一售其伎"(《小石城山记》)。袁家渴林木参差,涧水百态,而"永之人未尝游焉"(《袁家渴记》)。石渠风摇声激,美不胜收,却"未始有传焉者"(《石渠记》)。即使偶尔出州,才行数十步,也可看到"有弃地在道南"(《柳州东亭记》)。"弃地"如此之多,一方面固然与唐代永州的荒远僻陋有关,但另一方面又让人感到这是柳宗元自觉被弃之情感的投射,他在《钴鉧潭西小丘记》末尾说:"我与深源、克己独喜得之,是其果有遭乎!书于石,所以贺兹丘之遭也。"既悲丘之不遇,又悲己之不遇;丘尚可碰到知音的赏识,相比之下,自己的遭遇不是更惨吗?

体会《小石潭记》中的自怜。柳宗元在《愚溪诗序》中将所遇到的溪、丘、泉、沟、池、堂、岛统统冠以"愚"名,其原因即在于它们"无以利世,而适类于余",文章末尾他写道:

溪虽莫利于世,而善鉴万类,清莹秀澈,锵鸣金石,能使愚者喜笑眷慕,乐而不能去也。予虽不合于俗,亦颇以文墨自慰,漱涤万物,牢笼百态，而无所避之。以愚辞歌愚溪，则茫然而不违，昏然而同归，超鸿蒙，混希夷，寂寥而莫我知也。

这样的文字中蕴含着怜惜的情感，柳宗元将自己和这些山水相类比，抒发着沦落天涯的自怜之情。在著名的"永州八记"中，永州一带的山山水水与《愚溪诗序》中的愚溪一样，同样寄托着柳宗元自怜的情感。正如日本学者清水茂所指出的[①]：

由于柳宗元自己也是被遗弃的人，所以这种文学也就是他的生活经验的反映，是一种强烈的抗议。强调被遗弃的山水之美的存在，也就等于强调了被遗弃人们的美的存在，换言之，即宗元自身之美的存在。随伴着这种积极的抗议，其反面则依于自己的孤独感对这种与他的生涯颇为相似的被遗弃的山水抱着特殊的亲切感，以及在这种美之中得到了某种安慰的感觉。

柳宗元在《小石潭记》中写道："四面竹树环合，寂寥无人，凄神寒骨，悄怆幽邃。以其境过清，不可久居。"柳宗元笔下的奇山异水大多奥狭深僻、幽寂凄冷，东丘、钴鉧潭西小丘、小石潭、石渠等无不如此，这是作者上述苦闷、遗弃感、自怜等内心情感的写照。柳宗元的内心与他眼中的山水都散发着阴郁之气，使其感到"凄神寒骨，悄怆幽邃"而不敢久留，匆匆"记之而去"。

基于上述分析，我们应当理解，学习《小石潭记》要与"永州八记"中的其他作品关联起来，更要将作品置于作者被贬谪这一重大人生经历的背景中，一定要意识到《小石潭记》是柳宗元在其人生中极不平凡的岁月中写出来的，要对柳宗元在这段岁月中的经历产生真挚的理解和共鸣。

欧阳修在《梅圣俞诗集序》中有"穷而后工"之说："凡士之蕴其所有而不得施于世者，多喜自放于山巅水涯之外，见虫鱼草木、风云鸟兽之状类，往往探其奇怪，内有忧思感愤之郁积，其兴于怨刺，以道羁臣寡妇之所叹，而写人情之难言。"柳宗元的山水游记为何"工"，为何如此动人而流传

---

① 清水茂：《柳宗元的生活体验及其山水记》，华山译，《文史哲》1957年第4期，第48页。

千载？因为他这段刻骨铭心的贬谪经历——"蕴其所有而不得施于世"——使其产生了极为独特而深刻的情感，而他用"寄情山水"这种方式写出了"人情之难言"。一个极富才华、年富力强、以忠君报国为己任的人，却在一处荒僻之地"欣赏"风景，不能实现自己的抱负与理想，这是一种多么大的反差！这就像一个人细腻地描写窗棂、窗外的月亮、室内的清辉、墙角的蛛网，而如果这文字出自一个被囚之人，这景物的意味就会大不同——不同于谢灵运山水诗文的"鲜丽清新"，也不同于陶渊明田园辞赋的"任运自然"。柳宗元在贬谪岁月中"偶遇"这些山水，他将自己内心的孤寂与冷清投射到山水上，从而显得那么独特和动人——精微又模糊、切近又遥远、生动又冰冷。

总之，重大的人生经历一定会对作者及其作品产生影响，即使作者在作品中没有专门叙写这段经历，它也会成为作品的底色。我们在赏析一部作品时，必须整合与作者重大人生经历相关的信息，在此基础上对文本形成更丰富、更深刻的认识与体会。

二、气质人格

徐复观指出，决定作品价值的是作者发现的能力。作者精神的层级高，对客观事物价值、意味所发现的层级也因之而高，作者精神的层级低，对客观事物价值、意味所发现的层级也低。作者要具备卓异的发现能力，便必须有卓越的精神，要有卓越的精神，便必须有卓越的人格修养。[①]作者的人格修养是一种力量，这决定了一个作家的作品能企及的高度，因为文学作品映照了作家的人格。文学作品如果是美的，就必然是真和善的，作者的人格修养决定了作者求真向善的意志与能力，欣赏文学作品，就要体悟作者的人格力量。

个体的气质由神经反应的性质和类型决定。根据神经唤起的强度、神经抑制的强度、神经唤起与抑制的平衡、神经唤起与抑制的灵活性这四个因素

[①]《徐复观文集（第二卷）》，湖北人民出版社 2009 年版，第 363 页。

的状况，个体具有不同的气质类型。① 人格是使个体在不同情境、不同时期都保持一贯行为方式的心理品质。② 开放—封闭、责任感—草率、外倾—内倾、友善—冷漠、稳定—失控五种不同因素的组合及强弱形成了不同的人格类型（大五人格）。③ 人格是由个体的经历和天性共同塑造的，气质即为天性，对人格有先导性、基源性的影响。气质和人格很难截然分开，气质是人格的生理基础，人格是气质的社会表现，前者多用于区分个体的行为模式，后者多带有道德评价的意味。

曹丕说："文以气为主，气之清浊有体，不可力强而致。譬诸音乐，曲度虽均，节奏同检，至于引气不齐，巧拙有素，虽在父兄，不能以移子弟。"（《典论·论文》）曹丕显然认为"气"是先天的、不可改变的，这符合气质的特点。同时，这种气是在文章中体现出来的，蕴含在作者的情志中，必然具有社会属性，因此又是作者人格的体现。人格与气质决定了个体的认知、情意、行为模式，文学是作者以文字的方式对客观和主观世界的刻画，人格和气质必然为这种刻画打下独特的印记。因此，了解作者的气质和人格是理解文本主旨、发现同一作者不同文本间的关联、对不同作者的文本进行比较的重要依据。

文学赏析的最高层次是对风格的赏析，而作品风格与作者的气质、人格有密切关联。刘勰指出个体的情性与其作品的风格是一致的——"触类以推，表里必符"。他在《文心雕龙·体性》中以贾谊、司马相如、扬雄、刘向、班固、张衡、王粲、刘桢、阮籍、嵇康、潘岳、陆机等人为例，说明作者的性情决定了作品的风格。如贾谊意气英发，其作品"文洁而体清"；司马相如高傲夸诞，其作品"理侈而辞溢"；扬雄内敛寂静，其作品"志隐而味深"。刘勰所说的"情性"与气质、人格是非常接近的。

---

① ［波］简·斯特里劳：《气质心理学》，阎军译，辽宁人民出版社1987年版，第10页。
② ［美］津巴多等：《津巴多普通心理学（第五版）》，王佳艺译，中国人民大学出版社2008年版，第404页。
③ 同上，第425页。

中国自古以来就非常注重观察和评价个体的人格。①《易传》中对"乾"卦的论述侧重刚强的一面："大哉乾乎！刚健中正，纯粹精也"，"天行健，君子以自强不息"；对"坤"卦的论述则侧重其柔的一面："地势坤，君子以厚德载物"——个体的人格被置于天地体认的高度。孟子高扬人格美，有人格美的人是有"浩然之气"的"大丈夫"（《孟子·公孙上》），能"居天下之广居，立天下之正位，行天下之大道"，"富贵不能淫，贫贱不能移，威武不能屈"（《滕文公下》）。《荀子·宥坐》以水喻君子之德："孔子曰：'夫水大，遍与诸生而无为也，似德。其流也埤下，裾拘必循其理，似义；其洸洸乎不淈尽，似道；若有决行之，其应佚若声响，其赴百仞之谷不惧，似勇；主量必平，似法；盈不求概，似正；淖约微达，似察。'"在《荀子·法行》中，荀子又借"子贡问于孔子"的故事以玉之美类比君子之德："夫玉者，君子比德焉。温润而泽，仁也；栗而理，知也；坚刚而不屈，义也；廉而不刿，行也；折而不挠，勇也；瑕适并见，情也；扣之，其声清扬而远闻，其止辍然，辞也。"屈原同样在其作品中赞扬高尚的人格，"内美"、"修能"是屈原所看重的人格美的两个方面——"纷吾既有此内美兮，又重之以修能"（《离骚》）。他赞赏的人格是"内厚质正兮，大人所盛"，"重仁袭义兮，谨厚以为丰"（《九章·怀沙》）。在屈原的作品中，他所佩的物品琳琅满目，极为华美，最引人注目的一是佩玉，二是佩芳，以此来表示自己如玉如芳的美德。在这芬芳的世界中，兰占据特别突出的地位，是君子的象征。屈原的人格最明显的特点就是耿介、端直不屈——"宁溘死以流亡兮，余不忍为此态也"（《离骚》），"吾不能变心而从俗兮，固将愁苦而终穷"（《九章·涉江》），这是中国士人毕生追求的理想人格。

叶嘉莹指出，作者的气质、人格对其作品影响颇深——有李煜之纯真耽溺的性格，才可以写出把古今读者都卷入到无常之悲慨中的"人生长恨"的诗篇；有王国维之悲观郁结的情怀，才可以写出"可怜身是眼中人"之哀

---

① 参见陈望衡：《中国古典美学史》，湖南教育出版社1998年版中孟子、荀子和屈骚美学思想中有关人格美的内容。

人亦复自哀的富有哲思的诗句。①杜甫是叶嘉莹最为欣赏的诗人，她认为要在唐代众多高水平的诗人中推选一位集大成者，只有杜甫可以担当。杜甫之所以能有这样的成就，最重要的原因在于他有着一种极为难得的才性——博大、均衡与正常。②这种才性指的就是杜甫的气质与人格——杜甫感性与理性兼备，严肃中有幽默，凝重中有灵动，沉郁中有激情。这样的气质与人格使得杜甫的作品题材广泛、风格多样，他能纯熟运用各种诗体，有继承、有融合、有创新，对七言诗的开拓与发展更是居功至伟。

"文如其人"，人格与作品风格密切关联。例如，老舍的小说里也有批判和讽刺，但与鲁迅不一样，老舍的批判比较缓和，不是赶尽杀绝，而是留了后路让他们走，对他们有几分温和的同情。③这与老舍的性格有关。老舍对自己的性格是这么说的④：

我自幼便是个穷人，在性格上又深受我母亲的影响——她是个楞挨饿也不肯求人的，同时对别人又是很义气的女人。穷，使我好骂世；刚强，使我容易以个人的感情与主张去判断别人；义气，使我对别人有点同情心。有了这点分析，就很容易明白为什么我要笑骂，而又不赶尽杀绝。我失了讽刺，而得到幽默。……我自幼贫穷，做事又很早，我的理想永远不和目前的事实相距很远，假如使我设想一个地上乐园，大概也和那初民的满地流蜜，河里都是鲜鱼的梦差不多。贫人的空想大概离不开肉馅馒头，我就是如此。明乎此，才能明白我为什么有说有笑，好讽刺而并没有绝高的见解。

基于老舍对自己人格特点的分析，我们可以反思老舍对作品中的"反面角色"是否如他所说含着同情、笑骂而不赶尽杀绝——了解老舍的性格对作品的主题和角色分析无疑是有帮助的。这段话中，老舍提到自己个性的"刚直"，我们以此为切入点，对老舍的性格进行分析并与其作品关联起来。

---

① 叶嘉莹：《迦陵文集（四）》，河北教育出版社1997年版，代序第7页。
② 叶嘉莹：《迦陵文集（一）》，河北教育出版社1997年版，代序第1—5页。
③ 陈思和：《中国现当代文学名篇十五讲（第二版）》，北京大学出版社2013年版，第222页。
④ 胡青：《老舍论创作》，上海文艺出版社1980年版，第5页。

1966年8月23日，老舍在孔庙和文联遭到两次批斗和毒打，24日老舍投太平湖自尽。老舍儿子舒乙及其他家人多次回忆起老舍临死前所流露出的那种独特的眼神，那是在老舍作品中常见到的一种眼神，是底层市民遭受屈辱而又宁折不弯的眼神，是一种无助、无奈、自卑而又自信的眼神。舒乙在散文《死的呼唤》里写道：

孔庙毒打之后，同期的难友们发现老舍的眼中闪着一点奇怪的光。面对这点光，他们的头脑中突然闪出一个可怕的念头：老舍要走了！他们"熟悉"这眼光，因为小说《四世同堂》中钱太太自杀前眼中那点奇怪的光，就和它一模一样！这眼光是象征，它准确无误地反映了老舍的人格和信念。

老舍在《四世同堂》里这样描写自杀前的钱太太：

在她陷进很深的眼珠里，有那么一点光。这点光像最温柔的女猫怕淘气的小孩动她的未睁开眼的小猫那么厉害，像带着鸡雏的母鸡感觉到天上来了老鹰那么勇敢，像一个被捉住的麻雀要用它的小嘴咬断了笼子棍儿那么坚决。……大家很不放心这点光。

舒乙对老舍眼光的含义的推测基于他对父亲人格的体认。舒乙将老舍的眼光与其作品中的人物的眼光联系起来，就是将两个生命关联起来，将作品中人物的人格和老舍的人格关联起来。这种关联还存在于老舍更多的作品中。《茶馆》的结尾是秦二爷、常四爷、王掌柜三个老人的对话，秦二爷经营了四十年的工厂被拆了，王掌柜的茶馆被霸占，常四爷凭良心干了一辈子最后只落得卖花生米，下面是他们分别的一幕[①]：

常四爷：……松二爷，我的朋友，饿死啦，连棺材还是我给他化缘化来的！他还有我这么个朋友，给他化了一口四块板的棺材；我自己呢？我爱咱们的国呀，可是谁爱我呢？看，（从筐中拿出些纸钱）遇见出殡的，我就捡几张纸钱。没有寿衣，没有棺材，我只好给自己预备下点纸钱吧，哈哈，哈哈！

---

① 老舍：《茶馆》，浙江人民出版社2001年版，第113—114页。

秦仲义：四爷，让咱们祭奠祭奠自己，把纸钱撒起来，算咱们三个老头子的吧！

王利发：对！四爷，照老年间出殡的规矩，喊喊！

常四爷：（立起，喊）四角儿的跟夫，本家赏钱一百二十吊！（撒起几张纸钱）

秦仲义，王利发：一百二十吊。

秦仲义：（一手拉住一个）我没的说了，再见吧！（下）

王利发：再见！

常四爷：再喝你一碗！（一饮而尽）再见！（下）

王利发：再见！

舒乙说："在他投湖的湖面上，25日早晨漂着很多纸，是他带进去的，捞上来看，是他自己写的毛主席诗词。这意味着老舍在投湖前曾经以'茶馆'的方式祭奠过自己。"[①]老舍在投湖的时候，是否也念叨着"我爱咱们的国呀，可是谁爱我呢"？《茶馆》中的场景在老舍生命的最后时刻得以再现，真可谓"人生如戏，戏如人生"！傅光明在研究老舍之死的论文中写道[②]：

老舍笔下描绘过的作品中人物的"非正常死亡"，与他最后的投湖自杀，有无内在关联呢？也就是说，当他在遭受了肉体的暴力和精神的屈辱之后，面对静静的太平湖水，做生命的最后思考的时候，他是否把自己的命运同那些由他孕育出艺术生命的人物联系了起来？

我们相信，老舍的人格与他作品中的人物的人格存在关联。长篇小说《四世同堂》里的祁天佑"诚实，守规矩，爱体面"，却被日本人污为"奸商"，拉他去游街示众，叫他自己穿上前后都写着"极大的红字——奸商"的白布坎肩。游街的时候，日本人用枪逼着他大声喊"我是奸商"。小说里有一段深情、凄婉的描写：

---

① 傅光明：《老舍之死与口述历史》，河南大学博士学位论文2005年，第81页。
② 同上，第79页。

他的世界已经灭亡，他必须到另一个世界里，他的耻辱才可以洗净。活着，他只是耻辱本身；他刚刚穿过的那件白布红字的坎肩永远挂在他身上，粘在身上，印在身上，他将永远是祁家与铺子的一个很大很大的一个黑点子，那黑点子会永远使阳光变黑，使鲜花变臭，使公正变成狡诈，使温和变成暴厉。……他雇了一辆车到平则门。扶着城墙，他蹭出去。太阳落了下去。河边上的树木静候着他呢。天上有一点点微红的霞，像向他发笑呢。河水流得很快，好像已经等他等得不耐烦了。水发着一点点声音，仿佛向他低声的呼唤呢。很快的，他想起一辈子的事情；很快的，他忘了一切。漂，漂，漂，他将漂到大海里去，自由，清凉，干净，快乐，而且洗净了他胸前的红字。

祁天佑选择自杀，老舍也选择了自杀。老舍的作品中写了很多人的自杀，这些自杀包括"哲理型"、"杀身成仁型"、"同归于尽型"、"抗议型"、"不可辱型"、"警世型"。例如，《猫城记》里的小蝎属于"哲理型"，他的人生哲学是"良心大于生命"；话剧《张自忠》中的王得胜排长属于"杀身成仁型"；《四世同堂》里钱仲石和《火葬》中的石队长，属于和敌人"同归于尽型"；《四世同堂》里的钱太太丈夫被捕，两个儿子死了，她一头碰死在大儿子的棺材上，她的死属于"抗议型"；《四世同堂》中祁天佑属于"不可辱型"；《猫城记》中的大鹰属于"警世型"，他杀了自己，让人把头割下来悬在街上，以期唤醒群众。[①]

以老舍的实际行为及其背后的人格信念为参照，老舍的作品带给我们更深的触动与感悟。抵抗侮辱、重视名节、坚贞不屈、宁折不弯，这是老舍赋予小说人物的人格，这也是老舍的人格。舒乙在《父亲最后的两天》中写道："（老舍说）是谁给这些孩子这么大的权力？他说：又要死人啦，特别是烈性的人和清白的人。说到这里，他说了两位朋友在前几次运动中由于不堪污辱而一头扎进什刹海的例子。"用刚烈的行为保护自己的清白，这就是老

[①] 傅光明：《老舍之死与口述历史》，河南大学博士学位论文2005年，第81页。

舍，这就是老舍的人格！老舍的自杀不是一时冲动，为名节舍性命是由老舍刚直的人格而生发的人生信念。[①]1937年8月，日寇逼近济南，老舍在《八方风雨》中写他最担心的是"怕城市会忽然的被敌人包围住，而我作了俘虏。死亡事小，假若我被他捉了去而被逼着作汉奸，怎么办呢？……一个读书人最珍贵的东西是他的一点气节。我不能等待敌人进来，把我的那点珍宝劫夺了去。我必须赶紧出走"。1944年，日军欲从贵州独山方向突袭重庆，友人萧伯青问老舍："你怎么办？"老舍脱口而出："北面就是滔滔的嘉陵江，那里便是我的归宿！"[②]老舍在《致王冶秋信》中说："跳江之计是句实谈，也是句实话。假若不幸敌人真攻进来，我们有什么地方、方法可跑呢？……不用再跑了，坐等为妙，嘉陵江又近又没盖儿！"1945年，老舍在《致友人信》中写："谁知道这点气节有多大用处呢？但是，为了我们自己，为了民族的正气，我们宁贫死，病死，或被杀，也不能轻易地丢失了它。我们似乎很愚傻。但是世界上最美最善的事往往是最愚傻的人干的啊！"

　　由上述资料我们可以看到老舍"刚直"的人格，而且与其作品中人物的人格形成了呼应。那么，老舍这样的人格是如何形成的呢？老舍在《我的母亲》中说："从私塾到小学，到中学，我经历过起码有廿位教师吧，其中有给我很大影响的，也有毫无影响的，但是我的真正的教师，把性格传给我的，是我的母亲。""皇上跑了，丈夫死了，鬼子来了，满城是血光火焰"，可是老舍的母亲不怕，"她要在刺刀下，饥荒中，保护着儿女"，"母亲的心横起来，她不慌不哭，要从无办法中想出办法来。她的泪会往心中落"。文章中有这样一段话：

　　这点软而硬的个性，也传给了我。我对一切人与事，都取和平的态度，把吃亏看作当然的。但是，在作人上，我有一定的宗旨与基本的法则，什么事都可将就，而不能超过自己划好的界限。我怕见生人，怕办杂事，怕出头

[①] 傅光明：《老舍之死与口述历史》，河南大学博士学位论文2005年，第84—85页。
[②] 舒乙：《再谈老舍之死》，转引自《太平湖的记忆——老舍之死》，海天出版社2001年版，第49页。

露面；但是到了非我去不可的时候，我便不得不去，正象我的母亲。

"软而硬的个性"，这是老舍对自己人格的体认。软，指的是善良、幽默、忍让、随和、有同情心；硬，指的是坚强、耿直、坚持原则、宁折不弯、玉石俱焚。老舍作品中的很多人物选择了自杀，老舍最终也选择了自杀，因为对老舍来说有些事"超过自己划好的界限"，到了作品中的人物和他自己"非去不可的时候"！

从老舍这个例子可以看到，基于有关作者人格的丰富的资料，我们能够更深刻地理解作者的作品。将作者的气质人格作为背景对理解作品很重要，作者赋予了作品中的形象以生命，有生命力的文学形象一定是有个性的，文学形象的个性往往是作者性格的映照。司马迁在《史记·屈原贾生列传》中认为屈原高洁的品格影响了《离骚》的创作——"其文约，其辞微，其志洁，其行廉"。朱熹在《王梅溪文集序》里以诸葛亮、杜甫、颜真卿、韩愈、范仲淹五人为例，说明从他们的文字可见其人格："此五君子，其所遭不同，所立亦异，然求其心，皆所谓光明正大，疏畅洞达，磊磊落落而不可揜者也。其见于功业文章，下至字画之微，盖可以望之而得其为人。"陆游在《上辛给事书》中说："人之邪正，至观其文，则尽矣，决矣，不可复隐矣。爝火不能为日月之明，瓦釜不能为金石之声，潢污不能为江海之涛澜，犬羊不能为虎豹之炳蔚。而或谓庸人能以浮文眩世，乌有此理也哉！"这些都说明文章的优劣、高下、品格均与作者的德性、人格有密切关联。需要指出的是，不能将人品与文品看成是完全同一的，因为文品还受到作者为文的技巧和专业修养的制约，此外，人的情感、思想赋予文字也还有真实与虚假、表面与本质、部分与整体的区别，这体现了艺术批评的复杂性，从人出发衡文与从文出发评人应作综合的、平衡的考虑。

三、创作理念

曹禺看了电影《原野》后说："他们把我这个戏的意思弄得跟原来不一

样了。"曹禺认为《原野》"不是一部以复仇为主题的作品，它是要表现受尽封建压迫的农民的一生和逐渐觉醒"①。关于电影《原野》的主题，曹禺说②：

> 我是不赞成的，它把一些地方改了，仇虎那些极相信鬼神的地方给改了。那种岁月，又有什么办法？我是不熟悉农民，但是我的那个奶妈——段妈给我讲了许多这样农村的故事。段妈的公公婆婆都上吊死了，丈夫死了，只有一个女儿也没能带出来，很惨啊！这是有原型的。
>
> 仇、焦、花三家原来是差不多的家庭，而且关系是很好的；可能焦家稍微宽裕些，等焦阎王在外边做了军阀的什么连长、营长回来，就霸占了仇家的土地，他家的情况就变了。我是写这样三种类型：一种是焦阎王已变坏了；一种是白傻子，他还能活下去；一种是仇虎，他就活不下去了，没有他的路。
>
> 仇虎的复仇观念是很强的，原始的，那个时候共产党还没出世，世世代代的农民，想要活，就必须复仇，他要杀焦阎王，但焦阎王却死去了。所谓"父债子还"，仇虎就要杀大星，尽管小时候和大星很要好，他还是把大星杀了；而杀了大星之后，他却变得精神恍惚起来，于是在他眼前出现了阴曹地府，牛头马面，还有焦阎王……最后一幕，是现实的，也是象征的，没有仇虎的出路，金子死得更惨。有人说仇虎那么聪明，难道就冲不出去？但在那个时代，是没有出路的。

"没有出路"而注定发生的悲剧——多么深刻的对人的困境的体认！《原野》因这样的主题而有了宗教感，关乎人的救赎与解脱，这是人类面对的重大主题，因此而蕴含憾动心灵的美感。曹禺对《原野》主题的解读显然比电影表现的主题更深刻、更富审美意味。当我们要分析一个文本时，作者本人表达的包括文本主题解读的创作理念是不可或缺的重要参考。例如，鲁迅在《短篇小说选集（英译本）》的自序中说：

---

① 刘一军，田本相：《曹禺访谈录》，百花文艺出版社2010年版，第60页。
② 同上，第65页。

我生长于都市的大家庭里，从小就受着古书和师傅的教训，所以也看得劳苦大众和花鸟一样。有时感到所谓上流社会的虚伪和腐败时，我还羡慕他们的安乐。但我母亲的母家是农村，使我能够间或和许多农民相亲近，逐渐知道他们是毕生受着压迫，很多苦痛，和花鸟并不一样了。不过我还没法使大家知道。

后来我看到一些外国的小说，尤其是俄国，波兰和巴尔干诸小国的，才明白了世界上也有这许多和我们的劳苦大众同一运命的人，而有些作家正在为此而呼号，而战斗。而历来所见的农村之类的景况，也更加分明地再现于我的眼前。偶然得到一个可写文章的机会，我便将所谓上流社会的堕落和下层社会的不幸，陆续用短篇小说的形式发表出来。

鲁迅的这个自述对理解他的作品很有意义，这是他的创作理念，而他写作的重要目的就是要实现这个理念。叶嘉莹说："凡是伟大的作者，都是用他们的生活来实践他们的诗篇的。真正伟大的作者不是吟风弄月地玩弄笔墨，而是将其人生的全部理念、理想、志意都投注到他的作品之中的。……越是伟大的作家，他的意识越应该有一个比较固定的模式，屈原是如此，杜甫是如此，陶渊明也是如此。"[①] 一个优秀作者的创作理念往往是一贯的，与其人格、人生观和价值观高度一致，这使其成为作品分析稳定而可靠的背景信息。例如，白居易在《与元九书》中写道：

古人云："穷则独善其身，达则兼济天下。"仆虽不肖，常师此语。大丈夫所守者道，所待者时。时之来也，为云龙，为风鹏，勃然突然，陈力以出；时之不来也，为雾豹，为冥鸿，寂兮寥兮，奉身而退。进退出处，何往而不自得哉！故仆志在兼济，行在独善，奉而始终之则为道，言而发明之则为诗。

这就是白居易的人生信念，基于这样的信念，白居易在这封书信中进一步阐明了他的创作理念：

[①] 叶嘉莹：《南宋名家词讲录》，天津古籍出版社2005年版，第21—23页。

谓之讽喻诗，兼济之志也；谓之闲适诗，独善之义也。故览仆诗者，知仆之道焉。其余杂律诗，或诱于一时一物，发于一笑一吟，率然成章，非平生所尚者，但以亲朋合散之际，取其释恨佐欢，今铨次之间，未能删去。他时有为我编集斯文者，略之可也。

白居易最为重视体现其兼济与独善之志的讽喻诗和闲适诗，他认为在一时因一物率然而发的杂律诗则可略之。白居易说："自登朝来，年齿渐长，阅事渐多，每与人言，多询时务，每读书史，多求理道。始知文章合为时而著，歌诗合为事而作。"（《与元九书》）他在《新乐府序》中再次申明他的创作理念："总而言之，为君为臣为民为物为事而作，不为文而作也。"白居易的创作理念提醒我们要格外关注其"讽喻诗"和"闲适诗"，看到这些诗文背后经世济国的情怀。从艺术的角度看，也许白居易的"释恨佐欢"的杂律诗更有价值，但他宣扬和坚持的创作理念可以让我们了解有经济之志的文人的创作目的，理解他们对"文道之辨"的看法，进而更深入地体会他们在其载道之文中的用意。

作者往往会在不同的地方阐述其创作理念，我们要注意收集这些资料并进行关联分析。以沈从文为例，访谈者问他："理解您的作品，您的哪些文章比较重要？"沈从文回答主要是《〈边城〉题记》、《〈长河〉题记》、《〈沈从文小说选集〉题记》、《〈湘西〉题记》，另外还有《〈从文小说习作选〉代序》。[①]这些文章中蕴含了作者非常丰富的创作理念，是理解沈从文作品的重要参考。例如，沈从文在《〈边城〉题记》中写道[②]：

对于农人与兵士，怀了不可言说的温爱，这点感情在我一切作品中，随处都可以看出。我从不隐讳这点感情。……就我所接触的世界一面，来叙述他们的爱憎与哀乐，即或这枝笔如何笨拙，或尚不至于离题太远。因为他们是正直的，诚实的，生活有些方面极其伟大，有些方面又极其平凡，性情有

---

① 《答凌宇问》，《沈从文全集（第十六卷）》，北岳文艺出版社2002年版，第525页。
② 《沈从文全集（第八卷）》，北岳文艺出版社2002年版，第57页。

些方面极其美丽，有些方面又极其琐碎。我动手写他们时，为了使其更有人性，更近人情，自然便老老实实的写下去。

沈从文说他的《边城》要给这样的人看①：

他们（指读者，作者注）真知道当前农村是什么，想知道过去农村有什么，他们必也愿意从这本书上同时还知道点世界一小角隅的农村与军人。……二十年来的内战，使一些首当其冲的农民，性格灵魂被大力所压，失去了原来的朴质，勤俭，和平，正直的型范以后，成了一个什么样子的新东西。他们受横征暴敛以及鸦片烟的毒害，变成了如何穷困与懒惰！我将把这个民族为历史所带走向一个不可知的命运中前进时，一些小人物在变动中的忧患，与由于营养不足所产生的"活下去"以及"怎样活下去"的观念和欲望，来作朴素的叙述。……这作品或者只能给他们一点怀古的幽情，或者只能给他们一次苦笑，或者又将给他们一个噩梦，但同时说不定，也许尚能给他们一种勇气同信心！

沈从文在《小说作者和读者》中写道②：

我们得承认，一个好作品照例会使人觉得在真美感觉外，还有一种引人"向善"的力量。……我指的是作者能对作品中接触了另外一种人生，从这种人生景象中有所启示，对人生或生命能做更深一层的理解。……或积极的提示人，一个人不应仅仅能平安生存即已足，尚必须在生存愿望中，有些超越普通动物肉体基本的欲望，比饱食暖衣保全首领以终老更多一点的贪心或幻想，方能把生命引导向一个更崇高的理想上去发展。

沈从文在《〈看虹摘星录〉后记》中说：③

我不大明白真和不真在文学上的区别，也不能分辨他在人我情感上的

---

① 《沈从文全集（第八卷）》，北岳文艺出版社2002年版，第58页。
② 《沈从文全集（第十二卷）》，北岳文艺出版社2002年版，第66页。
③ 刘洪涛等：《沈从文研究资料（上册）》，天津人民出版社2006年版，第62页。

区别。文学艺术只有美或恶劣，道德的成见与商业价值无从掺杂其间。精卫衔石杜鹃啼血，事即不真实，却无妨于后人对于这种高尚情操的向往。

不管是故事还是人生，一切都应当美一些！丑的东西虽不全是罪恶，总不能使人愉快，也无从令人由痛苦见出生命的庄严，产生那个高尚情操。我们活到这个现代社会中，已经被官僚，政客，肚子大脑子小的富商巨贾，热中寻出路的三流学者，发明烫发的专家和提倡时髦的成衣师傅，共同弄得到处够丑陋！一切都若在个贪私沸腾的泥淖里辗转，不容许任何理想生根。这自然是不成的！人生应当还有个较高尚的标准，也能够达到那个标准，至少还容许在文学艺术上创造几个标准，希望能从更年青一代中去实现那个标准。

对这些包含作者创作理念的材料进行关联分析，有助于我们理解沈从文为何自认是"乡下人"，自甘做"乡下人"——他要守住"乡下"的那份善和美。沈从文在《〈从文小说习作选〉代序》中说，"我只想造希腊小庙。选山地作基础，用坚硬的石头堆砌它。精致、结实、匀称，形体虽小而不纤巧，是我的理想的建筑。这庙里供奉的是'人性'"，"我要表现的本是一种'人生的形式'，一种优美、健康、自然，而又悖于人性的人生形式"。[①]沈从文的文学就是要让读者从作品中得到灵魂的洗涤与救赎，"对'人生'或'生命'能作更深一层的理解"。沈从文既然要修建人性小庙，当然要远离光怪陆离的都市，建基于未受现代文明浸染的湘西。沈从文把湘西当作自己设立的完美理想的乌托邦。尽管它有落后的、蛮荒的一面，但相比"城市"的纸醉金迷与光怪陆离，这里能够更好地展现人性最本我的东西，寄寓沈从文重塑美好世界的希望。这使得"湘西"不仅是沈从文的故乡，也渐渐化为千万文学读者的"精神家园"。沈从文的这些表达其创作理念的文字本身就极为优美，在教学中辅以这些资料，一定有助于优化学生对文本的理解和欣赏，使其更好地体味沈从文作品的主旨和风格，尤其是作品中伤感与悲悯的气息。

[①]《〈从文小说习作选〉代序》，《沈从文批评文集》，珠海出版社1998年版，第242–244页。

第二章 时空

对于童年生活的小城,沈从文说:"我就生长在这样一个小城里,将近十五岁时方离开。出门两年半回过那小城一次以后,直到现在为止,那城门我还不再进去过。但那地方我是熟习的。现在还有许多人生活在那个城里,我却常常生活在那个小城过去给我的印象里。"① 莫言在《超越故乡》中有类似的说法:"二十年农村生活中,所有的黑暗和苦难,都是上帝对我的恩赐。虽然我身居闹市,但我的精神已回到故乡,我的灵魂寄托在对故乡的回忆里,失去的时间突然又以充满声色的画面的形式,出现在我的面前。"② 这除了与前述"作者的人生经历"有关,还说明作者的经历都发生于特定的时空之中,文学作品是作者"精神的回乡",是对特定时空的印象的摹写。所有的文学作品都会被打上历史与环境的烙印,相应地,文学作品也反映了特定时空的状况,这是解读文本必须观照的重要信息。对此莫言说:

放眼世界文学史,大凡有独特风格的作家,都有自己的一个文学共和国。威廉·福克纳有他的"约克纳帕塌法县",加西亚·马尔克斯有他的

---

① 《沈从文全集(第十三卷)》,北岳文艺出版社2002年版,第246页。
② 莫言:《超越故乡》,《莫言散文新编》,文化艺术出版社2010年版,第6页。

"马孔多"小镇,鲁迅有他的"鲁镇",沈从文有他的"边城"。……还有许许多多的作家,虽然没把他们的作品限定在一个特定的文学地理名称内,但里边的许多描写,依然是以他们的故乡和故乡生活为蓝本的。戴·赫·劳伦斯的几乎所有小说里都弥漫着诺丁汉郡伊斯特伍德煤矿区的煤粉和水汽。①

我在《枯河》里写了故乡的河流,在《透明的红萝卜》里写了故乡的桥洞和黄麻地,在《欢乐》里写了故乡的学校和池塘,在《白棉花》里写了故乡的棉田和棉花加工厂,在《球状闪电》中写了故乡的草甸子和芦苇地,在《爆炸》中写了故乡的卫生院和打麦场,在《金发婴儿》中写了故乡的道路和小酒店,在《老枪》中写了故乡的梨园和洼地,在《白狗秋千架》中写了故乡的白狗和桥头,在《天堂蒜薹之歌》中写了故乡的大蒜和槐林,尽管这个故事是取材于震惊全国的"苍山蒜薹事件",但我却把它搬到了高密东北乡,因为我脑子里必须有一个完整的村庄,才可能得心应手地调度我的人物。②

将作家的作品和特定的时空关联起来,这对理解和赏析作品是必要的。自古以来,古人在考察文学现象的时候就从来不乏时空的眼光。③《诗经》中的"国风"按照不同的王国和地区分类;《论语·卫灵公》中孔子"郑声淫"的评价将文字与地域关联起来;班固写《汉书·地理志》,把某些地区的自然和人文环境与《诗经》中的作品联系起来。宋代以后的许多文学流派习惯于以地域来命名,彰显其地域色彩,如"江西诗派"、"永嘉四灵"、"公安派"、"竟陵派"、"桐城派"、"常州派"等。还有以地域命名的诗、文、词集,如《会稽掇英总集》、《河汾诸老诗集》、《成都文类》、《粤西诗载》、《湖州词征》等等。此外,许多诗话、词话在讲到某些作家、作品的时候,也习惯于和地理环境联系起来,例如胡应麟的《诗薮·外编》把明初诗坛分为吴诗

---

① 莫言:《超越故乡》,《莫言散文新编》,文化艺术出版社2010年版,第6-7页。
② 同上,第14-15页。
③ 曾大兴:《建设与"文学史学"双峰并峙的"文学地理学"》,《中国社会科学报》2011年4月19日第7版。

派、越诗派、闽诗派、岭南诗派和江右诗派,实际上就是根据诗人、诗歌的地域特点所作的划分。

"一方水土养一方人",这水土不仅指自然环境,还包括人文环境。"气候温和"是对一个地方自然环境的描述,"民风淳朴"则是对一个地方人文环境的描述。水土养的这方人,不仅在样貌、体格、秉性、行为上有共同的特点,他们写出来的文学作品也有相通之处。自然环境与人文环境有相对独立性,同时又密不可分,我们将分别阐述自然环境与人文环境对文学作品的影响,进而说明二者之间的关联及其在文本分析中的意义。

一、自然环境

陆游在《偶读旧稿有感》中说:"挥毫当得江山助,不到潇湘岂有诗?"自然环境对文学有极为重要的影响,是理解文本的重要背景。贾平凹说,他在写作构思时,脑子里首先有个人物原型为基础,再以他熟知的一个具体地理作为故事的环境,比如一个村子,这村子的方位、形状,房舍的结构,巷道的排列,谁住哪个院落,哪里有一棵树,哪里是寺庙和戏楼,哪里有水井和石磨。他以《秦腔》的写作为例[①]:

> 《秦腔》,选择以我家乡的地理环境为活动地。我的家乡叫棣花镇,是秦岭一个小盆地,丹江从西往东流过时从西边山口进来,沿南边山脚流过,再从东边山口流出,河流绕了半圆,而一条官路从镇子中间通过,这条官路就是镇街,书中名叫清风街。整个镇子呈圆形,一半水田一半旱地,镇西后一眼大泉,镇东后一眼大泉,两泉的水聚汇于镇街后为千亩荷塘。镇西口有寺院,河对面为月牙山,长满松树,月牙山下是镇河塔,崖上有数百石洞,为过去人避兵逃匪开凿的,镇中街对着河对面的案山,在水田与旱地的半台上有千年古槐和寺院,寺院改为学校。东街有广场,广场上有宋金时连畔盖的

---

① 贾平凹:《文学与地理——在香港贾平凹文学作品国际研讨会上的发言》,《东吴学术》2016年第3期,第22–25页。

关台庙和二郎庙，有戏台，有魁星楼，河对面是锣山鼓山，后是笔架山。镇西街的大姓是韩家，镇东街的大姓是贾家。贾家在爷爷辈里分户，有三进院子，从二郎庙后一直随地势排列到台楞下，也就是镇东那眼大泉旁边。这韩家就是小说中的白家，贾家是小说中的夏家。我的父辈就住在后一院，兄弟四个分住上房、厦房和门房。院子是拐巴形，进去有照壁，照壁后有石磨，石磨后有厕所，厕所边有椿树，椿树上有鸟巢。大伯家住上房，上房有后门，出去是村里最大的柿树，树下是石碾，石碾旁就是大泉眼，泉的台楞上有皂角树，树后有一排房，再后是十八亩地，再再后是一个小沟，沟后是另一个村，村旁又是一个村，然后一村一村直到镇西韩家后的台楞上的几个村。而镇东广场东是小河，小河边是堨，又是四个自然村，村北是牛头岭，岭上有梯田果林，所有人死了都埋在那里。等等等等。可以说，《秦腔》里写到地理位置全是真实的，全是我十九岁前对家乡的真实写照。

  对于《秦腔》来说，自然环境不仅构成小说的背景，而且是推动小说情节发展的必要因素，甚而会影响小说的真实感与合理性，即某些人和某些事出现或发生在某个特定的场景更合理、更自然、更感人。贾平凹在《文学与地理》这篇文章中指出，人物原型和生活环境这两点确定下来，就像盖房子打下地桩，写起来就不至于游移、模糊。根据内容需要，对这些原型因素删增、移位、取舍、夸张、象征、暗喻才经营出一个文学的世界，创造一个第二自然。① 这就像前面莫言所说的，"脑子里必须有一个完整的村庄，才可能得心应手地调度我的人物"。小说中的人和事生存、发生于特定的环境中，是人物刻画、事件发展、氛围营造必需的载体和素材。自然环境不是作品中的摆设，而是与作品中的人、事、境紧密呼应的有生命的存在。

  作者在文学作品中呈现了一幅图景，这图景往往脱胎于作者的生活经验，来源于客观现实——一切的虚都建立在实的基础上。无论怎么综合、改造、虚构，作家心底都有一个真实、客观的原型，这为其作品提供了第一手

---

① 贾平凹：《文学与地理——在香港贾平凹文学作品国际研讨会上的发言》，《东吴学术》2016 年第 3 期，第 22–25 页。

的素材。沈从文在《从文自传·我所生长的地方》中描述了他家乡的自然环境①：

地方东南四十里接近大河，一道河流肥沃了平衍的两岸，多米，多橘柚。西北二十里后，即已渐入高原，近抵苗乡，万山重叠。大小重叠的山中，大杉树以长年深绿逼人的颜色，蔓延各处。一道小河从高山绝涧中流出，汇集了万山细流，沿了两岸有杉树林的河沟奔驶而过，农民各就河边编缚竹子作成水车，引河中流水，灌溉高处的山田。河水长年清澈，其中多鳜鱼、鲫鱼、鲤鱼，大的比人脚板还大。河岸上那些人家里，常常可以见到白脸长身见人善作媚笑的女子。小河水流环绕"镇筸"北城下驶，到一百七十里后方汇入辰河，直抵洞庭。

河川对于沈从文的小说和散文多么重要！沈从文说："我幼小时较美丽的生活，大部分都与水不能分离。我的学校可以说是在水边的。我认识美，学会思索，水对我有极大的关系。"②正如贾平凹所说："有什么样的作家，他就喜欢什么样的地理，有什么样的故事内容，他就选择什么样的地理，在地理的运用上，可以看出作家的各自的审美，也可以看出作品内容的隐秘。"③沈从文是带着丰富的情感描述家乡的这条大河的，这河川承载着沈从文童年最温馨的记忆，他怀恋的美好的人性就在这水中，他要供奉"人性"的"希腊小庙"就在那河边。沈从文的小说无论虚构了怎样的环境，其中都嵌入了这片河川的影子，这就是沈从文"选择地理的秘密"。

自然地理是"客观之物"，作者基于要表达的情感对其进行删增、移位、取舍、夸张，形成寄托情感的文学形象，这即是早在《周易·系辞》中就提出的"观物取象"："古者包牺氏之王天下也，仰则观象于天，俯则观法于地。观鸟兽之文与地之宜，近取诸身，远取诸物，于是始作八卦，以通神明

---

① 《沈从文全集（第十三卷）》，北岳文艺出版社2002年版，第245–246页。
② 同上，第252页。
③ 贾平凹：《文学与地理——在香港贾平凹文学作品国际研讨会上的发言》，《东吴学术》2016年第3期，第22–25页。

之德，以类万物之情"；"圣人有以见天下之赜，而拟诸其形容，象其物宜，是故谓之象"。自然环境、人的情感、文学形象这三者是和谐同构的，我国古人在《乐记·乐论》中就提出了"天人合一"的概念："乐者，天地之和也；礼者，天地之序也。……乐由天作，礼以地制。……大乐与天地同和，大礼与天地同节。"

"观物取象"、"礼乐与天地的关系"说明艺术的起源及其形态都和自然密不可分——天地（自然）与人情共振而催生艺术作品——自然不只是文学中的客观素材，更成为人情的映照与激发物。《庄子》讲"与物为春"（《德充符》），人与大自然共一个生命，这是道家角度的"天人合一"。自魏晋，文人不但承认、欣赏自然本身的美，而且认为自然美是人物美和艺术美的范本。如《世说新语》中就用"松下风"、"春月柳"、"游云"、"朝霞"等等来形容人的风采，最有名的是曹植的《洛神赋》：

其形也，翩若惊鸿，婉若游龙，荣曜秋菊，华茂春松。髣髴兮若轻云之蔽月，飘飖兮若流风之回雪。远而望之，皎若太阳升朝霞，迫而察之，灼若芙蕖出渌波。

也是自魏晋，人们确认并肯定了文学与自然之间的关联。陆机在《文赋》中说："遵四时以叹逝，瞻万物而思纷。悲落叶于劲秋，喜柔条于芳春。"不同的自然景物引发了人们不同的情感。对此刘勰指出：

春秋代序，阴阳惨舒，物色之动，心亦摇焉。……是以献岁发春，悦豫之情畅；滔滔孟夏，郁陶之心凝。天高气清，阴沉之志远；霰雪无垠，矜肃之虑深。岁有其物，物有其容；情以物迁，辞以情发。一叶且或迎意，虫声有足引心。况清风与明月同夜，白日与春林共朝哉！（《文心雕龙·物色》）

"情以物迁，辞以情发"，万事万物引发不同的情感，进而驱动作者用文字表达内心的情感，这准确刻画了自然、人、文学三者之间的关系。刘勰进而以具体的例子说明文字与自然景物之间紧密的关联，典型地体现了"观物取象"：

是以诗人感物，联类不穷。流连万象之际，沉吟视听之区。写气图貌，既随物以宛转；属采附声，亦与心而徘徊。故"灼灼"状桃花之鲜，"依依"尽杨柳之貌，"杲杲"为出日之容，"瀌瀌"拟雨雪之状，"喈喈"逐黄鸟之声，"喓喓"学草虫之韵。皎日嘒星，一言穷理；参差沃若，两字穷形；并以少总多，情貌无遗矣。（《文心雕龙·物色》）

文字能让人感动是因为它真切地摹状出自然景物的样子，以及这景物所引发的心理感受。自然环境不仅是写作的对象，提供了写作的素材，还激发了作者的情感，成为写作的动力。刘勰感叹道："然则屈平所以能洞监《风》、《骚》之情者，抑亦江山之助乎？"（《文心雕龙·物色》）

"江山之助"！江山塑造了人心，江山成就了文学！

草原与荒漠地带，自然而然地产生游牧生活方式；水土丰沃气候宜人处，是农业生产的理想之域；沿海地区因交通发达兼有鱼盐之利，是工商业的温床。自然条件制约着生产方式，也顺理成章地影响着人们的生活方式以至性格气质——"沃土之民不材，逸也；瘠土之民莫不向义，劳也"（《国语·鲁语下》）。作者受自然环境的熏陶，受"水土"、"地气"的感召，"皆象其气，皆应其类"，从而产生一种与地理风貌相似的审美理想。[①]清代孔尚任说："盖山川风土者，诗人性情之根柢也。得其云霞则灵，得其泉脉则秀，得其冈陵则厚，得其林莽烟火则健。"（《孔尚任诗文集》卷六）这是《淮南子》"土地各以其类生"的说法在审美理论中的发挥。云蒸霞蔚之地，文学风格多空灵舒卷；山水明丽之处，文学风格多秀丽明媚；高原大山地区，文学多浑厚壮实；林莽烟火之域，文学多矫健有力。沈德潜则说，"余尝观古人诗，得江山之助者，诗之品格每肖其所处之地"（《归愚文钞余集》卷一），正可谓永嘉山川明媚，谢灵运诗风与之相肖；夔州山水险绝，杜甫诗风与之相类；永州山水幽峭，柳宗元诗风与之相近。

[①] 吴承学：《江山之助——中国古代文学地域风格论初探》，《文学评论》1990年第2期，第50–58页。

刘若愚在《中国文学艺术精华》中具体分析了自然环境与人的八种关系，以及这些关系如何体现在文学作品中[①]：

（1）自然作为人生的同类物。如"关关雎鸠，在河之洲。窈窕淑女，君子好逑"，鸟的叫声与君子希望娶一位姑娘这两者被关联起来。（2）自然作为人生的对照。如自然的永恒与人生的短暂和变幻形成鲜明的对照，《古诗十九首》之一的开头说："人生天地间，忽如远行客。"另一首云："人生忽如寄，寿无金石固。"（3）自然作为人情的分享者。当诗人怀有一种强烈的感情，他往往设想自然也带有这种感情。李煜的《相见欢》写道："林花谢了春红，太匆匆。无奈朝来寒雨晚来风。"李煜在另一首词中写道："问君能有几多愁？恰似一江春水向东流。"花、风、雨、河流这些自然之物似乎都与人类一样是有情感的。（4）自然作为一种感情表达的间接方式。这是一种与上述人情分享完全相反的方式，作家用一种似乎纯客观的态度描述自然景色，让读者通过联想生成独特的情感体验。如王维的"人闲桂花落，夜静春山空。月出惊山鸟，时鸣春涧中"，"空山不见人，但闻人语响。返景入深林，复照青苔上"。（5）自然作为感情的激发物，即睹物感怀。王昌龄的《闺怨》："闺中少妇不知愁，春日凝妆上翠楼。忽见陌头杨柳色，悔教夫婿觅封侯。"在这首诗里，自然激发了个体的情感。（6）自然作为审美的对象。譬如姜夔在一首词中描绘了荷花的美丽，并比之于河中仙子，他写"冷香飞上诗句"，这说明他是有意识地把自己观赏荷花时的审美经验移植到诗歌之中了。（7）自然作为一种象征。自然经过主观抽象而具有了某种象征意义。例如，高山作为长寿的象征在《诗经》中首次出现并在后世诗歌中屡见不鲜；还有河流，一方面可以象征时间的流逝，另一方面又可以象征自然的永恒。如李白组诗《古风》中所写："前水复后水，古今相续流。新人非旧人，年年桥上游。"（8）自然之中忘我。中国诗歌的最高境界是自我消失在自然之中——物我不分。王维的《登河北城楼作》便是一例："寂寥天地暮，心与广川闲。"他的思想与河川浑然一体，两者都处于安适宁

[①] 刘若愚：《中国文学艺术精华》，黄山书社出版1989年版，第3-11页。

静之中。

"借景抒情"是中国文学极为重要的写作手法，刘若愚提出的这八种人与自然的关联可以作为赏析这种手法的着眼点。从中我们也能看到自然对作家、对作品的重要价值，正可谓"江山之助"！这对文本解读意义重大，教师要想让学生理解文字的意涵，就要帮助学生还原文字所摹状的景物，真切感受这些景物所生发的情感，在文字、景物、情感间建立关联。

二、人文环境

人文环境包括某个地方的政治、经济、制度、律法、风土人情、传统习俗、生活方式、宗教信仰、思维方式、价值观念、审美情趣、精神图腾等等。与自然环境相比，人文环境对于文学创作的影响更为巨大、深刻和直接。例如，吴歌西曲产生于明媚的江南地域，江南的城市经济很发达，民风奢侈，吴歌西曲的旖旎、艳丽、柔媚的风格，正是江南在城市经济发达基础上民风崇尚享乐，追求个性和爱情的反映。[①] 前文呈现了沈从文自述其生长的自然环境，下面是他对自己家乡的人文环境的描写[②]：

凡有机会追随了屈原溯江而行那条长年澄清的沅水，向上游去的旅客和商人，若打量由陆路入黔入川，不经古夜郎国，不经永顺、龙山，都应当明白"镇箪"是个可以安顿他的行李最可靠也最舒服的地方。……兵卒纯善如平民，与人无侮无扰。农民勇敢而安分，且莫不敬神守法。商人各负担了花纱同货物，洒脱的向深山中村庄走去，同平民作有无交易，谋取什一之利。……一切事保持一种淳朴习惯，遵从古礼……城乡全不缺少勇敢忠诚适于理想的兵士，与温柔耐劳适于家庭的妇人。在军校阶级厨房中，出异常可口的菜饭，在伐树砍柴人口中，出热情优美的歌声。

---

① 吴承学：《江山之助——中国古代文学地域风格论初探》，《文学评论》1990年第2期，第50-58页。
② 《沈从文全集（第十三卷）》，北岳文艺出版社2002年版，第244-245页。

沈从文这段文字描述的就是典型的人文环境，里面蕴含着风俗、人情、政治、经济、理想与价值观等等，这样的环境直接影响作家的写作，是作家情感体验与价值追求的重要载体。

早在西汉时期，司马迁就指出不同地区风土民俗也往往不同。《史记·货殖列传》生动叙述了各地五花八门的民风习尚，并指出民风习尚与各地的地理环境关系密切。其叙关中云：

关中自汧、雍以东至河、华，膏壤沃野千里，自虞夏之贡以为上田，而公刘适邠，大王、王季在岐，文王作酆，武王治镐，故其民犹有先王之遗风，好稼穑，殖五谷，地重，重为邪。及秦文、德、缪居雍，隙陇蜀之货物而多贾。献公徙栎邑，栎邑北却戎翟，东通三晋，亦多大贾。孝、昭治咸阳，因以汉都，长安诸陵，四方辐凑并至而会，地小人众，故其民益玩巧而事末也。

班固在《汉书·地理志》中说楚地"信巫鬼，重淫祀"，《隋书·地理志》将"楚辞"的产生和风格与这一民风习俗关联起来："大抵荆州率敬鬼，尤重祠祀之事，昔屈原为制《九歌》，盖由此也。"班固注意到汉兴之后寿春成了《楚辞》创作和整理的中心："淮南王安亦都寿春，招宾客著书……故世传《楚辞》。"

恰如司马迁所说，"仓廪实而知礼节，衣食足而知荣辱"，"渊深而鱼生之，山深而兽往之"。（《史记·货殖列传》）不同的人文环境中人们表现出不同的行为、情感和人生追求，这些都会反映在文学中，影响文学的内容和风格。班固在《汉书·地理志》中指出人文环境对人的个性的影响："初太公治齐，修道术，尊贤智，赏有功，故至今其士多好经术，矜功名，舒缓阔达而足智。"人的个性与文学的风格存在内部的一致性，人文环境影响人的外在行为和内在个性，进而与文学的内容、形式和风格发生关联。曹丕《典论·论文》云："王粲长于辞赋，徐干时有齐气，然粲之匹也。""齐气"即是体现某一地域独特的人文环境的风气。李善注："言齐俗文体舒缓，而徐干亦有斯累"，这显示作家、作品与地域之间的关联。再如，《楚辞》、《老子》以及受《老子》影响的《庄子》构成荆楚文化的特点——崇尚自然,耽于幻想,充满浪漫情调,一直到公安派都有其余韵,巴蜀文学历来有崇尚巨大的气魄、瑰丽的文采和奇幻想象的传统,从司马相如、李白、苏轼等人的创作上我们不难看到某种相同的气质。

  人文环境一方面成为文学表现的内容,另一方面会影响、制约作家的思维方式和情感态度,从而最终影响文本的内容、形式与风格。例如,对于下乡知青写的农村,莫言认为"总透露着一种隐隐约约的旁观者态度"。他说[①]:

  "知青作家"一般都能两手操作,一手写农村,一手写都市,而写都市的篇章中往往有感情饱满的传世之作,如史铁生的著名散文《我与地坛》。史氏的《我的遥远的清平湾》虽也是出色作品,但较之《我与地坛》,则明显逊色。《我与地坛》里有宗教,有上帝,更重要的是:有母亲,有童年。……史氏的"血地"[②]是北京,……他是呼吸着地坛里的繁花佳木排放出的新鲜氧气长大的孩子。他的地坛是他的"血地"的一部分。

  这段话显示具体的时空成就了文学作品,也是对文学创作必然和有力的制约。莫言说:"我不可能把我的人物放到甘蔗林里去,我只能把我的人物放到高粱地。……我不但知道高粱的味道,甚至知道高粱的思想。……回到了故乡我如鱼得水,离开了故乡我举步维艰。"[③] 由此可见,我们在分析某个作家的作品时,也要将其置于作家和作品的"故乡",在"原汁原味"的人文环境中体验作品的生命脉动。

  据舒乙统计,老舍作品中提及的240多个北京的山名、水名、胡同名、店铺名,有95%以上都是真实的,可将这些地名分为五种类型。一是象征型,主要为了凸显北京的风土人情,包括北海、天坛、鼓楼、土城、玉泉

[①] 莫言:《超越故乡》,《莫言散文新编》,文化艺术出版社2010年版,第7-8页。
[②] 莫言说的"血地"是指作家在那里度过了童年乃至青年时期的地方——"这地方有母亲生你时流出的血,这地方埋葬着你的祖先,这地方是你的'血地'"(见《超越故乡》)。
[③] 同①,第14页。

山、德胜门等；二是生活环境型，着重是作品主人公居住的地方，多为小胡同大杂院，如小羊圈胡同、兵马司胡同、丰盛胡同、砖塔胡同、堂子胡同以及龙须沟、毛家湾、东交民巷等；三是店铺型，从便宜坊、稻香村、柳泉居、春华楼等饭店茶馆，到东安市场、西安市场、护国寺街的寿衣铺、廊房头条、光容相馆等商店杂铺，再到白房子、八大胡同等底层妓院；四是来往路线型，主要是作品主人公来往经过的地方和各种特定活动的场所，从城内到城外，几乎构成了一幅精细的北京城乡交通图；五是抒情型，是特别为作品主人公提供的一些与心绪、情感相关联的场所，如北城根、积水潭、西直门外河边等。对于自己和北平的关系，老舍说[①]：

我生在北平，那里的人、事、风景、味道，和卖酸梅汤、杏儿茶的吃喝的声音，我全熟悉。一闭眼我的北平就完整的，像一张彩色鲜明的图画，浮立在我的心中。我敢放胆的描画它。它是条清溪，我每一探手，就摸上条活泼泼的鱼儿来。济南和青岛也都与我有三四年的友谊，可是我始终不敢替它们说话，因为怕对不起它们。流亡了，我到武昌、汉口、宜昌、重庆、成都，各处"打游击"。我敢动手描写汉口码头上的挑夫，或重庆山城里的抬轿吗？决不敢！

老舍在《想北平》一文中说："我真爱北平……我所爱的北平不是枝枝节节的一些什么，而是整个儿与我的心灵相粘合的一段历史，一大块地方，多少风景名胜，从雨后什刹海的蜻蜓一直到我梦里的玉泉山的塔影，都积凑到一块，每一小的事件中有个我，我的每一思念中有个北平。"与老舍血脉相连的是北平的历史和文化，理解老舍的作品，就要理解北平这个城市的人文背景，理解其中的文化内涵及其动人之处，解析这些文化元素与老舍的情感关联及其对老舍的意义。

再以沈从文为例，他在《我的写作与水的关系》中写道[②]：

[①] 老舍：《三年写作自述》，《老舍文集（第十五卷）》，人民出版社1999年版，第477页。
[②] 向成国：《沈从文自述》，河南人民出版社2006年版，第99–103页。

在我一个自传里，我曾经提到过水给我的种种印象。檐溜，小小的河流，汪洋万顷的大海，莫不对于我有过极大的帮助，我学会用小小脑子去思索一切，全亏得是水，我对于宇宙认识得深一点，也亏得是水。"孤独一点，在你缺少一切的时节，你就会发现原来还有个你自己。"这是一句真话。我有我自己的生活与思想，可以说是皆从孤独得来的。我的教育，也是从孤独中得来的。然而这点孤独，与水不能分开。

年纪六岁七岁时节，私塾在我看来实在是个最无意思的地方。我不能忍受那个逼窄的天地，无论如何总得想出方法到学校以外的日光下去生活。……到十五岁以后，我的生活同一条辰河无从离开，我在那条河流边住下的日子约五年。这一大堆日子中我差不多无日不与河水发生关系。走长路皆得住宿到桥边与渡头，值得回忆的哀乐人事常是湿的。至少我还有十分之一的时间，是在那条河水正流与支流各样船只上消磨的。从汤汤流水上，我明白了多少人事，学会了多少知识，见过了多少世界！我的想象是在这条河水上扩大的。我把过去生活加以温习，或对未来生活有何安排时，必依赖这一条河水。这条河水有多少次差一点儿把我攫去，又幸亏它的流动，帮助我作着那种横海扬帆的远梦，方使我能够依然好好地在人世中过着日子！

再过五年，我手中的一支笔，居然已能够尽我自由运用了。我虽离开了那条河流，我所写的故事，却多数是水边的故事。故事中我所最满意的文章，常用船上水上作为背景，我故事中人物的性格，全为我在水边船上所见到的人物性格。我文字中一点忧郁气氛，便因为被过去十五年前南方的阴雨天气影响而来，我文字风格，假若还有些值得注意处，那只因为我记得水上人的言语太多了。

湘西的河水流淌着，流过沈从文的童年、少年、青年，直至他远离了故乡，这条河还流淌在沈从文的梦里。他的经历源自这河流："从汤汤流水上，我明白了多少人事，学会了多少知识，见过了多少世界！"这河流负载着他的寄望："我把过去生活加以温习，或对未来生活有何安排时，必依赖这一条河水。"他的人生也安顿在这河流上："幸亏它的流动，帮助我作着那种横海扬帆的远梦，方使我能够依然好好地在人世中过着日子！"这条河流已不只是自然之物，还负载着语言、人情、世事，充满了生命和文化的意味。理解沈从文的作品，就要理解他生命中的这条河流，因为他所写的故事"多数是水边的故事"，"值得回忆的哀乐人事常是湿的"。

老舍的北平、沈从文的湘西不仅是自然环境，更是蕴含着人情风俗的人文环境，其中的爱恨情仇让作者魂牵梦绕、念念不忘，与作者的生命融为一体，滋养着、感动着作者，推动作者用文字直接叙写它或将其作为文本的背景。作者要受到其所处的人文环境的影响，其作品中的人物和事件也是人文环境的产物。语文教学中，教师要注意收集与作品相关的人文环境的信息，尤其是作者本人对其所生活环境的人文解读，理解其中的人、事、物的文化内涵及其动人之处，这对解读文本的情感密码是非常有价值的。

三、时代背景

法国艺术评论家丹纳说："要了解一件艺术品，一个艺术家，一群艺术家，必须正确地设想他们所属的时代的精神和风俗的概况。这是艺术品最后的解释，也是决定一切的基本原因。"丹纳举例[①]：

只要翻一下艺术史上各个重要的时代，就可看到某种艺术是和某些时代精神与风俗情况同时出现，同时消灭的。例如希腊悲剧：埃斯库罗斯，索福克勒斯，欧里庇得斯的作品诞生的时代，正是希腊人战胜波斯人的时代，小小的共和城邦从事于壮烈斗争的时代，以极大的努力争得独立，在文明世界中取得领袖地位的时代。等到民气的消沉与马其顿的入侵使希腊受到异族统治，民族的独立与元气一齐丧失的时候，悲剧也就跟着消灭。

时代是文学作品生发的土壤，艺术家是时代的儿子，而他精心结撰的作

---

① [法]丹纳：《艺术哲学》，傅雷译，广西师范大学出版社2000年版，第41页。

品，则是属于历史的。①《礼记·乐记》中有"声音之道，与政通矣"之说；刘勰在《文心雕龙·时序》中指出，"文变染乎世情，兴废系乎时序"，"世情"、"时序"指一定历史时期的社会状况。文学创作随着时代的推移而变化发展，汪辟疆在《近代诗派与地域》中说："夫文学之转变，罔不与时代为因缘"，"诗之内质外形，皆随时代心境而生变化"。②在文学史上，任何一部杰作的产生，除了作家本人的因素以外，还必然伴随着相应的时代条件，了解作品的内容和思想内涵，就要了解作品的时代背景。

从艺术创作的角度，丹纳认为艺术作品的生发要受到"精神气候"的影响，这种"精神气候"就是风俗习惯与时代精神。他举例：在一个腐化衰落，人口锐减，异族入侵，连年饥馑，疫病频仍的时代，悲观绝望的精神状态就会占优势。艺术家不能置身事外，耳闻目睹的无非是不祥之事，甚至作家自身也要经历各种苦难，这使得本性快活的人不会像以前那么快活，本性抑郁的更加抑郁。在这样的时代，所有的精神产品往往也会变得灰暗与消极，宗教告诉他尘世是谪戍，社会是牢狱，人生是苦海；哲学也建立在悲惨的景象与堕落的人性之上，告诉他生不如死，这更会强化作家的灰暗意向。此外，在一个悲伤灰暗的时代，人们失去财产、国家、儿女、健康，他们必然讨厌和排斥欢乐的作品，欢迎伤感暗郁的作品，后者更能够引发人们的共鸣，这也使得艺术家更倾向于悲伤的创作。③由此可见，时代背景形成一个包围性的力量，既在推动也在拉动着作者，塑造着文学作品的内容与形式。

作为文本的背景，尤其要重视变化乃至动荡的时代。在这样的时代，人们会有更多特殊的经历、情感、看法需要诉说和表达，特定的文学内容与文学形式往往应运而生。严羽《沧浪诗话》说："唐人好诗，多是征戍、迁谪、行旅、离别之作，往往能感动激发人意。"的确，离别是唐诗中的主要表现内容之一，而像征戍、迁谪、行旅这些生活也都与离别生活紧密相连。下面以魏晋南北朝为例，说明文学的时代特征及其对语文教学的启示。

---

① 周先慎:《中国文学十五讲》，北京大学出版社2003年版，第293页。
②《汪辟疆文集》，上海古籍出版社1988年版，第283–284页。
③［法］丹纳:《艺术哲学》，傅雷译，广西师范大学出版社2000年版，第66–70页。

鲁迅说："曹丕的一个时代可以说是文学的自觉时代，或如近代所说，是为艺术而艺术的一派。"罗宗强说："魏晋南北朝文学……似乎存在着一种把文学与非文学分离开来的发展趋势。"①魏晋时期玄风大盛，形成了所谓的魏晋风度，文学得以独立，出现了追求形式美的骈文，出现了极为重要的文学家，形成了系统的、水平极高的文学理论和文学批评。魏晋文学为何会产生如此重大的变化？其审美意义是什么？它对后世文学又有哪些影响？回答这些问题和赏析魏晋文学，必须理解当时的时代背景。

第一，党锢之祸与名士风采。

魏晋南北朝是中国历史上一个大动荡的时代，文学作品多出自士人之手，我们重点分析这个时代对士人的影响。"邺下放歌"、"竹林酣畅"、"兰亭流觞"、"南山采菊"，这些既是魏晋文学的风采，也是魏晋士人的人格风貌。独立的文学需要有独立人格的文人，两次党锢之祸为魏晋士人的人格独立创造了条件。②

东汉桓帝、灵帝时，宦官结党营私、败坏朝政、为祸乡里。贵族李膺、太学生郭泰、贾彪等人与外戚一党联合，对宦官集团进行激烈的抨击。延熹九年（166年），宦官赵津、侯览等党羽与张汜、徐宣等人为非作歹，官员成瑨等按律处置了这些人。桓帝听信宦官一面之词，重处了这些官员。陈蕃上书为受罚的官员们辩解，并恳请桓帝"割塞近习与政之源"，清除宦官乱政。宦官等人不敢加害陈蕃，但对其他人则大加报复，多名站在士人一边的朝中大臣、地方官员被免官，成瑨、刘质等最终在狱中被害，岑晊、张牧等人逃亡。宦官一党诬陷李膺等人"养太学游士，交结诸郡生徒，更相驱驰，共为部党，诽讪朝廷，疑乱风俗"，桓帝下令逮捕太仆卿杜密、御史中丞陈翔等重臣及陈寔、范滂等人。陈蕃认为"罪名不章"，拒绝平署诏书，桓帝直接让宦官负责的北寺狱审理此案。李膺、陈寔、范滂等人慨然赴狱，受酷刑而不改其词。陈蕃再度上书，以夏商周三代之事劝谏，桓帝斥其僭议，以

---

① 罗宗强：《魏晋南北朝文学思想史》，中华书局2006年版，第4页。
② 李建中：《魏晋文学与魏晋人格》，湖北教育出版社1998年版，第4页。

陈蕃提拔的人不好为由免去其太尉一职。167年六月，桓帝大赦，党人获释但放归田里，终身罢黜。是为第一次党锢之祸。

168年九月，窦武等人准备除去宦官曹节、王甫一党，宦官得知此计划后连夜发动政变。宦官们与皇帝的乳母赵娆一起，蒙骗年幼的灵帝，格杀亲近士人的宦官山冰等，胁迫尚书假传诏令，劫持窦太后，追捕窦武、陈蕃等。年过八旬的陈蕃率太尉府僚及太学生数十人拔刀剑冲入承明门，到尚书门因寡不敌众被擒，当日遇害。窦武驰入步兵营起兵对抗，名将张奂此前率军出征，此刻刚回到京师，宦官等人假传诏令骗过他，张奂误以为窦氏叛乱，遂率军进攻窦武。窦武被重重围困，无奈自杀；虎贲中郎将刘淑、尚书魏朗等也被诬陷而被迫自杀；窦太后被软禁在南宫，李膺等再次被罢官，并禁锢终生。宦官等向灵帝进谗言诬陷党人"欲图社稷"，年仅14岁的灵帝被他们欺骗，大兴牢狱，追查士人一党。李膺、杜密、翟超、刘儒、荀翌、范滂、虞放等百余人被处死，在各地陆续被逮捕、杀死、流徙、囚禁的士人达到六七百名。是为第二次党锢之祸。

士人们在残酷的党锢之祸中表现出儒家操守——坚持道义、舍身成仁。太学生把敢于同宦官进行斗争的清流人物，冠以"三君"（一世之所宗）、"八俊"（人之英）、"八顾"（能以德行引人者）、"八及"（能引导他人追随众所宗仰之贤人）、"八厨"（以财救人者）等称号。《世说新语·德行》开篇便称"三君"之一的陈仲举"言为士则，行为世范，登车揽辔，有澄清天下之志"。《世说新语》用近十则的篇幅，描述几位东汉党人的德行，包括陈蕃、李膺、郭林宗、陈仲弓等。《后汉书·党锢列传》列举了士人在党锢之祸中表现出的令人称道的德行，其中有许多动人的故事：李膺被免官在家，乡人劝其逃避，膺曰："事不辞难，罪不逃刑，臣之节也。"巴肃参与了窦武的计划，但宦官不知道，只是将他禁锢而已。巴肃认为"为人臣者，有谋不敢隐，有罪不逃刑，既不隐其谋矣，又敢逃其刑乎！"自己投案，县官要解印与他一起逃亡，他拒绝逃亡而被害。陈蕃的友人朱震收葬了陈蕃的尸体，并将他的儿子陈逸藏到甘陵，被人告发，朱震全家被捕，均受酷刑，却誓死不肯说出陈逸的行踪。窦武的府掾胡腾收葬了他的尸体，为他发丧，被禁锢终生，胡腾还收留了窦武的孙子，假称是自己的儿子并藏匿起来。张奂因"平叛"的功劳被提拔，他深恨自己被骗，害死国家忠良，坚决拒绝受封，并要求为窦武、陈蕃等人平反，迎回窦太后，推荐李膺等出任三公。灵帝听信宦官谗言追究张奂的责任，张奂被拘数日，罚俸三月，最终也被免官。

党人因其在党锢之祸中的仁德表现受到时人高度的同情、支持乃至敬仰——"天下士大夫皆高尚其道"（《后汉书·党锢列传》）。清赵翼《廿二史劄记》卷五中有一段话：

> 其时党人之祸愈酷而名愈高，天下皆以名入党人中为荣。范滂初出狱归汝南，南阳士大夫迎之者车千辆。景毅遣子为李膺门徒，而录牒不及，毅乃慨然曰："本谓膺贤，遣子师之，岂可因漏名而幸免哉！"……张俭亡命困迫，望门投止，莫不重其名行，破家相容。此亦可见当时风气矣。

党人的高风亮节尽显名士风范，他们作为黑暗势力的对立面显得光彩动人。这些党人的作为也让更多的士人审视所处的社会，重新认识自己与政权的关系，这为更多士人的人格独立创造了条件。

从当时的社会环境来看，魏晋可谓是一个"无道"的社会，把持国家的是"不仁"的君主和官宦。《晋书·食货志》描述当时的社会"流尸满河，白骨蔽野"；《魏志·董卓传》载，"时三辅民尚数十万户，傕等放兵劫略，攻剽城邑，人民饥困。二年间相啖食略尽"；《三国志·魏志·荀彧传》注引《曹瞒传》有言，"自京师遭董卓之乱，人民流移东出，多依彭城间，遇太祖至，坑杀男女数万口于泗水，水为不流。陶谦帅其众军武原，太祖不得进。引军从泗南攻取虑、睢陵、夏丘诸县，皆屠之；鸡犬亦尽，墟邑无复行人"。在这样的社会背景下，士人对政权极度失望，对其产生厌恶和疏离之心是必然的，更何况即使儒家思想，也强调士要为有德的君主和政权服务，如《论语》说：

> 邦有道，则仕；邦无道，则可卷而怀之。
> 君使臣以礼，臣事君以忠。

为政以德，譬如北辰。居其所，而众星共之。

邦有道则知，邦无道则愚。

所谓大臣者，以道事君，不可则止。

其身正，不令而行；其身不正，虽令不从。

邦有道，谷；邦无道，谷，耻也。

面对昏聩的君主以及黑暗的政治，魏晋士人对政治、政权的厌恶和疏离使其有机会摆脱政权附庸的身份，成为独立的人，重塑独立的人格。士人们开始关注自己的愿望，表达内心的情感，选择自由的生活。其中特立独行、富有才华和魅力的士人成为名士，他们得到了民众的接受、赏识乃至追捧。《后汉书》描述郭林宗"身长八尺，容貌魁伟"，他从京师归乡时"衣冠诸儒送至河上，车数千两"，"与李膺同舟而济，众宾望之，以为神仙焉"。有人劝他进仕，他拒绝这一建议并说："吾夜观乾象，昼察人事，天之所废，不可支也。"郭林宗"尝于陈梁闲行遇雨，巾一角垫，时人乃故折巾一角，以为'林宗巾'"。有人问范滂，郭林宗是什么样的人。范滂说："隐不违亲，贞不绝俗，天子不得臣，诸侯不得友。"文学的独立有赖于人的独立，这些名士散发人格的魅力，显现审美的意味，这与文学的独立和文学审美的发展是一致的。

"竹林七贤"是名士的代表。《世说新语·任诞》记有七贤多则洒脱不羁的故事。一日刘伶于家中一丝不挂地饮酒，有客人来访，他也不回避穿衣，还狂笑道："我以天地为栋宇，屋室为裈衣。诸君何为入我裈中？"阮籍送嫂子归家，别人笑他不懂礼法，他不在意，只说："礼法岂为我辈所设耶？"盛夏七月，富人们把光鲜夺目的绫罗绸缎搬出来晒太阳，阮咸"以竿挂大布犊鼻裈于中庭"。有人问他为何这么做，他回答说："未能免俗，聊复尔耳。"阮咸等人还曾"与猪共饮"："诸阮皆能饮酒，……时有群猪来饮，直接去上，便共饮之。"《晋书·刘伶传》记刘伶"常乘鹿车，携一壶酒，使人荷锸而随之，谓曰：'死便埋我'"。《晋书·嵇康传》记载："初，康居贫，尝与向秀共锻于大树之下，以自赡给。颍川钟会，贵公子也，精炼有才辩，故往造焉。康不为之礼，而锻不辍。良久会去，康谓曰：'何所闻而来？何所见而去？'会曰：'闻所闻而来，见所见而去。'会以此憾之。"钟会属司马氏集团，当时正春风得意，却受到嵇康如此冷遇，可见嵇康对权贵是何等蔑视。山涛曾两次荐举他做官，都被他断然拒绝，甚至写了《与山巨源绝交书》，在其中列举了不做官的理由——"七不堪"、"二不可"，形象地表现了他"使气任性"的人生追求。

从上述诸多事例，我们可以看到名士们在表达真感情、展露真性情，而这恰恰契合了文学的核心价值与关键特征。只有人们愿意表达自己强烈而真挚的感情，而且这感情被珍视、被欣赏，文学的价值才能凸显出来，文学才能够最终独立并焕发自身的魅力。黑暗的政治、分裂的社会、残酷的斗争，这是国之夭、民之伤，但这却使得士人从政治、君主、社稷的附庸中解脱出来，形成"士的群体自觉"，正是这种自觉引发的人格独立以及与政权和正统思想的疏离，为思想领域的大变动提供了条件，为文学的独立与繁荣奠定了基础。

第二，玄风大盛与清谈美言。

对魏晋的士人来说，传统的儒家精神和儒家人格受到了挑战，此后的精神依归在哪里，又如何进行人格重建？闻一多说：

> 像魔术似的，庄子突然占据了那个时代的身心，他们的生活、思想、文艺——整个文明的核心是庄子。他们说："三日不读《老》、《庄》，则舌本间强。"尤其是庄子，竟是清谈家的灵感的泉源。从此以后，中国人的文化上永远留着《庄子》的烙印。

以《老》、《庄》为核心的玄风大盛和以谈玄为核心的清谈，让士人重新找到生命坐标和精神皈依，同时也对文学的独立和发展产生了非常重要的影响。

东汉末，儒学被边缘化，道、墨、名、法、释、纵横、兵家都应运而出，"神灭论"、"无仙说"、"笑道论"乃至"无君论"蓬然而起，形成了思想的大解放，其中玄学的影响最大。《说文解字》曰："玄，幽远也。""幽，隐也。"《老子》第一章说:"玄之又玄,众妙之门。"意指精妙深微的道理常常隐藏在深幽之处。玄学即"玄远之学",它以"祖述老庄"立论,《老子》、《庄子》、《周易》被称作"三玄"。玄学最初与现实的政治斗争关系密切,围绕着名教与自然的关系展开,不同政治集团对此问题有不同的认识。何晏、王弼以老学为主的"贵无论"旨在调和名教与自然的关系,为士族阶级获得的政治利益寻找依据;向秀则是以庄学的道家学说为士族放浪优渥的生活进行辩护,认为"好荣恶辱,好逸恶劳,皆生于自然"(《难养生论》);嵇康则提出"越名教而任自然"的口号,对现实不合理的社会秩序提出批判,渴望能摆脱虚伪名教而获得生命的自由。自然与名教之辨意义重大,汤一介在《〈魏晋玄学论稿〉导读》中说[①]:

> 魏晋乃罕有之乱世,哲人们一方面立言玄远,希冀在形而上的思辨王国中逃避现世之苦难,以精神之自由弥补行动之不自由甚且难全其身的困苦。另一方面,他们有难以逃避铁与血的现实关系之网,因而对何为自足或至足之人格不能不有深切之思考。用彤先生立论以为:魏晋时代"一般思想"的中心问题是,"理想的圣人之人格究竟应该怎样?"由此而引发出"自然"与"名教"之辨。

魏晋各派士人对"自然"与"名教"关系的回答不同,却都一致推崇"自然"。这使得崇尚自然的道家思想尤其是庄学蓬勃复兴,引发士人在本体和价值层面深刻的思考。庄子与魏晋士人所处的时代有一个共同之处:战乱频繁,天无宁日——"天下何其嚣嚣也!"(《庄子·骈拇》)《庄子》中常有对诸侯国之间攻城略地和诸侯国内部争权夺位的描述与愤慨:"夫杀人之士民,兼人之土地,以养吾私与吾神者,其战不知孰善?"(《徐无鬼》)庄子衣粗布著破履见魏惠王,魏王问"何先生之惫邪?"庄子答曰:

> 贫也,非惫也。士有道德不能行,惫也;衣弊履穿,贫也,非惫也;此所谓非遭时也。……今处昏上乱相之间,而欲无惫,奚可得邪?此比干之见

---

① 汤用彤:《魏晋玄学论稿(汤一介等导读)》,上海古籍出版社2001年版,第8页。

刳心征也夫！（《山木》）

  这段话应能引起魏晋士人的高度认可与共鸣。庄子认为身处乱世而"欲无愆"是很困难的，魏晋时期的士人面对整个社会的混乱与黑暗，内心也是极为沮丧和疲惫的。庄子对孔儒和名教进行了激烈的抨击："圣人不死，大盗不止。虽重圣人而治天下，则是重利盗跖也。"（《胠箧》）庄子的理想人格是"圣人无名"："圣人不从事于务，不就利，不违害，不喜求，不缘道，无谓有谓，有谓无谓，而游乎尘垢之外。"（《齐物论》）《大宗师》塑造了"真人"的形象："真人……芒然彷徨乎尘垢之外，逍遥乎无为之业，彼又恶能愦愦然为世俗之礼，以观众人之耳目哉！"庄子反复强调"不随物迁"、"不与物撄"、"孰弊弊焉以天下为事"、"孰肯以物为事"的超世与遁世之志，视惠施的相位如腐鼠（见《秋水》），讥曹商邀宠为舐痔（见《列御寇》），譬诸侯间的相与争地如蜗角虚名（见《则阳》）。《庄子》中频频出现"游"这个字："游乎四海之外"、"游乎尘垢之外"、"游于六合之外"、"游无何有之乡"、"游无极之野"，意欲引导人们摆脱事务利害乃至仁义礼乐的束缚，超脱种种局限，进入"相与交食乎地而交乐乎天"、"翛然而往，侗然而来"的逍遥境界。这样的世界观与价值观无疑会引发魏晋士人的共鸣与追求，为魏晋士人划定了玄远的生命坐标与精神追求，这既是对现实黑暗残酷世界的逃离与反叛，也是士人重建独立人格的契机。从风神潇洒、不滞于物的"魏晋风度"，到点画自如、情驰神纵的书法艺术；从《兰亭集序》到田园山水诗，无不透出玄学空灵的精神与审美气质。

  与玄学密不可分的是"清谈"——魏晋的玄学家更乐意将自己对玄学的见解以"清谈"的方式展示出来。[①]《世说新语·文学》记载与魏晋清谈有关之事有61条之多。王晓毅在《王弼评传》中对魏晋清谈作了较为全面的描述[②]：

---

① 李山：《中国文化史》，北京师范大学出版社2007年版，第360页。
② 王晓毅：《王弼评传》，南京大学出版社1996年版，第97—98页。

魏晋时期最为后世瞩目的文化风尚是清谈。……其典型形式有甲、乙两个主辩人，一个主持人和四座听众。……论辩者既注重逻辑推理的清晰严密性和哲理辨析的深刻性等内在要素，也十分注重发音清亮悦耳、抑扬顿挫的外在形式美，并喜欢挥动麈尾以助谈兴。

哲理性的探讨是清谈的主要内容，但并不是清谈的全部内容；"三玄"——《老子》《庄子》《周易》——为主要谈资，但绝不仅限于"三玄"，同时还包括了对《论语》《诗经》《礼记》《孝经》等儒家经典作品的探讨。[①] 清谈是魏晋名士的学识、才性和风度的一个重要展现，《人物志·接识第七》说："欲观其一隅，则终朝足以识之。将究其详，则三日而后足。何谓三日而后足？夫国体之人兼有三材，故谈不三日不足以尽之。"士人以"大清谈家"、"大文章家"的姿态开展玄学的研讨，善于清谈、善于谈玄的人才能称得上"名士"。清谈在魏晋时期之所以成为时尚，与其能表现某种风流之美不无关系，这种风流之美包括仪容风度之美、论辩叙说之美和言辞声调之美。清谈往往有同侪和观众，清谈家不仅要考虑清谈的内容，还要考虑将自己对玄理的体悟用巧妙的语言形式表达出来，以获取瞩目乃至优胜。此时他们会非常关注言语表达的形式，凸显辞藻的华美与气势，展现文采风流，有时听众会为清谈者的风度、才华、气势倾倒而喝彩甚至手舞足蹈。

东晋时期，在玄风炽盛的江左，清谈已成为品评名士风度的重要标准，是南迁士族维持门第的重要支撑，是否精通玄学，善于清谈，成为一个家族在社会上显幽的关键。[②] 例如，琅琊王氏在东晋之所以成为一流的高门华族，一方面是对东晋建立的贡献，另一方面则是王氏在清谈之风中所起的主导作用。琅琊王氏在两晋属于一流的清谈高门，王戎（"竹林七贤"之一）开王氏家族玄学风气之先，王衍是西晋元康时期的清谈领袖，王导、王敦、王澄等都是当时清谈界的后起之秀。《世说新语·容止》载，有人拜访王衍，正逢琅琊王氏的精英王戎、王衍、王敦、王导、王诩、王澄等相聚一堂，访客

---

① 唐翼明：《魏晋清谈》，人民文学出版社2002年版，第112页。
② 王建国：《东晋南迁士族与文学》，复旦大学博士学位论文2005年，第41页。

不禁赞叹："今日之行，触目见琳琅珠玉。"再如，东晋时期谢氏家族地位迅速上升，一个重要的契机就是谢鲲由儒入玄从而进入名士行列。《晋书·谢鲲传》称："鲲少知名，通简有高识，不修威仪，好《老》《易》，能歌，善鼓琴，王衍、嵇绍并奇之。"在"善言玄理"方面，谢氏家族的子弟们"兰庭芝树"，形成一个强大的名士群，其中谢安可谓是超一流名士，《晋书》讲谢安"少有重名"，弱冠时就受到王导的激赏，成年后隐居会稽东山，与名士王羲之、许询、孙绰、名僧支遁等交往密切，名声极度显赫，构成东晋中后期的一个清谈中心。

玄学、清谈是如何对文学产生影响的？汤用彤说[①]：

"文以载道"的理论实质是以人与天地自然相对立，而自外于天地自然，征服天地自然。主立于中道，或主体用不离的玄学理论自然不能赞同此论。他们倡导文以寄兴，不以实用为目的。其理论实质是美学的，即认为"文"是对生命和宇宙之价值的感受，是对自然的玩赏和享受，"文章之成亦因自然"（黄侃）。因此，文学当表现人与自然之合为一体的关系，且必须有深刻之感情、感悟。又，"寄兴"之本在愉情，是从文艺活动本身引出的自满自足或精神的愉悦，而绝不是为达到某种实用目的手段。

玄学倡导"寄兴"、"玩赏和享受"、"愉情"，这样的指向和追求的本质是艺术的、美学的，这是玄学和清谈对文学形成积极促进作用最根本的原因。

刘勰《文心雕龙·明诗》云："人禀七情，应物斯感，感物吟志，莫非自然。"陆机《文赋》云："遵四时以叹逝，瞻万物而思纷。悲落叶于劲秋，喜柔条于芳春。心懔懔以怀霜，志眇眇而临云。"玄学与文学的结合点就在于"自然"，这自然既是客观的大自然，也是"道法自然"的自然。正如宗白华所说："晋人向外发现了自然，向内发展了自己的深情。山水虚灵化了，

[①] 汤用彤：《魏晋玄学论稿（汤一介等导读）》，上海古籍出版社2001年版，第42页。

也情致化了。"[1]自然激发、负载文人的情感,情感与自然同出于道、互相映照。《文心雕龙·原道》说:

> 文之为德也大矣,与天地并生者,何哉?夫玄黄色杂,方圆体分;日月叠璧,以垂丽天之象;山川焕绮,以铺理地之形。此盖道之文也。仰观吐曜,俯察含章,高卑定位,故两仪既生矣。惟人参之,性灵所钟,是谓三才。为五行之秀,实天地之心。心生而言立,言立而文明,自然之道也。傍及万品,动植皆文。龙凤以藻绘呈瑞,虎豹以炳蔚凝姿;云霞雕色,有逾画工之妙;草木贲华,无待锦匠之奇。夫岂外饰,盖自然耳。至于林籁结响,调如竽瑟;泉石激韵,和若球锽。故形立则章成矣,声发则文生矣。夫以无识之物,郁然有彩,有心之器,其无文欤?

人与自然相通乃至是一体的,可谓"言之文也,天地之心"(《文心雕龙·原道》)。自然体现了"道"、蕴含着"道",自然本身就充满了美,充满了艺术趣味,文学创作就是人与自然融合的过程,是刻画自然之美的过程,而这样的融合与刻画使文章"得道",呈现深刻而富有美感的意味,从而成为"天地至文"。谈玄正是基于这样的思想背景,将幽渺的人情寄托于玄远的自然,探寻和表现其中的道与美。由此,魏晋的山水画、山水文学大兴,成为中国文艺一种极有特色、极为重要的形式;同时,借景抒情、寓情于景成为中国文学独特的、极富美感的表现手法。例如,《世说新语·言语》八八条载:"顾长康从会稽还,人问山川之美,顾云:'千岩竞秀,万壑争流,草木蒙笼其上,若云兴霞蔚。'"九二条载:"王子敬云:'从山阴道上行,山川自相映发,使人应接不暇。若秋冬之际,尤难为怀。'"这是谈玄,也是颇富文学意味的美言。再如嵇康的《赠秀才入军》第十四首:

> 息徒兰圃,秣马华山。
> 流磻平皋,垂纶长川。
> 目送归鸿,手挥五弦。

---

[1] 宗白华:《美学散步》,上海人民出版社1981年版,第183页。

俯仰自得，游心太玄。

嘉彼钓翁，得鱼忘筌。

郢人逝矣，谁与尽言？

嵇康的这首诗，将深沉细腻的感情与动物、植物、山川等自然形象完美地融合在一起，充满玄远之意，散发强烈而隽永的艺术美感。这正如钟嵘在《诗品》中所说，"文胜托咏灵芝，怀寄不浅"，有了兴寄，诗歌的艺术表现力和感染力就大大增强了。

玄学对文学创作技法的影响是怎样的？汤用彤认为，玄学的方法论即是言意之辨，这是玄学本身的要求，玄学家们发现并自觉使用这一方法。[①]作为一种形上之学，玄学贵玄、贵远，其特点是略于具体事物而追究心悟、神理和抽象原理。在玄学家们看来，具体现象和事物可说、可名、可辨，而神理与抽象则只能意会。魏晋名士的人生观与其形上之学一样，都依靠言意之辨得以建立。正如何劭在《赠张华诗》中说，"奚用遗形骸，忘筌在得鱼"，名士们多主张"得意而忘形骸"。这里的所谓得意，乃指心神之超然无累、心神远举。基于这样的思想追求，士人们或虽在朝市而不经世务，或遁迹山林、远离尘世，或驱驰以为达，或佯狂以自适。[②]这说明魏晋士人对玄学的理解和他们对生活的追求是一致的，他们以玄学指导自己的生活，又以生活印证玄学的理念，这其中当然也包括他们的文字。

言意之辨在文学上的表现就是"言不尽意"（《周易·系辞》）。王弼以老庄解《易》，援用《庄子·外物》中筌蹄之言，提出"尽意莫若象，尽象莫若言"，但"言者所以明象，得象而忘言。象者所以存意，得意而忘象"，"是故存言者非得象者也，存象者非得意者也"（《周易略例·明象》）。言不尽意通于道家的无名无形，成为玄学家谈玄理、辨本末有无的根本方法。那么，如何用文字表达不可言说之道呢？陆机在《文赋》中提出"笼天地于形内，挫万物于笔端"，所作之文当能"课虚无以责有，叩寂寞而求音"，即所

---

① 汤用彤：《魏晋玄学论稿（汤一介等导读）》，上海古籍出版社2001年版，第24页。
② 同上，第31页。

谓至文不能限于"有"，不可囿于"音"，要求得"弦外之音"、"言外之意"，最上乘之文即是"虚无之有"、"寂寞之声"，即能得无形希声之大象、大音者方可为至文。这是中国文学传统审美中的核心，与文学审美中的"境"、"神"、"气"等密切相关（详细分析见本书第四章）。由此可见，玄学和清谈逼近了艺术的本质与核心价值，这是理解魏晋文学的兴盛及其对后世文学影响的重要背景。

第三，选贤任用与艺术人生。

"经明行修"是儒学占主导地位的两汉最基本的人才观。汉末动乱使人才观发生了变化，这种变化体现在两个方面：一是注重实用，如曹操提出"唯才是举"，不论"盗嫂受金"、"不仁不孝"，只要"有治国用兵之术"都可举用（《三国志·魏书·武帝纪》）；二是注重人的风貌、谈吐、气质等"才情"，这对文学艺术的发展产生了重要影响。汤用彤指出："月旦品题，乃为士人之专尚。然言貌取人，多名实相乖，由之乃忽略'论形之例'而意为'精神之谈'，其时玄风适盛，乃益期神游，轻忽人事，而理论言意之辨，大有助于实用上神形之别。"[①]魏晋时期人物品藻、选贤任用与玄风炽盛相关，才情、才气、气质、资质、性情、神韵、容止、风姿、骨骼、器宇等标准在选贤中越来越被重视。例如，《后汉书》说文学家赵壹"恃才倨傲，为乡党所摈"，"后屡抵罪，几至死，友人救得免"。此人必被乡里清议恶评，但他在京师受到了公卿司徒袁逢的欣赏，原因有二：一是其身形外貌——"身长九尺，美须豪眉，望之甚伟"，二是出言机敏惊筵，行为豪放不羁。辩才、文才、怪才取代了经世济国之才，这对安邦治国固然不利，但对文学艺术的发展却不一定是坏事，甚至有相当积极的促进作用，为人与为文是一致的，对人的风度才情的重视和欣赏强化了士人的艺术表现。如宗白华所言，"中国美学竟是出发于'人物品藻'之美学"。[②]魏晋时期人物品评多清辞雅句，颇具审美意味，这与文学的气质是相通的。《世说新语·容止》载，

---

① 汤用彤：《汤用彤学术论文集》，中华书局1983年版，第226页。
② 宗白华：《美学散步》，上海人民出版社1981年版，第178页。

"魏明帝使后弟毛曾与夏侯玄共坐,时人谓'蒹葭倚玉树'";时人目王右军"飘如游云,矫如惊龙",叹王恭"濯濯如春月柳";嵇康身长七尺八寸,风姿特秀,见者叹曰"萧萧肃肃,爽朗清举",或云"肃肃如松下风,高而徐引",山公赞"嵇叔夜之为人也,岩岩若孤松之独立;其醉也,傀俄若玉山之将崩"。

在重视个体形象、气质、人格美的背景下,"门阀士族"由于其巨大的影响力,对整个社会形成崇尚艺术美的风气起到了积极的推动作用。士族的前身是东汉末的大姓名士,士与宗族的一体化萌生了士族。[①]门阀士族是在社会上具有特殊地位的、由官僚士大夫所组成的政治集团,萌生于两汉,形成发展于魏晋。刘禹锡的《乌衣巷》写道:"旧时王谢堂前燕,飞入寻常百姓家。""王谢"是六朝望族琅琊王氏与陈郡谢氏之合称,后成为显赫世家大族的代名词。

品藻、清谈、玄风是建构士族文化重要的一维,这种审美观反过来又促成士族子弟将经明行修的文化教养转化为玄远的精神气质,这促使他们亲近文艺,以琴棋书画及文学表达他们的人生追求。[②]刘师培如此描述家族与文学之关系[③]:

自江左以来,其文学之士,大抵出于世族;而世族之中,父子兄弟各以能文擅名。如《南史》称刘孝绰兄弟及群从子侄,当时有七十人,并能属文,近古未之有(《孝绰传》);又王筠与诸儿论家门文集书谓:"史传所称,未有七叶之中,人人有集如吾门者。"(《筠传》)此均实录之词。当时文学之盛,舍琅琊王氏、陈郡谢氏、吴郡张氏外,则有南兰陵萧氏、陈郡袁氏、东海王氏、彭城到氏、吴郡陆氏、彭城刘氏、东莞臧氏、会稽孔氏、庐江何氏、汝南周氏、新野庾氏、东海徐氏、济阳江氏,均见《南史》。

士族与文化是一种互动的关系,士族要维系其"文化世家"的地位就

---

① 唐长孺:《魏晋南北朝史论拾遗·东汉末期的大姓名士》,中华书局1983年版,第25页。
② 林继中:《士族·文化·文学》,《福州大学学报(哲学社会科学版)》2004年第4期,第40页。
③ 刘师培:《中国中古文学史》,人民文学出版社1984年版,第88页。

必须随着文化之演变而演变，而文化以士族为载体就必然染上浓重的士族气味。①以士族名门琅琊王氏为例，其先祖王吉以经学起家，至魏晋之际，王祥、王览辈迎合司马氏"以孝治天下"的旨意，以孝行著称，且紧跟世风，儒玄双修。王氏至东晋王导一代极盛，他们不但积极参与政治、军事，且尚玄谈、好文艺，跟上当时玄学生活化、艺术化的文化潮流。举例说来，书法可以说是王家的"族徽"，王导"行草见贵当世"（《书断下》），王敦"笔势雄健"（《宣和书谱》），王廙"工书画，过江后为晋代书画第一"（《历代名画记》）。后来王羲之、王献之父子更是书艺圣手。家族文化往往有自己独特的"个性"，如谢家自谢鲲以"一丘一壑"自许，谢安、谢万、谢玄亦有山水情怀，寄情山水便成了谢氏文风。至谢混、谢灵运开创山水诗，便带有浓重的庄园味。总的说来，门阀士大夫以虚无旷达为荣，他们专门选那些所谓"清望"之官做，如著作郎、秘书郎之类，南朝谚语"上车不落则著作，'体中何如'则秘书"即指此，他们还以此为荣，自我标榜为"雅远"。很多世族弟子因此而文士化了，他们写出漂亮的文章、精彩的书法，典型的如琅琊王辈辈擅书法，陈郡谢代代有诗人。当士大夫日益成为一个显贵阶层，向社会展现其不同寻常的仪态风采就是自然而又必然的，凭借文化的积累，他们向世人展示着自己的名士风度、玄学言谈、骈俪文章、书法和绘画等等。

综上所述，要理解魏晋文学及其对后世的影响，就要理解魏晋这个时代，理解这个时代的文人，理解"文学的自觉"。宗白华说："汉末魏晋六朝是中国政治上最混乱、社会上最痛苦的时代，然而却是精神史上极自由、极解放、最富于智慧、最浓于热情的一个时代。因此也就是富有艺术精神的一个时代。"②士人们从大一统的儒家思想中游离出来，从老庄思想中找到了人生的慰藉和方向，他们开始形而上地思考世界的本质以及人生的意义。汤一介在《〈魏晋玄学论稿〉导读》中说③：

---

① 林继中：《士族·文化·文学》，《福州大学学报（哲学社会科学版）》2004年第4期，第41页。
② 宗白华：《论〈世说新语〉和晋人的美》，《星期评论》1940年第10期。
③ 汤用彤：《魏晋玄学论稿（汤一介等导读）》，上海古籍出版社2001年版，第3页。

汉末以降，中国政治混乱，国家衰颓。用彤先生在伯克利大学授课时，称汉末至隋代之前为中国的"黑暗时代"，同时也是中国的"启蒙时代"。因为这一时期的精英之士如哲学家、诗人、艺术家基于苦难之要求，在思想上勇于创新，在精神的自由解放中获得了"人的发现"（Discovery of Man）或人的自觉，从而使这一时期的思想获得了深刻、鲜明的哲学意蕴。因此，"汉魏之际，中国学术起甚大变化"，乃学界之共识。

"人的发现"、"人的自觉"对文艺来说最有意义的就是情感的觉醒。正如宗白华所说："晋人艺术境界的造诣的高，不仅是基于他们的意趣超越，深入玄境，尊重个性，生机活泼，更主要的还是他们的'一往情深'！"[①] 基于这样的背景，东汉末年，蔡邕、张衡、赵壹诸人的抒情小赋去藻饰而写情怀。这种抒情小赋到建安趋于普遍，所蕴含的感情更为浓烈、细腻。如曹丕伤悼其早逝族弟的《悼夭赋》，为思念亲人而作的《感离赋》，代叙他人悲苦而感同身受的《寡妇赋》；徐干强烈抒情的《哀别赋》，王粲将物色与情思融为一体的《登楼赋》。这些作品显示文学由功利而走向非功利，由附庸转为独立，是文学本色的回归——回归人性，回归抒情。

诗歌创作同样如此，建安诗歌脉承"十九首"，完全摆脱了汉代诗歌"经夫妇、成孝敬、厚人伦、美教化、移风俗"的功利目的，转向人性、人情的自然流露。例如，曹丕的两首《燕歌行》千回百转、情感缠绵、凄凉哀怨；曹操的《短歌行》情感真挚而浓烈，感人至深，可谓"志深而笔长，故梗慨而多气也"（《文心雕龙·时序》）。父子二人的诗虽然主题和风格不同，但二者共同之处在于通过诗赋表达真挚的情感，恰如刘勰对曹氏父子乐府的评论："《秋风》列篇，或述酣宴，或伤羁戍，志不出于杂荡，辞不离于哀思，虽三调之正声，实《韶》、《夏》之郑曲也。"（《文心雕龙·乐府》）魏晋时期的诗人感情变得复杂、微妙又细腻，士人的感情层次仿佛丰富起来，他们好像发现了自己，发现自己还有如此丰富、如此细腻的感情活动，其中蕴

[①] 宗白华：《美学与意境》，人民出版社1987年版，第188页。

含着美的体验、美的感受。

通过对魏晋文学时代背景的分析，我们应意识到教学中关注文本的时代背景多么重要。简要回顾文学发展的历史，就会发现文学与时代的演进相生相伴。春秋战国之际社会经济政治的大变革带来文化上的百家争鸣，与之相适应，文学也出现了繁荣局面。汉代大一统的政治背景以及汉武帝"罢黜百家，独尊儒术"的政策，对汉赋的出现和汉代的散文有直接影响。汉末的黄巾起义及军阀混战，影响了建安时期一代人的思想观念，造就了建安文学的新局面。南北朝的对峙造成南北文风的不同，隋唐的统一以及唐代广泛的对外文化交流又推动了唐代文学的繁荣。宋代理学的兴起，士人入仕机会的增多，以及印刷术的发展，对宋代文学产生了重要影响。元代士人地位低下，他们走向市井，直接推动了元杂剧的发展。明代中叶以后，商业经济繁荣，市民阶层壮大，文学相应地发生了划时代的变化。清朝初年民族矛盾突出，在文学创作上也有反映。1840年鸦片战争之后，中国沦为半封建半殖民地社会，更引起文学的重大变化。[①]总之，要了解某个时代的文学，必须详悉这个时代文化的各方面，如哲学、道德、政治、风俗等等，对各方面的关系也要予以体察和研究。

四、重大事件

莫言在《文学与我们的时代》中写道[②]：

计划生育是影响了中国人的生活三十年之久的重大社会事件。后来我想，这社会事件只是我写小说的一个背景，我描写这事件的目的是为了塑造我的人物，……你怎么样考验人物的性格，那只有把人放在风口浪尖来考验。我觉得就是应该把人放在风口浪尖上，把人物放在无数的两难境地里面，就像说你是一个妇科医生，你本来是负责接生的，你是天使，你要把生

[①] 袁行霈：《中国文学史（第一卷）》，高等教育出版社2005年第二版，第7页。
[②] 散文海外版编辑部：《我在廊桥上等你》，百花文艺出版社2015年版，第23页。

命迎接到人间，现在我要你去堕胎，让你去把别人腹中的活灵灵的生命扼杀掉，作为一个人，你的内心会有怎么样的反应？

莫言谈到"重大社会事件"对于文学的意义——塑造人物、考验人物。重大事件包括战争、自然灾害、种族冲突、社会变革等等。这些事件往往像一个漩涡，人们不由自主被卷入其中，此时人性受到考验，往往会表现出平时无法见到的行为，会生发不同寻常的情感。一方面作家有可能被卷入重大事件，其生活、观念发生变化乃至巨变，另一方面作家可借此机会观察、刻画重大事件影响下的世界与人心，从而触及人类重大的价值与情感命题，引发文学内容和形式的变化，出现感人至深的作品。总之，重大事件为文学提供了第一手素材，与作品中的人物塑造关系密切，是分析文本主题、人物形象必须观照的背景信息。

下面以安史之乱这一重大社会事件为例，说明其对当时的文人及文学的影响。

安史之乱是唐代玄宗末年至代宗初年（755—763年），由安禄山与史思明发动的同唐朝争夺统治权的内战，是唐由盛而衰的转折点。安史之乱是中国历史上使社会进程发生转折的重大事件，正如陈寅恪所说，"论唐史者必以玄宗之朝为时代划分界线"。① 安史之乱造成的影响包括：（1）社会动荡与凋敝。战乱使社会遭到了空前浩劫，《旧唐书·郭子仪传》载："宫室焚烧，十不存一，百曹荒废，曾无尺椽。中间畿内，不满千户，井邑榛荆，豺狼所号。既乏军储，又鲜人力。东至郑、汴，达于徐方，北自覃、怀经于相土，为人烟断绝，千里萧条。"（2）藩镇割据。安史之乱后中央王朝对地方的控制力减弱，安史余党在北方形成藩镇割据，各自为政。（3）剥削加重。战争造成劳动力严重不足，统治阶级大量增加税收，使阶级压迫更加深重，农民和地方统治阶级的矛盾日益尖锐，农民不得不举兵反叛，形成唐中叶农民叛乱的高潮。（4）边疆不稳。安史之乱造成边防空虚，唐王朝失去了对周边地区的控制。（5）经济重心南移。安史之乱对北方生产造成了极大的破坏，大

---

① 陈寅恪：《唐代政治史述论稿》，上海古籍出版社出版1997年版，第48页。

量北方人士南渡，经济中心进一步南移。

安史之乱对文学的影响表现在两个方面。

第一，整体作品风格。胡应麟在《诗薮》中评价中唐诗时说："钱、刘以降，篇什虽盛，气骨顿衰，景象既殊，音节亦寡。""气骨顿衰"即是安史之乱后大历诗坛的总体特征。隋唐五代文学思想研究者罗宗强说[①]：

> 如果我们考察一下盛唐与中唐的诗歌，我们便可以看到十分明显的差别。前者更富理想色彩，而后者更带生活倾向；前者更多的带着才气写诗的痕迹，后者更多的是功力；在诗的精神风韵上，仿佛由少年情怀而中年心境。

今人蒋寅说[②]：

> 安史之乱不仅是唐朝国势盛衰的分水岭，也是诗歌发生突变的契机。进入晚境的开天名家的创作从此蒙上一层阴影，而如初蝉方鸣的大历诗人似噤于严霜，嗓音顿时低沉下去。……安史之乱对于诗歌来说，不只在内容上，更主要是在心理上标志着一个新的时代的开始。

举例说来，韦应物和刘长卿是山水田园诗的大家，他们在安史之乱后的诗作与盛唐王维、孟浩然的田园诗相比，明显表现出寥落、萧寂的色彩。如韦应物的《秋夜寄丘二十二员外》："怀君属秋夜，散步咏凉天。山空松子落，幽人应未眠。"还有《登楼寄王卿》："踏阁攀林恨不同，楚云沧海思无穷。数家砧杵秋山下，一郡荆榛寒雨中。"刘长卿写"乱鸦投落日，疲马向空山"（《恩敕重推使牒追赴苏州次前溪馆作》），"寒渚一孤雁，夕阳千万山"（《秋杪江亭有作》），"荷笠带斜阳，青山独归远"（《送灵澈上人》），"叠浪浮元气，中流没太阳"（《岳阳馆中望洞庭湖》），"楚国苍山古，幽州白日寒"（《穆陵关北逢人归渔阳》），"江上月明胡雁过，淮南木落楚山多"（《江州重别薛六柳八二员外》），这些诗句都散发着冷清乃至颓唐的气息。

---

① 罗宗强：《隋唐五代文学思想史》，上海古籍出版社1986年版，第100页。
② 蒋寅：《大历诗风》，上海古籍出版社1992年版，导言第6—7页。

第二，文学家的命运。盛唐诗人，如李白、高适、王维、杜甫等无不深受这一重大社会变故的影响，其人生轨迹因此而发生重大变化。以王维为例。756年，56岁的王维在长安任给事中。是年六月，安禄山攻陷潼关。玄宗逃往蜀地，王维扈从不及，为安禄山所俘。王维服药取痢，伪称瘖疾准备逃跑。逃跑未成，王维被解往洛阳，拘于菩提寺中，被迫就任伪官。七月，肃宗即位于灵武，改元至德。八月，安禄山宴群臣于凝碧池，命梨园诸工奏乐，诸工皆泣，王维于菩提寺中闻之，悲甚，逢裴迪来访，作诗两首，一首是《菩提寺禁裴迪来相看说逆贼等凝碧池上作音乐供奉人等举声便一时泪下私成口号诵示裴迪》："万户伤心生野烟，百官何日再朝天。秋槐叶落空宫里，凝碧池头奏管弦。"另一首是《菩提寺禁口号又示裴迪》："安得舍罗网，拂衣辞世喧。悠然策藜杖，归向桃花源。"从这两首诗，可以看出王维因安史之乱所受的伤害，其中蕴含着悲愤、落寞及避世的情感。安史之乱平定后，王维本应被处死，因李岘力争最后定六等罪。王维对自己的这段经历极为痛悔，他在《谢除太子中允表》中说：

臣闻食君之禄，死君之难。当逆胡干纪，上皇出宫，臣进不得从行，退不能自杀，情虽可察，罪不容诛。……（陛下）仍开祝网之恩，免臣衅鼓之戮。投书削罪，端笏立朝。秽污残骸，死灭余气，伏谒明主，岂不自愧于心；仰厕群臣，亦复何施其面。踢天自省，无地自容。……况臣夙有诚愿，伏愿陛下中兴，逆贼殄灭，臣即出家修道，极其精勤，庶裨万一。

王维又在《责躬荐弟表》中说："久窃天官，每惭尸素。顷又没于逆贼，不能杀身，负国偷生，以至今日"，"昔在贼地，泣血自思。一日得见圣朝，即愿出家修道"。王维在安史之乱后，其官职降为正五品下的太子中允，后又升至正四品下的尚书右丞，但他似已心灰意冷，过的是亦官亦隐的生活："与道友裴迪浮舟往来，弹琴赋诗，啸咏终日"，"在京师，退朝之后，焚香独坐，以禅诵为事"（《旧唐书本传》）。吟道参禅是为了压抑内心的痛苦，这样的生活显得那样悲戚。可以想见，因为安史之乱，王维的人生变了，他的作品也必然随之改变。

下面我们较为详细地分析杜甫在安史之乱中的经历，进而理解这一重大社会事件对文学家及其作品的影响。

杜甫的诗歌创作从安史之乱开始到入蜀前这段成就最高，杜甫最为优秀的作品《悲陈陶》、《悲青坂》、《洗兵马》、"三吏"、"三别"等就写于这个时期。杜甫在回忆这段生活时说："曾为掾吏趋三辅，忆在潼关诗兴多。"（《峡中览物》）安史之乱给杜甫带来了重大的灾难，也成就了这位中国诗歌史上的巨人。郭沫若在《诗歌史中的双子星座》中说[①]：

伟大的诗人杜甫正生活在这样变化急剧的时代。从755年以后一直到他的逝世，十五六年间所度过的基本上是流浪的生活，饥寒交迫的生活，忧心如焚的生活。但就在这样的生活当中，他接近了人民，和人民打成了一片。……"朱门酒肉臭，路有冻死骨"，这样的响彻千古的名句，不在这样的生活中是不能产生的。安史之乱在历史上给中国人民带来了巨大的灾难，然而也给我们带来了一个伟大的诗人。没有经过安史之乱以后的生活，不曾与人民同呼吸、共患难，杜甫是不能成其为杜甫的。他的现存的诗篇有1400多首，90%左右是安史之乱以后的作品。……从这一个角度来说，安史之乱对杜甫是不幸中之幸，对中国文化也是不幸中之幸。

急剧变化的时代、重大的社会事件，迫使杜甫走上一条不平凡的人生与创作道路。王忠在《安史之乱前后文学演变问题》中指出，杜甫经安史之乱，"观察愈益敏锐深刻，且历陈安史乱中时事，兼论及当时政治社会军事外交，诗之题材扩大，几无所不包，遂有'诗史'之称。……写实文学因以光大，成百代不祧之祖也"[②]。莫砺锋说："安史之乱前后的黑暗、动乱时代对我们的'诗圣'起了更重要的'玉成'作用。"[③] 由此可见，安史之乱这一重大社会事件成为解析杜甫相关作品的重要背景。

杜甫的诗歌大致可分为四期：惊变与陷贼时期、乱中为官前后、秦州和

---

① 《杜甫研究论文集（第三辑）》，中华书局1963年版，第1—2页。
② 转引自葛兆光：《清华汉学研究（第三辑）》，清华大学出版社2000年版，第16页。
③ 莫砺锋：《杜甫评传》，南京大学出版社1993年版，第44页。

陇蜀道上、入蜀后到乱平。从中我们可以看到杜甫的作品与安史之乱这一重大事件的密切关联。

755年杜甫作《自京赴奉先县咏怀五百字》、《后出塞五首》，安史之乱前即对安禄山的祸乱行迹进行揭露和批判。

756年杜甫避乱至奉先，作《白水县崔少府十九翁高斋三十韵》，表达对时局的关切和忧虑。是年八月，杜甫在奔肃宗行在时，为安史乱军所俘而身陷长安，作《月夜》、《忆幼子》怀念妻室。杜甫身陷乱军期间写了很多著名的诗篇，如《哀王孙》描写了往日黄金之躯的王公贵族的子孙在叛军占领长安城之后的凄惨遭遇。是年十一月，房琯兵败，唐军四五万人几乎全军覆没，杜甫闻之写了《悲陈陶》，表达了深切的悲痛以及对北方官军退敌安邦的寄望。

757年，杜甫仍陷于长安城中，见到长安残破的景象，写出了泣血之句："国破山河在，城春草木深。感时花溅泪，恨别鸟惊心。"（《春望》）表现了强烈的黍离之悲。写《哀江头》回忆唐玄宗与杨贵妃游曲江的盛事，感伤贵妃之死和玄宗出逃，哀叹曲江的昔盛今衰，深哀巨恸于国破家亡。这一年的五月，杜甫自长安间道奔凤翔，作了《自京窜至凤翔喜达行在所三首》，表现了奔逃过程的仓皇与艰险，又作《述怀》述说西行的过程。肃宗嘉其行，杜甫被授官左拾遗。好友房琯罢相，杜甫上疏为其辩护，触怒了肃宗，被放还鄜州羌村省家。杜甫抵家后作了《羌村三首》，基于省亲时的生活片段，再现了安史之乱中黎民苍生饥寒交迫、妻离子散的悲苦境况。《北征》则是杜甫从凤翔到鄜州探家途中所作，叙述一路见闻及到家后的感受。这首诗像是陈情表，叙述了蒙恩放归探亲、辞别朝廷登程时的忧虑情怀；归途因所见所闻而引起的感慨；到家后与妻子儿女团聚的悲喜交集；在家中关切国家形势并提出如何借用回纥兵力的建议；回顾了朝廷在安禄山叛乱后的可喜变化，表达了对国家前途的信心、对肃宗中兴的期望。是年十一月，长安收复。杜甫在鄜州作《收京三首》，叙写了从两京陷落至收复两京的过程，表达了对收复两京的喜悦以及对收复后诸事的担忧。此后杜甫携家返回长安，仍官任左拾遗。

758年，唐军虽已收复长安，但战事仍未结束。杜甫又于春天作《洗兵行》，深盼战事早日结束。是年六月，房琯被贬，杜甫受到牵连，被贬为华州司功参军。离京时作了《至德二载甫自京金光门出间道归凤翔乾元初从左拾遗移华州掾与亲故别因出此门有悲往事》，诗人不敢归怨于君，而以"无才日衰老"自责，以"驻马望千门"表达不舍离去之情。

759年，杜甫自东都洛阳归华州，适逢相州之溃，征调愈发急重，民不聊生，杜甫作"三吏"（《新安吏》、《石壕吏》、《潼关吏》）、"三别"（《新婚别》、《无家别》、《垂老别》），写出了民间疾苦及乱世之中身世飘荡的孤独。是年秋天，杜甫决意弃官，他作了《立秋后题》："平生独往愿，惆怅年半百。罢官亦由人，何事拘形役。"此后经历了长时间的颠沛流离，写了大量寓秦诗歌以及由秦入蜀的纪行诗，如《秦州杂诗二十首》。理想的破灭、仕途的失意、生活的困顿、陇蜀道上的奇险成为这一时期杜甫诗歌的主要内容。后杜甫弃官到秦州（今甘肃天水），又辗转经同谷（今甘肃成县）到了巴陵（今湖南岳阳）。

760年春天，杜甫求亲告友，在成都浣花溪边盖起了一座茅屋，总算有了一个栖身之所。不料到了次年八月，大风破屋，大雨又接踵而至。当时安史之乱尚未平息，诗人由自身遭遇联想到战乱以来的万方多难，长夜难眠，感慨万千，写下了脍炙人口的《茅屋为秋风所破歌》。

761年，历时八年的安史之乱终于结束，诗人写下了经典名作《闻官兵收河南河北》。

杜甫有"诗史"之誉，是因为他的诗歌真实地再现了那个血腥动荡的年代，从陷贼长安、收京、邺城之战、东都洛阳再次失陷到叛乱被平定，战争的每个阶段都在杜甫诗歌中得到详尽的描绘。杜甫于安史之乱期间的作品在诗歌创作史上具有特殊的意义，他将普通人民的形象广泛引进诗歌并给予突出的位置，真实而非臆想地、深刻地表现了他们的生活境遇，这不但加强了文学写照社会的深广度，也昭示典型人物、历史主题和审美趣味的重大更新。[①] 同时，杜甫这一时期的诗歌形成了独特的风格，诗人的忧患意识和

---

① 陈伯海：《唐诗学引论》，知识出版社1988年版，第119页。

独特的人生经历熔铸出"沉郁顿挫"的诗歌风格。对此林继中说[①]：

  沉郁风格至"诗圣"杜甫，可谓圆成。其重大贡献是于"厚"、于"深"之外又拓之使"阔"，沉郁风格之"三维"于是乎大备。……所谓"阔大"，不但指如"吴楚东南坼，乾坤日夜浮"，"锦江春色来天地，玉垒浮云变古今"之类气象雄浑、俯仰古今的意境，且指"上感九庙焚，下悯万民疮"的胸襟与视野。

  综上所述，安史之乱这一重大事件影响了杜甫，也成就了杜甫；让杜甫颠沛流离，也让杜甫"发愤著书"（司马迁语），可谓"国家不幸诗家幸，赋到沧桑句便工"（清赵翼《题遗山诗》）。理解杜甫的作品，就要与安史之乱这一重大社会事件关联起来。

  基于上述案例，我们应意识到重大事件对文本解读的意义。韩愈在《送孟东野序》中提出"不平则鸣"："大凡物不得其平则鸣……人之于言也亦然，有不得已者而后言，其歌也有思，其哭也有怀。凡出于口而为声者，其皆有弗平者乎！"重大事件往往引起作者心中的"不平"，语文教学中，面对一个与重大事件相关的文本，教师要引导学生了解这个事件的性质、发生与发展过程、造成的影响、其中关键的人与事等等，将此作为文本分析的背景，有意识地将该事件相关的材料与文本联系起来，关注、分析该事件对作者的影响，关注作者内心的"不平"，在此基础上深刻理解文本表达的情感及其意义。

[①] 林继中：《沉郁：士大夫文化心理的积淀》，《文艺理论研究》1994年第6期，第14—15页。

第三章

文学史与文体发展

文学是人类文化的载体,是表达情感的方式,是获取美感的工具,它的发展必然与整个社会文化的演进密切关联。王国维在《宋元戏曲史·序》中写道:"凡一代有一代之文学:楚之骚,汉之赋,六代之骈语,唐之诗,宋之词,元之曲,皆所谓一代之文学。"这段话不仅说明文学随时代而发展变化,还显示这种发展变化有一个重要的载体——文体。文学史显现了文学发展的轨迹,是文学自身生命力和外部环境共同作用的结果,其中文体的创生和发展特别值得关注,因为不同的文体在表情达意上有独特的优势,这是理解文本的重要背景。除了文学通史和断代史,教师还应当关注分体文学史,如散文史、小说史、诗史、词史、戏剧史等。

一、文体发展的基本脉络

下面以小说为例,说明它的发展脉络及其对于文本分析的意义。

小说的发展有两个驱动力。一个是"事",一个是"虚构"。内容上以事为本,形式上以虚构为核心特征。[①] 从叙事这个角度看,小说的逻辑起点是

---

① 北京大学中文系:《中国小说史》,人民文学出版社1978年版。

史传。《说文》曰:"史,记事者也。"《汉书·艺文志》曰:"古之王者,世有史官,君举必书,所以慎言行,昭法式也。左史记言,右史记事,事为《春秋》,言为《尚书》,帝王靡不同之。"中国古代小说有两条发展脉络,一条傍史而生,一条继史而起。唐传奇作家王度、韩愈、沈既济、陈鸿等都是史官。[①] 从写作手法的角度看,上古神话、传说有简单的故事情节、形象刻画和瑰奇的想象力,而这与虚构有密切关联。叙事和虚构两方面的发展共同推动着小说这一文体的演进和完善。

先秦寓言故事重在说明道理,其形式影响后世的讽刺小说,开创了虚构故事情节的艺术手法,在写人、叙事以及夸张、拟人等方面的艺术经验对后世小说创作有很大启发。先秦两汉历史散文《左传》的事件叙写对后世长篇小说,尤其是历史演义小说有很大启发;《战国策》的人物描写对后代小说塑造人物形象提供了经验;《史记》以人物生平为线索,高超的人物刻画手法为唐宋传奇和清代《聊斋志异》等小说提供了借鉴;《汉书》中的细节描写对于后世小说写法有重要影响。西汉后期的历史散文有刘向的《说苑》、《新序》和《列女传》,东汉有赵晔的《吴越春秋》和《越绝书》(《四库全书总目提要》判定该书作者为袁康和吴平,然而这两人的生平却无从考证),它们的故事梗概有史实为根据,写法也与正史中的人物传记相近,但想象和虚构的成分较多,又颇有小说意味。

魏晋南北朝时期,出现了志怪小说和志人小说为主的大批作品,前者以《搜神记》为代表,后者以《世说新语》为代表。这些小说注意到人物性格的刻画,题材非常广泛,写作手法变得成熟,情节曲折、人物生动,小说的艺术特点增强了。

"传奇"是唐代兴起的一种文言短篇小说,这是在六朝志怪小说的基础上发展起来的,但与志怪小说相比已有两个根本性变化:一是志怪小说的内容主要是鬼神怪异之事,唐传奇则大多取材于现实生活,写作意图和作品意义已不同;二是志怪把怪异当事实来记载,唐人写传奇开始有意识地运用虚

[①] 罗书华:《中国叙事之学》,中国社会科学出版社2008年版,第246页。

构手法，这是中国小说史上的大飞跃，标志着中国小说进入了成熟阶段。唐传奇的特点包括：篇幅较长，文笔精细，情节曲折，叙事有波澜，对现实生活作较深入细致的描写，基于想象的虚构渐成熟，塑造了较鲜明的人物形象，注重心理描写，多方面展示人物性格特点。

宋元至明初，中国古典小说获得了进一步的发展。在民间文艺繁荣的基础上，出现了话本（"说话"艺人讲唱用的底本）小说，确立了白话小说这一崭新的文体。"说话"艺术是从民间讲故事发展来的，为了紧扣听众的心弦，做到引人入胜，话本作者总是创造出丰富曲折而又惊心动魄的故事情节，并且把环境的描写、人物心理的刻画与情节的发展、人物的行动紧密结合起来，共同为表现人物性格和主题思想服务，形成了中国古典小说显著的艺术特色。

从元末到清末，有不少通俗小说是根据宋元话本加工改编的，还有一些是模拟话本的形式创作的。仅就长篇小说来看，从《三国志平话》到罗贯中编写的《三国志通俗演义》，从《宣和遗事》到施耐庵编写的《水浒传》，从《大唐三藏取经诗话》到《西游记平话》和吴承恩编写的《西游记》，从《武王伐纣平话》到许仲琳编写的《封神演义》，从《七国春秋平话》到余邵鱼编写的《列国志传》和冯梦龙编写的《新列国志》都有一脉相承的关系。明代中叶以后，不但出现了许多直接根据宋元话本改编的作品，还出现了一些由文人模拟话本形式而创作的长篇小说，主要有三类：以《东周列国志》为代表的历史小说、以《西游记》为代表的神魔小说、以《金瓶梅》为代表的世情小说。这个时期还出现了大量文人模拟话本创作的白话短篇小说，刊行了不少短篇小说集，其中以"三言"、"二拍"最有名。

清代戏剧和小说作品日益增多。随着社会经济的发展和城镇的繁荣，刊印小说的书店越来越多，有些店铺还专门出赁小说。文人创作的小说，在这一时期达到了十分成熟的阶段，他们认识生活和概括生活的能力较前代作家有所提高，表现形式和手法更丰富多彩，日常口语的运用也更加熟练。康熙年间产生的文言短篇小说集《聊斋志异》，乾隆年间产生的长篇白话小说《儒林外史》和《红楼梦》，都是继承了前代优秀的艺术传统，而又有巨大独创性的作品，代表了我国古典小说的最高成就。

有了这样的一个基本脉络的梳理，我们就能看清小说这一文体发展中的若干重要节点，包括上古神话传说、先秦寓言散文与两汉散文、魏晋南北朝志怪志人小说、唐传奇、宋元话本、清白话小说。这些节点显现了小说这种文体形式不断成熟、完善的过程，也显现了小说独有的特征和文学魅力。教师在小说教学中要以其发展脉络为背景，在讲到某个时期的小说时，将其还原到小说发展链条上相应的位置，关注其发展节点，向学生展示不同时代小说的核心特征，让学生对小说的写作内容、写作手法形成更深入的认识。此外，以小说的发展脉络为背景，多个时期的小说作品被关联起来，外在形式有较大差异的文本之间的传承关系凸显出来，这有助于学生了解小说内容和形式发展变化的来龙去脉，从而更好地理解作品。如讲到小说的人物刻画时，可回溯到先秦两汉历史散文、魏晋南北朝志人小说，让学生体会这些文字中塑造人物的技法，分析、欣赏人物刻画手法在小说发展过程中的演进与嬗变。

其他的文体也如小说一样，都有自己发生发展的路径，教师要把握每一种文体的发展脉络，将属于某种文体的文本置于其发展的背景中，如上述小说文本的分析一样，在发展的链条中对文本进行清晰的定位，进而更深刻地理解文本的内容和写作手法。

二、文体发展的关键特征

上述小说发展史显示，小说的内容和形式虽然不断发展变化，但也正是从这变化的动态过程中，我们看到某些不变的因素，就像基因一样嵌入在不同时期形态各异的小说中，这种基因可称为文本的关键特征。对小说而言，"事"和"虚构"就是小说的关键特征，蕴含在不同形态的小说中，决定了小说的基本功能和不可替代的独特价值。

"事"在小说中是非常重要的。远古时代，获取自己未能亲耳听到、亲眼见到的信息对于先民的生存非常重要。小说保留了这样一个基本的功能，给阅读者看到一个不曾亲历的世界。清代李渔认为，传奇贵在"奇"，而

"奇"又常体现为"新"。他说:"新,即奇之别名也,若此等情节业已见之戏场,则千人共见,万人共见,绝无奇矣,焉用传之。"(《闲情偶寄·词曲部·脱窠臼》)教师在教学时要意识到小说的世界与学生生活现实的距离,发现小说世界与学生生活之间的关联,引发学生从小说的世界中感受新奇的美感。

当前,我们处在网络时代,加之自媒体的发达,世界成为一个地球村,学生能够通过电脑、手机及时乃至实时尽览天下至奇之事,学生还需要从小说中感受他们未曾亲历的世界的新奇吗?小说的另一个基因虚构将赋予小说独特的、无可替代的价值,提供现实世界无法给予的意义。小说中的人和事不是真实的,但它却展现了一个比现实世界更加真实的世界,因为它触及和揭示了生活、情感、人以及世界的表象之下的隐秘和本质。李渔在《闲情偶寄·词曲部·审虚实》中说,"传奇无实,大半皆寓言耳","非特事迹可以幻生,并其人之姓名亦可以凭空捏造";但这"幻生"的人物和故事又须合情合理,"欺之不得,罔之不能"。英国作家王尔德有句名言:"给他一个面具,他将告诉你真相。"(Give him a mask, and he will tell you the truth.)优秀的小说家就是面具背后的人,他们洞察这个世界并通过虚构的人和事表现这个世界的本质与真相。虚构不是捏造,虚构需要清晰的逻辑、丰富的素材、高明的组织、深刻的洞察。某种意义上,小说的发展本质上就是虚构技巧的发展。

虚构由情驱动,又受情制约。李渔说:"凡说人情物理者,千古相传;凡涉荒唐怪异者,当日即朽。"(《闲情偶寄·词曲部·戒荒唐》)他还说,"传奇妙在人情","透人世情三昧"(《闲情偶寄·演习部·变旧为新》)。小说的逻辑是情感的逻辑,小说家通过虚构的人和事表达一份真情,也正是这真情制约着虚构不至"荒唐"。汤显祖指出,真情不仅是人生的原动力,也是艺术的原动力,他在《牡丹亭记题词》中说:"情不知所起,一往而深,生者可以死,死可以生。生而不可与死,死而不可复生者,皆非情之至也。"真情的伟大力量在《牡丹亭》中可谓达到了前所未有的地步,而虚构让这种力量迸发出来!卓越的虚构技巧使汤显祖的创作意图得以实现,《牡丹亭》

中的人和事都是虚构的，但其中的真情、主人公冲破情感的桎梏追求真正的爱情，不都是真实的存在吗？虚构的人和事无比深刻地揭示了这些真实的存在，从而震撼了每一个读者的心灵。优秀的小说塑造的典型人物和典型事件，历经百代而不朽就是这个道理。

综上所述，小说教学时，教师要把握住"虚构"这一无论小说形态如何演进都不变的关键因素，引导学生超越具体的奇闻轶事引发的即时的、浅层次的新奇体验，带领学生发现一个新世界，欣赏这种虚构所反映的真实与本质，体验更深刻的美感。教师还要从写作手法的角度，引导学生体验虚构所表现出的文学创作智慧，理解虚构与真实的关系，尤其是虚构中的情感逻辑。

上面以小说为例，说明虚构为何是小说这种文体的关键特征，以及教学中如何体验虚构的审美价值并最终深化对小说的赏析。每一种文体都有自己的关键特征，这些关键特征规定文体的发展路径，体现在文体发展过程中的每一个重要的节点上，关乎该文体独特的审美价值。教师要引导学生从文体关键特征的角度审视文体的路径，从多变的表面形态下发现其内在的发展逻辑，这样才能更好地理解和欣赏作品。

三、文体发展的环境条件

文体的发展需要一定的环境条件，这些条件既为文体的发展提供了可能性，也是文体发展的动力，了解这些条件有助于我们理解文体发展的前因后果及文体的核心价值。

以词的发生发展为例。词是一种音乐文学，是配乐而歌的抒情文体。词的产生，可以追溯到隋唐时代。魏晋南北朝以后，西域音乐陆续传入，与中原传统民间音乐结合，产生了一种新型的音乐——燕乐。至唐代，燕乐已在民间广泛流传，为了给这种新的音乐配上歌词，民间开始了填词的尝试，敦煌曲子词中的绝大多数都是唐代民间的创作。至中唐，一些接近民间的诗人感受到这种新声的美妙动听，开始依声定词，从此便出现了文人词。经过晚唐五代一批专业词人的努力，它才逐渐定型，并正式登上文坛。到了两宋，词进入了全盛时代。词人之众、风格流派之多样、艺术性之高都无与伦比。①

在温庭筠、韦庄之前尚无专事填词的文人，文人专心诗赋，以应对科举考试。有的诗人虽然偶尔为之，仍认为词是不登大雅之堂的"艳曲"，甚至不愿收入自己的作品集。白居易即是一例，他不但不把自己写的词收入《白氏长庆集》中，而且还在《白氏长庆集后序》中特别声明："若集内无而假名流传者，皆谬为耳！"即使到了晚唐五代，词和其作者仍然受到歧视，如《旧唐书·本传》称温庭筠"士行尘杂，不修边幅，能逐弦吹之音，为侧艳之词。公卿家无赖子弟裴诚、令狐缟之徒，相与蒲饮，酣醉终日，由是累年不第"。被定位为"侧辞"、"艳曲"的词虽受到歧视，却仍"倔强"地发展壮大，最终成为与唐诗同样辉煌的中国文学的"双璧"之一。那么，词生存与发展的条件与动力是什么呢？

词发展演进的第一个条件就是它与音乐的紧密关联。音乐为词的发展奠定了基础，是推动词发展的重要力量。最初流行于民间的燕乐迅速发展，到了唐代已相当繁荣，可谓"声辞繁杂，不可胜纪"（郭茂倩《乐府诗集》）。此时单靠民间的创作已远远不能满足需要，于是乐工、歌伎开始采用现成的齐言诗配乐传唱。但是整齐的五、七言诗同参差错落的乐曲始终难以完全调和，必须加入和声、泛声、散声。为了克服这个矛盾，一些接近民间的文人开始按调填词，直接写成长短句。至此，词的形式才真正确立。

荀子在《乐论》中说："夫乐者，乐也，人情之所必不免也，故人不能无乐。"音乐具有强大的感动人的力量，人们永远需要音乐，无论当时的社会多么看不起"曲子词"，借由音乐的力量，为乐曲所配的歌词必然有强大的生命力，必然会不断地发展完善。作词要将音乐与词的主旨和所表达的情感匹配协调起来，这使得词的创作必须不断琢磨和改进。杨缵《作词五要》说"第一要择腔"，张炎《词源》卷下云"作慢词看是甚题目，先择曲

---

① 黄拔荆:《中国词史（上）》，福建人民出版社2003年版，前言第1页。

名,然后命意"。不同的词牌(词调)往往有特定的声情表现,在节奏、速度、力度和色彩等方面有区别,形成哀与乐、刚与柔、急与慢等不同的艺术感染力。如晏几道《鹧鸪天》所言:"小令尊前见玉箫,《银灯》一曲太妖娆。"这"太妖娆"的《剔银灯》便是一首需要软媚的女声来歌唱的艳词。《六州歌头》是一首军队鼓吹乐曲,其曲调悲壮慷慨,是典型的豪放词。《竹枝》和《雨霖铃》的曲调则是哀怨凄苦的。此外,词调还因为配合不同的乐器而各具风情,如配合笛子的词牌大多清澈、婉转、激越,如《水龙吟》、《兰陵王》等。① 音乐和词的关系还体现在词具有"字声美"——比其他诗歌样式(如唐诗)更具有音乐美感的语言形式。词要依乐段分片,依词调押韵,依曲拍为长短句。根据音乐的要求,词体还有诸如"转调犯调"、"偷声减字"、"添声添字"、"摊声摊破"、"叠韵改韵"等音乐变奏形式。② 李清照在《词论》中提出词"别是一家"的主张:"盖诗文分平仄,而歌词分五音,又分五声,又分六律,又分清浊轻重。"可见李清照非常重视词的音乐性。从李清照的词作中,我们可以看出她很善于掌握声调韵律错综变化的不同节奏,以适应所表达的思想感情的起伏变化,从而让人感觉旋律优美、韵味无穷。音乐性是词发展的条件,也是词独特的表情的优势,教师在词的教学中要凸显词的音乐性,引导学生赏析其音乐律动。教师可以让学生联想他们喜欢的流行歌曲,尤其是"中国风"类型的,体会其歌词中蕴含的传统诗词的意味,让学生赏悟词和着音乐吟唱时动人的魅力。

　　词能够不断发展的第二个条件是文人的介入。没有文人的介入,词会停留在艺术价值、审美趣味很低的"艳词"、"小曲"的层次。正是文人的介入,使得词的内容和形式能够取得突破性的发展,最终成为文字艺术中的珍品。那么,是什么吸引高水平的文人投入词的创作呢?对此叶嘉莹指出③:

　　"诗"与"词"二种不同的文学体式,本来就具有着不同的特性。"诗"

---

① 钱武杰,邬元华:《词的音乐性美感分析》,《音乐研究》2005年第1期,第107–108页。
② 吴熊和:《唐宋词通论》,商务印书馆2003年版,第109–118页。
③ 叶嘉莹:《迦陵文集(四)》,河北教育出版社1997年版,序第11页。

在很早就已经形成了以"言志"为主的传统,……而"词"这种体式,在初起时却只是在歌筵酒席间供人演唱的艳歌,当时的作者并未曾将"词"纳入可以与"诗"并列的"言志"的传统之中。……可是,有一件值得注意的有趣的事,那就是唯其因为"词"之写作,在早期词人的意识中,并不需存有"言志"的用意,所以有一些作者却反而在这种并不严肃的文学形式中,偶然无意地留下了他们自己心灵中一些感发生命的最窈妙幽微的活动的痕迹,这种痕迹常是一位作者最深隐也最真诚的心灵品质的流露,因此也就往往更具有一种感发潜力。

幽约曲折、婉转抒情就是词独特的"基因",是词区别于诗、区别于其他文体的关键,也是词的生命力所在。词能表达诗所不及的情感——"贤人君子幽约怨悱之情",从而具有独特而颇具审美意味的风格,这也是吸引文人作词的根本原因。[①]

文人写词可以追溯到初盛唐。张志和的《渔歌子》(西塞山前白鹭飞),白居易的《忆江南》(江南好,风景旧曾谙)、《长相思》(汴水流,泗水流),传李白所作的《忆秦娥》(西风残照,汉家陵阙)等都是脍炙人口、千古流传的名作。到了晚唐,文人填词的风气更为普遍,不但词调大为增加,而且在词的内容、形式上也有明显的进步,出现了温庭筠、韦庄和其他花间派词人。五代时期,比较重要的词人有冯延巳和李璟、李煜父子,其中以李煜成就为最高,对后世的影响也最大。宋代作词的文人包括范仲淹、晏殊、欧阳修、王安石、晏几道、柳永、苏轼、周邦彦、秦观、黄庭坚、李清照、朱熹、辛弃疾、陆游、姜夔、吴文英、王沂孙、蒋捷、张炎等大家。总之,文人介入到源于民间的曲词,使得词朝着题材广泛、境界阔大、意象精妙、意味涵泳的方向发展。以李清照的词为例,她的词独树一帜、感人至深,她将词的民间性、通俗与高雅、隽永完美地结合起来,"用浅俗之语,发清新之思"。[②] 正如王士禛所评,"如'绿肥红瘦'、'宠柳娇花',人工天巧,可称

[①] 叶嘉莹:《迦陵文集(四)》,河北教育出版社1997年版,第6页。
[②] 黄拔荆:《中国词史(上)》,福建人民出版社2003年版,第295页。

绝唱"(《花草蒙拾》)。读李清照的词,就会感到既自然朴素、生动活泼,又尖新奇俊、耐人寻味。文人将深厚的文化底蕴和高明的创作技巧引入词中,与词特有的抒情优势相激荡,大大提升了词的境界,使其迸发出耀眼的光芒,最终攀上中国文学的巅峰。

综上所述,每一种文体都有自身的发展脉络,教师要理清这个脉络,关注文体发展中的节点,关注文体发展中的"变"与"不变",在此基础上凸显各种文体的本质特征,帮助学生更好地理解文本的意义,获得更深刻的美感。

第四章

文学理论与作品批评

王朔在《我看鲁迅》中如此评价鲁迅的作品:

《从百草园到三味书屋》和《社戏》是很好的散文,有每个人回忆童年往事的那份亲切和感伤,比《荷塘月色》、《白杨礼赞》什么的强很多。《祝福》、《孔乙己》、《在酒楼上》和吃血馒头那个《药》是鲁迅小说中最好的,和他同时代的郁达夫、沈从文和四川那位写《死水微澜》的李劼人有一拼,在当时就算是力透纸背的。中国普通人民的真实形象和难堪的命运被毫不留情地端了出来。这些人物至今刺激着我们,使我们一想到他们就毫无乐观的理由。……

鲁迅写小说有时是非常概念的,在他那部备受推崇的《阿Q正传》中尤为明显。小时候我也觉得那是好文章,写绝了,活画出中国人的揍性,视其为揭露中国人国民性的扛鼎之作,凭这一篇就把所有忧国忧民的中国作家甩得远远的,就配去得诺贝尔奖。这个印象在很长时间内抵消了我对他其他作品的怀疑,直到有一次看严顺开演的同名电影,给我腻着了。严顺开按说是好演员,演别的都好,偏这阿Q怎么这么讨厌,主要是假,没走人物,走的是观念,总觉得是在宣传什么否定什么昭示什么。在严顺开身上我没有看到阿Q这个人,而是看到了高高踞于云端的编导们。回去重读原作,发现鲁迅是当杂文写的这个小说，意在针砭时弊，讥讽他那时代一帮装孙子的主儿，什么"精神胜利法"、"不许革命"、"假洋鬼子"，这都是现成的概念，中国社会司空见惯的丑陋现象，谁也看得到，很直接就化在阿Q身上了，形成这么一个典型人物，跟马三立那个"马大哈"的相声起点差不多。当然，他这信手一拈也是大师风范，为一般俗辈所不及，可说是时代的巨眼那一刻长在他脸上，但我还是得说，这个阿Q是概念的产物，不用和别人比，和他自己的祥林嫂比就立见高下。概念形成的人物当做认识的武器，针对社会陋习自有他便于发扬火力指哪儿打哪儿的好处，但作为文学作品中的审美对象他能激起读者的情感反应就极为有限了。是不是有这么一个规律，干预性针对性越强的作品，审美性可感性就越低？尤其是改编为影视这种直接出形象的艺术形式，这类人物就很吃亏，演员也很难从生活中找依据。

王朔的这段评价有切中肯綮的地方，尤其是阿Q这个文学形象为何让人觉得"假"的分析非常值得思考。这样的评价值得鼓励！一个读者对所读的文学作品有评价的愿望和能力，说明读者尝试与作品进行心灵上的互动，这个作品对读者才是有意义的。语文教学的一个重要任务就是培养学生这样的文学鉴赏力和批判力，激发学生与作者、文本对话的愿望，与文本生发心灵的共鸣。

鲁迅研究专家张梦阳在《我观王朔看鲁迅》中对王朔的看法进行了评价：

王朔认为"阿Q是概念的产物"，……这个看法就未免乱弹琴了。阿Q的典型塑造问题，……有三点可以肯定：第一，阿Q是一个蕴含深厚哲学意味、思想性很强的艺术典型，但绝不是"概念的产物"。鲁迅塑造阿Q这个典型形象是有充分的生活依据的。他重点专用绍兴家乡一个叫谢阿桂的农工作模特儿，又杂取其他种种人的行状，综合成一个活生生的个性化的人物形象。又"深掘"而非"寄植"地从阿Q灵魂深处挖出精神胜利法这种人类普遍的消极性思维活动，使这一艺术典型达到个性与共性、具象与抽象的高度统一。第二，阿Q与祥林嫂相比，确实有所不同，但不是靠下，而是高得多。他属于一种侧重反映人类精神现象的变异性、哲理化的艺术典型。这种典型的塑造是高难度、很少见的，在世界文学中也仅有堂·吉诃德、哈姆雷特、奥勃洛摩夫等极少数人物形象达到这种高度。而阿Q则是中国文学为世界文学贡献出的唯一一个堪与堂·吉诃德等人物媲美的进入高深境界的艺术典型……之所以具有这样高的价值，就在于这种典型升华到了具象性与抽象性高度统一的化境，既是"这一个"个性化的鲜活的具体人物，又包含底蕴无穷的哲学启悟意义，像一面明镜，映现出人的心灵的秘密，照射出人类普遍的弱点，从根抵上教育和敦促人类克服自身的弱点，具有恒久的普遍意义。譬如"精神胜利法"等等本是当时中国社会司空见惯的精神现象，人们对此却长期熟视无睹、麻木不仁，自阿Q出现后，才猛然惊悚，引发深省。现在时代虽然不一样了，然而"精神胜利法"这种精神现象和退回内心以求平衡的人类普遍弱点仍然存在，所以阿Q依旧保持着深刻的鉴戒意义，令人回味无穷。鲁迅是第一个发现和概括出"精神胜利法"并成功地塑造出阿Q这一艺术典型予以表现的作家，仅此一点，就毫不逊色于那些诺贝尔文学奖的得主。第三，阿Q这类人物形象既是一种达到高深境界的变异性的艺术典型，那么领悟这种典型的意义也必须改变自己的欣赏习惯，采取深化一些的思维方式，不可停留在读解祥林嫂甚至听马三立说"马大哈"相声的水平线上。

　　张梦阳尝试回答王朔的问题，同时提出了不同的看法，作为鲁迅研究专家，张梦阳对阿Q的艺术价值的分析对我们理解这个文学形象无疑非常有帮助。

　　王朔和张梦阳都在进行作品批评，而且二人对同一个作品的批评形成了对话和争鸣，这样的作品批评中蕴含着文学理论，涉及许多理解鲁迅作品的关键之处。将二人的言论较完整地辑录于此，是为了显现作品批评的价值。一方面可以作为学生对文本解读的样板，另一方面这些作品批评中的观点可以作为启发学生思考的素材，有助于学生理解文学创作和文学赏析的规律。

　　张梦阳指出阿Q这个形象有很高的艺术价值，可这并没有回答王朔的质疑——王朔并没有否认这个形象的意义和价值，也没有否认其典型性，王朔的质疑是"作为文学作品中的审美对象他能激起读者的情感反应就极为有限"。此外，张梦阳认为阿Q这个形象比祥林嫂高得多，高在哪里呢？祥林嫂的遭遇不也展现了普遍的人类的困境与人性的弱点吗？更可惜的是，张梦阳以鲁迅研究权威自居，表现出强烈的优越感："这个看法就未免乱弹琴了"，"不可停留在读解祥林嫂甚至听马三立说'马大哈'相声的水平线上"，"该骂一骂王朔了"，"倘若不学习，继续这样'无知'、'无畏'下去呢？丫可要真的'晕菜'了"。教师在教学中一定要警惕这种居高临下、不容置疑的态度，这会阻碍学生与文本产生情感互动，压抑学生说出自己真实的感受。一直以来语文教学有教参，有现成的中心思想，甚至有明确的标准答案，学生只能被动地接受编辑和语文教学研究者给他们安排的结论，这对培养学生的文本批评能力非常不利。

文学批评与文学理论密切相关，文学批评重在对具体的文学作品进行分析评价，文学理论则重在对文学的本质、特征、发展规律和社会作用进行研究总结。文学批评为文学理论提供素材，文学理论则为文学批评提供依据。文学理论和文学批评随着文学的发展而发展，最终形成独立的学科，有其特定的范畴、焦点、方法。文学理论和文学批评是文本分析的重要背景，是理解和把握文本分析的重要参考，为文本赏析提供了基本的方向、模式与方法。

本书选择了文学理论与文学批评中的"文道之辨"、"文学审美"、"作品批评"三个领域进行分析。文道之辨是文学理论与文学批评的基源性问题，是评价作品内容和形式的基本出发点，自古至今争论不休，是文本解读绕不开的问题；文学审美决定了文学的内容和形式，是文学批评的前提与基础；作品批评是文学理论和文学批评在具体作品上的实践应用，许多高质量的作品批评是文本解读的重要参考。

一、文道之辨

文道之辨的基本含义：文本应强调其独立的文学性还是社会工具性，前者强调文学以抒情为核心，以表达美为旨归；后者强调文学是负载道义、社会教化的工具。

　　文学的本质是什么？文学应表现怎样的内容？这是一个理论问题，但这个问题对语文教学实践产生了极重要的影响。这个问题自先秦就开始探讨，一直没有间断，在某些时代还有激烈的争论与斗争。直至当前，语文教学的目的是什么，什么样的文章应选入教材，如何理解文本的"人文性"、"工具性"及二者的关系，学生的语文素养如何界定，具体到学习一篇文章的重点是什么，都与这个问题有关。

　　1902年，梁启超在《论小说与群治之关系》中提出"今日欲改良群治，必自小说界革命始，欲新民，必自新小说始"，明显强调文学的社会教化功能。这样的立场古已有之，《尚书·尧典》说"诗言志，歌永言"，朱自清认为这是历代诗论"开山的纲领"（《诗言志辨序》）。《礼记·王制》云："命大师陈诗以观民风。"《汉书·艺文志》云："故古有采诗之官，王者所以观风俗，知得失，自考正也。"这些都表明诗最初是为政治、为社会统治服务的。

　　与"诗言志"紧密相连的是诗的教化作用。因为诗能动情，统治阶级便利用这个特点对人民进行思想教化与行为规范。《毛诗序》明确提出文艺的社会效应是"经夫妇，成孝敬，厚人伦，美教化，移风俗"。《荀子·乐记》有云："夫声乐之入人也深，其化人也速。"《文心雕龙》则以《原道》、《征圣》、《宗经》开篇，提出为文要"本乎道，师乎圣，体乎经"，此乃"文之枢纽"（《序志》）。梁人萧衍说："夫声音之道，与政通矣，所以移风易俗，明贵辨贱。"（《访百僚古乐诏》）柳宗元在《答韦中立论师道书》中说："文者以明道。"唐代李汉在《昌黎先生集序》中说："文者，贯道之器也。"宋代周敦颐在《通书·文辞》中说："文，所以载道也。""文以明道"、"文以贯道"、"文以载道"体现了儒家美学的重要传统——文道合一。这个传统注重文学的伦理教化功能，强调文学内容的雅正，注重文风的刚健质朴，是一种社会本位的文学观。它与种种形式主义、唯美主义、颓废主义、个人中心主义的文学形态针锋相对，中国文学史上多次复古运动都是对这种文学观的捍卫。

　　《论语·卫灵公》有载："颜渊问为邦。子曰：'行夏之时，乘殷之辂，服周之冕，乐则韶舞。放郑声，远佞人。郑声淫，佞人殆。'"郑卫之声本是民间新起的音乐，曲调轻松婉转，富有表现力和感染力，为大多数人所喜闻乐见，孔子却认为郑卫之声佻溺讹滥，有违典重高华、和正闳广之旨，故应予以废斥。子夏更是说，"郑音好滥淫志，宋音燕女溺志，卫音趋数烦志，齐音敖辟乔志。此四者皆淫于色而害于德"（《礼记·乐记·魏文侯》）。汉代以降，历代正统论者否定一切反映世俗生活特别是描写爱情生活、形式新巧、婉转缠绵的文艺作品。王充说，"为世用者，百篇无害；不为用者，一章无补"（《论衡·自纪》），"文人之笔，劝善惩恶也"（《论衡·佚文》）。周敦颐提出，"不知务道德，而第以文辞为能者，艺焉而已"（《通书·文辞》）。程颐则说："且如今能言诗无如杜甫，如云'穿花蛱蝶深深见，点水蜻蜓款款飞'，如此闲言语，道出做甚？"（《河南程氏遗书》卷十八）朱熹说："道者，文之根本，文者，道之枝叶。唯其根本乎道，所以发之于文皆道也。"（《朱子语类》卷一三九）这些说法彻底否定了文学的独立性和审美价值，文学成为传道的工具，更有甚者如程颐认为"工文则害道"①，被认为是"玩物丧志"，文和道不仅不能并行，而且二者是矛盾的，重视文采就会损害文章之道。

基于文道合一的文学复古运动阻击空洞无物、矫饰藻丽的文字，这是有意义的。但是，过分强调文道统一，压抑文字的抒情功能，就有扼杀文学独立性、抹杀文学抒情功能的危险。同时，中国传统上将脱离伦理道德的感官享受视为低级趣味乃至腐化堕落，处处要求将审美同低级趣味严格区分开来，有时将文艺必要的怡情功能也一并压抑了。②元代胡祗遹说：

百物之中，莫灵贵于人，然莫愁苦于人，……于斯时也，不有解尘网，

---

① 《二程遗书》卷十八载："或问伊川先生曰：'作文害道否？'曰：'害也。凡为文，不专意则不工，若专意，则志局于此，又安能与天地同其大也。《书》云：'玩物丧志。'为文，亦玩物也。吕与叔有诗云：'学如元凯方成癖，文似相如始类俳。独立孔门无一事，只输颜氏得心斋。'此诗甚好。古之学者惟务养情性，其他则不学。今为文者，专务章句，悦人耳目，既务悦人，非俳优而何'？"

② 周卫东：《先秦儒家文学思想研究》，中央编译出版社2005年版，第7页。

消世虑，熙熙皞皞，畅然怡然，少导欢适者，一去其苦，则亦难乎其为人矣。此圣人所以作乐以宣其抑郁，乐工伶人之亦可爱也。(《赠宋氏序》)

胡祗遹强调艺术的宣泄、怡情作用，艺术能让人动情从而纾解愁闷，感觉畅然怡然，这突出了艺术的核心价值——基于抒情而获得美感。《荀子·乐记》说："夫乐者，乐也，人情之所必不免也。"荀子虽然主张通过音乐教化人民，但他也认识到音乐是人情必然的需求。清代袁枚承认"诗言志"的功能，同时又指出"志"有很多种，他在《再答李少鹤书》中指出：

来札所讲"诗言志"三字，历举李、杜、放翁之志，是矣。然亦不可太拘。诗人有终身之志，有一日之志，有诗外之志，有事外之志，有偶然兴到、流连光景、即事成诗之志，志字不可看杀也。谢傅之游山，韩熙载之纵伎，此其本志哉？多识于鸟兽草木之名，亦夫子余语及之，而夫子之志岂在是哉？

显然，文字所表达的"志"有些与"道"和教化有关，有些则与此无关，包括"偶然兴到"、"流连光景"、"即事成诗"，而这些恰恰是文学存在的意义与动人之处。针对程颐"工文则害道"的说法，章学诚提出反对意见，他认为文有其独立性：

盖文固所以载理，文不备则理不明也。且文亦自有其理，妍媸好丑，人见之者，不约而有同然之情，又不关于所载之理者，即文之理也。故文之至者，文辞非其所重尔，非无文辞也。而陋儒不学，猥曰："工文则害道。"故君子恶夫似之而非者也。(《文史通义·辨似》)

章学诚此说可谓真知灼见。文不仅有独特的审美价值——"自有其理"，而且还会影响到理的表达——"文不备则理不明"。章学诚进一步指出应区分"著述之文"与"文人之文"：

文人之文与著述之文不可同日语也。著述必有立于文辞之先者，假文辞以达之而已。譬如庙堂行礼，必用锦绅玉佩，彼行礼者不问绅佩之所成，著述之文是也。锦工玉工未尝习礼，惟藉制锦攻玉以称功，而冒他工所成为己制，则人皆以为窃矣，文人之文是也。故以文人之见解而议著述之文辞，如以锦工玉工议庙堂之礼典也。(《文史通义·答问》)

章学诚认为文与道是二分的，是相互独立的。李梦阳持同样的观点，他在《缶音序》中说："宋人主理，作理语，诗何尝无理！若专作理语，何不作文而诗为耶？"李梦阳强调了诗这种最富文学性的文体有其独特的价值和意义，可以不用承担"说理"、"传道"的责任。梁元帝萧绎《金楼子·立言》中有一段非常动人的话："至如不便为诗如阎纂，善为章奏如柏松，若此之流，泛谓之笔。吟咏风谣，流连哀思者谓之文。……至如文者，惟须绮縠纷披，宫徵靡曼，唇吻遒会，情灵摇荡。"萧绎指出"文"和"笔"是不同的，前者"吟咏风谣，情灵摇荡"，体现了文字的抒情功能与审美价值。

综上所述，人有知、情、意三种心理过程，对应的是真、美、善三个人文范畴。文字可以传道求真，也可以表情求美。表情求美的文字是文学，作为一种艺术形式，它能表达感情，能使人动情并体验美感。这意味着文字可以不以教化为目的，不以政治为服务对象，有独立于教化之外独立的、不可或缺的意义与价值。

文道之争是文学发展过程中永远的辩题，此争论对语文教学的意义在于：它关系到文本的主题、意义、写作手法，明确什么样的文本是好的文学作品，如何从文学的视角对文本进行分析，凸显文本的艺术美。以韩愈的《毛颖传》引发的论争为例。韩愈以虚构、拟人手法写一支毛笔（毛颖）很能干，得到秦始皇重用，即使因老而失宠被免去官职，但仍尽心竭力为君主社稷服务。韩愈以此文抒发自己胸中的积郁。对于此文，韩愈的旧相知、老上司宰相裴度对韩愈"以文为戏"感到非常遗憾和不解："昌黎韩愈，仆识之旧矣。中心爱之，不觉惊赏，然其人信美材也。近或闻诸侪类云：恃其绝足，往往奔放，不以文立制，而以文为戏，可矣乎！可矣乎！"诗人张籍在《上韩昌黎书》中批评《毛颖传》"多尚驳杂无实之说"，"有以累于令德"，况且，这种"博塞之戏"，难以"使圣人之道复见于唐"，规劝韩愈"弃无实之谈",《上韩昌黎第二书》更直接批评韩愈此文"拊抃呼笑"、"苟悦于众"。

对于韩愈的《毛颖传》,柳宗元持赞同的态度,他在《与杨诲之书》中说《毛颖传》乃奇书,"恐世人非之","知前圣不必罪俳也"。柳宗元在《读韩愈所著〈毛颖传〉后题》中说:

> 而俳又非圣人之所弃者。《诗》曰:"善戏谑兮,不为虐兮。"《太史公书》有《滑稽列传》,皆取乎有益于世者也。……大羹玄酒,体节之荐,味之至者。而又设以奇异小虫、水草楂梨、桔柚,苦卤咸酸辛,虽蜇吻裂鼻,缩舌涩齿,而咸有笃好之者。文王之昌蒲菹,屈到之芰,曾皙之羊枣,然后尽天下之奇味以足于口。独文异呼?

柳宗元强调了韩文的独特,呼吁允许人们喜爱的"奇味"之文的存在。从文学的角度看,韩愈使用了虚构、拟人的手法,这是"有意味的形式",文字因此而成为富有艺术趣味的文学。这样的文道之辨提示我们,在语文教学中,文学文本分析的重点首先在于它表达了怎样的感情,而不是承载了怎样的道理或实施怎样的教化。教师要帮助学生理解表达情感是文学的核心价值,而表情策略的优劣是文本分析的重点。

某种意义上,文学的发展是一个不断抗争以争取和保持独立性的过程。在这个过程中,文学不仅要明确和焕发自身的价值与魅力,还要警惕自身被赋予其他功能,这会让文学变得不纯粹乃至失去独立性。因为文学脱胎于实用之文,抒情审美是其后发价值,文学的独立地位往往不牢固,因此很多文人警惕文学独立地位的不保,有意识地将文学与实用功能分开,避免文学沦为政治和教化的工具。以民国时期的文道之辨为例:

1916年,陈独秀在《答胡适之(文学革命)》中,提到文学与应用文的区别:"窃以为文学之作品,与应用文字作用不同。其美感与伎俩,所谓文学、美术自身独立存在之价值,是否可以轻轻抹杀,岂无研究之余地?"[1]1923年,闻一多在给梁实秋的信中说:"我的诗若能有所补益于人

---

[1]《陈独秀文章选编(上)》,生活·读书·新知三联书店1984年版,第142页。

类,那是我的无心的动作(因为我主张的是纯艺术的艺术)。"①陈独秀强调了文学的独立,闻一多则表现出对文学可能混杂其他功能的警惕。戏剧教育家余上沅认为,在易卜生影响下产生的问题剧不过是将各种问题作为戏剧的目标,让不同身份的人上台宣讲他们的观点,企图利用艺术去纠正人心、改善生活,却不知道"探讨人心的深邃,表现生活的原力",这实际上是"艺术人生,因果倒置"。②闻一多对模仿易卜生用写剧本的方法宣传思想的潮流也持批评态度。在他看来,如果戏剧家将道德问题、哲学问题、社会问题等与艺术不相干的成分都带进来,"问题黏的愈多,纯形的艺术愈少",而且,"文学专靠思想出风头,可真是没出息了"。③梁实秋也反对功利性的写实剧,"问题剧,里面有问题,同时也要是剧才成。捉着问题,而写不成剧,那仍不能成为艺术"。④

梁实秋花了38年的时间翻译《莎士比亚全集》,他说⑤:

> 他(莎士比亚)不宣传任何主张,他不参加党派,他不涉及宗教斗争,他不斤斤计较劝善惩恶的效果,戏就是戏,戏只是戏。可是这样的创作的态度正好成就了他的伟大,他把全副精神用到了人性描写上面。我们并不苛责莎士比亚之没有克尽(反映时代)使命。我们如果想要体认莎士比亚时代的背景,何不去读历史等类的书籍?文学的价值不在反映时代精神,而在表现永恒的人性。

梁实秋对莎翁戏剧的认识是非常深刻的,莎翁戏剧的价值就在于它"表现永恒的人性","想要体认莎士比亚时代的背景可以读历史类书籍",这与李梦阳"若专作理语,何不作文而诗为耶"的观点是一致的。

我们再看沈从文关于文道关系的理解。访谈者问沈从文:"关于城市中

---

① 唐鸿棣:《诗人闻一多的世界》,学林出版社1996年版,第231页。
② 余上沅:《国剧运动》,上海书店1992年影印版,序第3页。
③ 闻一多:《戏剧的歧途》,见余上沅:《国剧运动》,上海书店1992年影印版,第55-58页。
④ 梁实秋:《现代文学论》,《梁实秋批评文集》,珠海出版社1998年版,第180页。
⑤ 梁实秋:《莎士比亚戏剧集序言》,《莎士比亚诞辰四百周年纪念集》,台北国立编译馆1966年版,第152页。

绅士阶级生活的描写，您是否（一）与乡村生活相比，揭露其腐朽性；（二）揭露他们生活悲喜剧的心理原因？"沈从文说[①]：

你应当从欣赏出发，看能得到的是什么。不宜从此外去找原因。特别不宜把这些去问作者，作者在作品中已回答了一切。

从沈从文的话，我们可以看到他非常警惕读者从其作品中寻找所谓的意义和教化，对他来说，这不是写作的初衷。他劝告读者要从"欣赏"出发，欣赏即审美，这才是文学的价值。沈从文在《小说作者和读者》中写道[②]：

普通"做好人"的庸俗乡愿道德，社会虽异常需要，然而已有许多简单而便利的方法和工具可以应用，且在那个多数方面极容易产生效果，似乎不必要文学中小说来作这件事。小说可作的事远比这个大。若勉强运用它来作工具，实在费力而不大讨好。（只看看历史上绝大多数说教作品的失败，即可明白把作品有意装入一种教义，永远是一种动人理论，见诸实行并不成功。）

沈从文认为，如果是道德教化的话，可以用其他手段和工具而不需要文学，文学可做的事远比作为政教工具能做的事更大，文学自有它不可替代的价值和魅力。沈从文认为怀着教化目的写出来的东西很难成为优秀的文学作品，曹禺有同样的观点，他在接受采访时说[③]：

我不大赞成戏剧的实用主义，我看毛病就出在我们的根深蒂固的实用主义上。总是引导剧作家盯在一些具体的问题上，具体的目标上。这样，叫许多有生活的人，有才能的人，不能从高处看，从整个的人类，从文明的历史，从人的自身去思考问题，去反映社会，去反映生活。我们太讲究"用"了，这个路子太狭窄。对于文学艺术来说，实用主义是害死人的。……为什

---

① 《沈从文全集（第十六卷）》，北岳文艺出版社2002年版，第522页。
② 《沈从文全集（第十二卷）》，北岳文艺出版社2002年版，第66页。
③ 刘一军，田本相：《曹禺访谈录》，百花文艺出版社2010年版，第39—40页。

么我们不能创造出那种具有世界性的作品来？《战争与和平》《复活》，在我们看来都有错误、虚伪，但确实有世界性。我们总是写出那些"合槽"的东西，"合"一定政治概念的"槽"，一个萝卜一个坑，这是出不来好作品的。

曹禺认为戏剧要"从高处看"，要超越实用主义的宣教，关注那些总能感动人们、人类永远面对的重大主题。入了实用的"槽"的作品一旦脱离了这个"槽"就失去了意义，不可能具有世界性。曹禺在《〈雷雨〉序》中说：

现在回忆起三年前提笔的光景，我以为我不应该用欺骗来炫耀自己的见地，我并没有显明地意识着我是要匡正、讽刺或攻击些什么，……我初次有了《雷雨》一个模糊的影像的时候，逗起我的兴趣的，只是一两段情节，几个人物，一种复杂而又原始的情绪。……写《雷雨》是一种情感的迫切的需要。

"复杂而又原始的情绪"，这是文学写作最纯粹的初衷，文学写作是"情感的迫切的需要"。对于《雷雨》的主题，曹禺说：

我念起人类是怎样可怜的动物，带着踌躇满志的心情，仿佛是自己来主宰自己的运命，而时常不是自己来主宰着。受着自己——情感的或者理解的——捉弄，一种不可知的力量的——机遇的，或者环境的——捉弄；生活在狭的笼里而洋洋地骄傲着，以为是徜徉在自由的天地里，称为万物之灵的人物不是做着最愚蠢的事么？我用一种悲悯的心情来写剧中人物的争执。我诚恳地祈望着看戏的人们也以一种悲悯的眼来俯视这群地上的人们……来怜悯地俯视着这堆在下面蠕动的生物。他们怎样盲目地争执着，泥鳅似的在情感的火坑里打着昏迷的滚，用尽心力来拯救自己，而不知千万仞的深渊在眼前张着巨大的口。他们正如一匹跌在泽沼里的羸马，愈挣扎，愈深沉地陷落在死亡的泥沼里。

"命运"、"悲悯"、"情感纠缠"，这不就是深刻、重大、永恒的人生主题吗？蕴含这样主题的文学作品才有可能具有永恒的价值。访谈者问曹禺：

"您和宋之的曾经合写过《黑字二十八》,据说演出时轰动山城重庆,您能谈谈这出戏吗?"曹禺回答[①]:

这出戏没有什么可谈的,它是为当时的政治服务的。1939年,重庆聚集了一大批文艺工作者,大家共同抗战的热情很高,也还团结。就搞一个戏剧节,让我同宋之的写剧本。赶得很急。这个作品也可以说是"速朽"之作。

从这段话,我们能感受到曹禺的遗憾,他清醒地认识到为政治服务的作品注定"速朽"。这也提醒我们,要冷静地识别那些服务于政治的作品,让学生去赏析那些真正有美感、有艺术价值的文学作品。沈从文和曹禺两位作家的言论可谓感慨至深,他们以实践者的角色提醒人们,文学要与政治保持距离,要把握和追寻文学自身的规律,写最动人也是最美的作品。

对于语文教学来说,了解文道之辨、区分文学之文与载道之文的意义在于:让学生更清楚地把握文学的核心特征,形成真正的文学审美。将文学作品硬性与各种道理、教化相联系,分析一个文本就要得到若干启示和领悟,就要懂得某些道理,这是糟糕的文本分析模式,是语文课上得不像语文课的一个重要原因。文学可以载道,但文学不是传道的工具,不是政教的附庸。文学作品可以让读者明白某些道理,可以改变读者的价值观,可以产生教化作用,但这不应是文学写作唯一的或最重要的初衷。

道有广义和狭义的理解。美与真和善不可分,真和善聚合在一起而成为美。好的文学作品一定表现了真和善,必然要表达一定的观点、意志、价值判断——这是广义的"道"。正如童庆炳所指出的,各个时期的艺术都有一些写山水和花鸟等消闲的、游戏的作品没有被卷入社会变革中。但大多数创作则不由自主地被卷入到社会变革中,也正是艺术无论如何都要向社会变革"表态"这个原因,艺术的社会性始终是存在的,艺术的思想情感价值

[①] 刘一军,田本相:《曹禺访谈录》,百花文艺出版社2010年版,第55页。

取向始终是存在的,艺术不能不是社会意识形态。① 这样看来,文学作品或多或少、自觉或不自觉地在明道、贯道、载道。狭义的"道"指社会教化之道,反映的是主流价值观或统治阶级的意志。对于这样的"道",如前所述,可以专门以论说文的形式予以表达,而不是假借文学的形式、披着文学的外衣予以表现。此外,有的文字情多理少,有的文字理多情少,后者更容易明道、载道。例如,戴望舒的《雨巷》,朱自清的《荷塘月色》,表达了复杂、细腻、含蕴、动人的情感,很难说出其中载了怎样的"道";杜甫的《春望》,是个人强烈情感的抒发,同时基于安史之乱的背景,又表达了乞求战乱结束的道义追求,这样的作品所载之道更加明显。

总的说来,文本分为三类:一是纯文学作品,以抒情为核心,以审美为旨归;二是以宣教为目的且手法拙劣的作品;三是非纯文学但有文学特性、富有文采的作品。第一类作品用文学的视角予以分析;第二类作品文字成为政治的工具而注定"速朽";第三类作品值得探讨。以韩愈的《原道》为例,基于上述文道之辨的背景,如何在教学实践中处理文与道的关系——把语文课上得像语文课?

《原道》的写作目的及其内容都在说理,是一篇典型的论说文,但其中的部分文字——如"仁与义为定名,道与德为虚位","彼以煦煦为仁,孑孑为义","其所谓道,道其所道,非吾所谓道也。其所谓德,德其所德,非吾所谓德也","入者主之,出者奴之;入者附之,出者污之","不塞不流,不止不行"——有形式上的美感,整篇文章骈散结合,颇具有文学特征,可以说《原道》是一篇富有文采的论说文。在语文课上教这样的文章,要凸显其文学性,让学生领略文本的文学美,而要做到这一点,最重要的是突出"情"——文学文本赏析最重要的就是基于情感共鸣的审美。

好的说理文一定是情理交融的,教师要让学生理解《原道》中的道理被怎样的情感驱动,就要让学生认识韩愈是一个怎样的人,了解韩愈忠于君王、维护社稷的拳拳之心。《旧唐书·本传》称韩愈"发言真率,无所畏

---

① 童庆炳:《文学审美论的自觉》,北京师范大学出版社2011年版,第159页。

避"，"性弘通，与人交，荣悴不易。……而观诸权门豪士，如仆隶焉，瞪然不顾"，《新唐书·本传》也写他"操行坚正，鲠言无所忌"。韩愈反对宪宗"事佛求寿"，上书《谏迎佛骨表》，列举历代帝王的例子说明"事佛求福，乃更得祸"。宪宗为此大怒，因宰相求情韩愈才得以免死，但被远贬至潮州。此前韩愈因写《御史台上论天旱人饥状》，与权臣李实上奏的谎言针锋相对，已经有过一次被贬官的经历。韩愈在《谏迎佛骨表》中说："佛如有灵，能作祸祟，凡有殃咎，宜加臣身，上天鉴临，臣不怨悔。"这是"死谏"的态度，显现韩愈是一个无比率直、刚强的人。韩愈是真正的儒家信徒，那种"天将降大任于斯人"的使命意识和矢志不渝、百折不挠的气概真是"障百川而东之，回狂澜于既倒"(《进学解》)。韩愈认为，文章归根结底是内在修养的显现："根之茂者其实遂，膏之沃者其光晔，仁义之人其言蔼如也。"(《答李翊书》)韩愈强调："气，水也；言，浮物也。水大而物之浮者大小毕浮。气之与言犹是也。气盛则言之短长与声之高下者皆宜。"(《答李翊书》)因此，韩愈的论说文内容是充实的，情感是真挚而炽热的。

《原道》的主旨是反对佛老，认为唯有孔孟之道是"为天下国家、无所处而不当"的治世良方。他认为寺院僧尼大量增加、从事生产的人数减少是造成人民贫困和社会秩序混乱的原因之一。韩愈对佛道提倡的泯灭君臣父子感到忧虑，他在《原道》中说："今其（指佛家）法曰，必弃而君臣，去而父子，禁而相生相养之道，以求其所谓清净寂灭者"，"今也欲治其心，而外天下国家，灭其天常，子焉而不父其父，臣焉而不君其君，民焉而不事其事"。他认为那些"欲治其心的人"（信奉佛道思想修身养性的人）将"外天下"（置天下国家于不顾），如此一来"天常"毁灭，父子、君臣关系将大乱。基于上述对韩愈人格和作为的了解，我们应认识到这篇文章不是单纯说理的分析思辨，也不是政客捞取政治资本的工具，而是满含着道义与信念的、充满真挚情感的肺腑之言，其中蕴含着作者忠于社稷、心怀天下的拳拳之心。正如韩愈在《奉酬振武胡十二丈大夫》中所说，"自笑平生夸胆气，不离文字鬓毛新"。教师要让学生感受韩愈说理文中真挚的情感，以及文章所展现的人格力量，学生因为情感的共鸣而感动，体会文学审美的意义，这才是语文教学应该完成的任务。

此外,如前述章学诚所说,"文不备则理不明",学习《原道》还要重视文章的文采。韩愈非常重视文辞,他说,"愈之志在古道,又甚好其言辞"(《答陈生书》),"体不备不可以为成人,辞不足不可以为成文"(《答尉迟生书》)。这也体现了孔子所说的"言之无文,行而不远"(《左传·襄公二十五年》载孔子语)。郭绍虞认为,道学家提倡文以载道,文是道的工具,他们重道不重文。而作为古文家的韩愈,提倡"文以明道",文是道所流露的,二者是一体的,不过不作言之无物的文而作学道有得之文。① 在创作技法上,韩愈主张复古而不拟古:"师其意,不师其辞"(《答刘正夫书》),"惟古于词必己出"(《答李翊书》)。韩愈的文章摆脱了骈文的束缚,以散句单行为主的语言为主,同时也不排斥骈俪的句式,通过骈俪对仗之句疏宕文气,开阖自如。苏洵说韩愈的文章"如长江大河,浑灏流转"(《上欧阳内翰书》),可谓确评。周振甫如此评析《原道》的创作手法和文字风格②:

韩愈的《原道》,是批判道教和佛教的。他多用排比句法,使气势旺盛,象长江大河的奔腾。比如说:"古之为民者四,今之为民者六;古之教者处其一,今之教者处其三;农之家一而食粟之家六,工之家一而用器之家六,贾之家一而资焉之家六,奈之何民不穷且盗也!"这里用了"古之""今之"的排比句,用了"农之家一""工之家一""贾之家一"的排比句,再用"奈之何"的感叹句来作结。再象讲到古之圣人,教民以相生相养之道,说:"为之君,为之师,驱其虫蛇禽兽而处之中土;寒然后为之衣,饥然后为之食;木处而颠,土处而病也,然后为之宫室;为之工以赡其器用,为之贾以通其有无,为之医药以济其夭死,为之葬埋祭祀以长其恩爱,为之礼以次其先后,为之乐以宣其湮郁,为之政以率其怠倦,为之刑以锄其强梗;相欺也,为之符玺斗斛权衡以信之;相夺也,为之城郭甲兵以守之;害至而为之备,患生而为之防。"在这里用了十七个"为之",其中"寒然后为之衣"三

---

① 郭绍虞:《中国文学批评史(上册)》,商务印书馆 2010 年版,第 271 页。
② 《周振甫文集(第五卷)》,中国青年出版社 1999 年版,第 994–995 页。

句是一种排比句式,"为之工"以下八句是另一种排比句式,"相欺也"两句又是另一种排比句式;"害至"两句又是一种样式。多用排比句来加强气势,运用各种变化来显示错综之美。这正象长江大河的水,总的看来是奔流的,其中又有激湍漩涡种种变化。

学习《原道》,就要像周振甫这样分析和欣赏文章磅礴且优美的言辞,感受作者如何通过文辞表达情感、说明道理、感动读者,这样的教学才有语文的味道。

语文教学中对于"明道"、"说理"的文章,不能把重点放在"析道"、"明理"上,这样就偏离了语文教学的重心。例如,韩愈在《原道》中说:"是故君者,出令者也;臣者,行君之令而致之民者也;民者,出粟米麻丝,作器皿,通货财,以事其上者也。……民不出粟米麻丝,作器皿,通货财,以事其上,则诛。"从当前我们对人民与政府、人民与官员的关系的理解来看,韩愈的这个观点是有问题的。严复早在1895年就于天津《直报》发表《辟韩》,他以被视为孔孟之后道统继承人的韩愈为批判对象,批驳了韩愈在《原道》中的观点,猛烈抨击自秦以来的封建君主专制制度。《原道》教学时可将严复此文介绍给学生,但语文教学不能将重点放在讨论政治和阶级问题上。这就好像艺术品和实用器具,前者可以有实用价值,后者也可以有艺术元素,但二者毕竟存在本质区别,要看将哪种价值作为前提、作为核心。一个实用器具的艺术构思再丰富也只是装饰,一个艺术品的实用价值再明显也不宜当作器具使用。一千年前的实用器具在当下变成了艺术品,其实用性被忽略而艺术性被凸显。韩愈的《原道》也是这样,当时的政论文在当下的语文教学中其政治论点不再是重点,随着时间流逝沉淀下来的文章中的情怀显得愈发珍贵,这使得《原道》的艺术属性越来越成为其价值的核心,而语文教学要凸显对其艺术价值的珍视与欣赏。

总之,语文教学中学习《原道》这样的载道之文,要把重点放在理解其文学特性,感受其文学之美上。要把作者的人格、文本的情意、文本的形式等整合起来,在文本分析时帮助学生与作者和文本形成真正的情感共鸣,最终将文本分析落在"情"这个重心上。对于说理的文章,更要让学生理解

"理"背后真挚的情感,在此基础上理解作者是如何用优美、有力、恰当的文辞表达自己的情意的,从而趋向文学审美。

二、文学审美

文学的魅力与价值在于抒情与表现美,美学与审美必然成为解读文学文本的重要背景。邓晓芒指出,"美学"并不是一个中国传统的概念,它来自西方。18世纪,德国哲学家鲍姆加通写了一本书 Aesthetica,这一书名的意思是"感觉"、"感性",标志着西方的"美学"作为一门学科首次获得了独立。日本人在翻译这个词的时候发现,鲍氏书中所谈的并不是认识论上的"感性认识",而是讨论美感问题,于是日本人就直接把这个词翻译成"美学",即"关于美的学问",这一译名也为中国人所接受。[1] 中国美学和西方美学分属两个不同的文化系统,有共同之处,但更重要的是这两个系统各自有极大的特殊性。不能把西方美学的体系套用在中国美学上,应认识和尊重中国美学的特殊性。中国美学植根于"道"、"气"、"神"、"境"等基本哲学范畴,涉及"有无"、"虚实"、"形神"、"情景"等思辨认识,触及"观物取象"、"涤除玄鉴"、"澄怀味象"、"立象尽意"、"得意忘象"、"传神写照"、"气韵生动"等一系列审美命题。[2]

审美有两个不同的层面,一是道的层面,二是技的层面。如何理解这两个层面及二者之间的关系?我们来看《庄子》中庖丁解牛的故事:

庖丁为文惠君解牛,手之所触,肩之所倚,足之所履,膝之所踦,砉然响然,奏刀騞然,莫不中音。合于桑林之舞,乃中经首之会。

庖丁解牛已达出神入化的境界。文惠君问庖丁的技术怎会如此高明,庖丁说:

---

[1] 邓晓芒:《西方美学史纲》,武汉大学出版社2008年版,第1页。
[2] 叶朗:《中国美学史大纲》,上海人民出版社1985年版,第4页。

臣之所好者道也，进乎技矣。始臣之解牛之时，所见无非牛者。三年之后，未尝见全牛也。方今之时，臣以神遇而不以目视，官知止而神欲行。依乎天理，批大郤，导大窾，因其固然。……彼节者有间而刀刃者无厚；以无厚入有间，恢恢乎其于游刃必有余地矣。……动刀甚微，謋然已解，如土委地。提刀而立，为之四顾，为之踌躇满志，善刀而藏之。

庖丁解牛已超越技术而达致艺术的境界，能给人带来美的享受。庖丁能做到这一点是因为他"好者道也，进乎技矣"。他对牛的身体结构有最细致的了解，对解牛的规律有最深刻的把握，从而使解牛变得随心所欲，如入自由之境。文学创作同样如此，好的作品需要技术又必须超越技术，超越技术的部分即体现了"道"。相对而言，"道"统摄"技"，前者是文学艺术更本源、更本质、更上位的追求，后者是实现这一追求的手段与工具。

本书选择了八个中国美学的范畴。道的层面："境"、"神"、"气"、"和"；技的层面："真"、"朴"、"韵"、"远"。之所以选这几个方面，考虑了全面性与系统性，这些范畴构成了中国传统审美的基本框架，自古至今一脉相承，持续沉潜在中国人的审美意识中，中国文学的创作与赏析直接而强烈地受到这些美学理念的影响，是文学文本审美分析的重要基础与背景。①

● "道"的层面

《老子》说："道生一，一生二，二生三，三生万物。"（四十二章）"道生之，德畜之，物形之，势成之。是以万物莫不尊道而贵德。"（五十一章）"道"是世界的本源与本质，生化万物、运作万物。

道生发和主宰了世间的一切，当然也包括文学，有生命力的文学作品一定依从了道的规定性，是道的产物、道的体现。道不可见闻，但它又以某种形式（如象）表现出来——"道之为物，惟恍惟惚。惚兮恍兮，其中有象；恍兮惚兮，其中有物。窈兮冥兮，其中有精，其精甚真，其中有信"（《老

---

① 陈望衡：《中国古典美学史》，湖南教育出版社1998年版。

子》二十一章）。文学凭借道的化身——形象——表达情感、表现美，好的文学形象蕴含"精"、"真"、"信"，这是道的体现，反映了"天地万象"，能塑造出如此形象的文学才是"至文"。我们可以从"境"、"神"、"气"、"和"四个方面理解"道"在文学中的表现，这也是从"道"的层面品评文学之美的四个维度。

1. 境

"秦时明月汉时关，万里长征人未还"，"明月松间照，清泉石上流"，"举杯邀明月，对影成三人"，这样的文字不仅意象鲜明，更让人感觉意味玄远，即"有意境"——中国艺术赏析中的高级审美指向。用"境"表达感觉经验古已有之，《庄子·逍遥游》说，"定乎内外之分，辩乎荣辱之境"，这是由疆界的本义引申而指抽象体验的最初用例。至佛教传入中国，精通玄学的僧侣们用取自《庄子》的"境"来指称意识的等级。① 佛教认为作为意识之域的"境"是一种幻象，这使"境"与"象"有了区别——它源自物象又被心意点染，"境"因这种点染而实现对"象"的超越。唐代诗僧皎然《诗议》说，"夫境象不一，虚实难明"。象是具体的、有限的事物的映像，境则是自然、宇宙、人生的整幅图景。境源自象，却从具实幻化为虚空，从有限升华到无限。刘禹锡《董氏武陵集纪》说"境生于象外"，"诗者，其文章之蕴邪! 义得而言丧，故微而难能，境生于象外，故精而寡和"，对境的内涵及其与象的关系作了很好的界定。

《老子》有云："玄之又玄，众妙之门。"（一章）明代沈一贯的《老子通》曰："凡物远不可见者，其色黝然，玄也。大道之妙，非意象形称之可指，深矣，远矣，不可极矣，故名之曰玄。"玄与道通，上面三句诗文之所以有意境，是因为它们体现了"道"——基于意象而又超越了意象——"非意象形称之可指"，因而"深矣"、"远矣"而"不可极矣"。从审美的角度看，有意境的文字给人以最深刻的美感。面对一个特别美的景观，人们会感慨这是"仙境"，神仙的处所谁都没有见过，何谓仙境? 仙境是相对实境而

---

① 蒋寅:《原始与会通:"意境"概念的古与今》，《北京大学学报》2007年第3期，第18—19页。

说的，实境是象，仙境就是象外之象，这是一种承载了巨大美感的幻象。南宋严羽在谈到"盛唐诸人惟在兴趣"时提出一种诗的境界："故其妙处透彻玲珑，不可凑泊，如空中之音，相中之色，水中之月，镜中之象，言有尽而意无穷。"（《沧浪诗话·诗辨》）这就是中华美学很看重的空灵之美。意境之所以高于意象，就在于它比意象空灵，比意象极远，充满"道"的意味。相对而言，文本中的形象是"有"、"实"，意境则是"无"、"虚"，一个作品从有限的、实在的象升华到无限的、虚空的境而近"道"，可谓"大音希声"、"大象无形"，从而承载更深刻的情感、表现更本质的美。

六朝宗炳在《画山水叙》中说："圣人含道应物，贤者澄怀味象。"顶级艺术品中的形象是道的体现，能够升华为"大音"、"大象"。司空图引戴叔伦的话："诗家之景，如蓝田日暖、良玉生烟，可望而不可置于眉睫之前也。"司空图的这种诗学思想又被欧阳修、梅尧臣进一步发挥："必能状难写之景如在目前，含不尽之意见于言外，然后为至矣。"（欧阳修《六一诗话》引梅尧臣语）这些观点清楚地表明，好的文学作品中的艺术形象要有可被超越、升华的空间，从而提供意境层面的审美体验。

王国维在《人间词话》中说："'红杏枝头春意闹'，着一'闹'字而境界全出；'云破月来花弄影'，着一'弄'字而境界全出矣。""闹"和"弄"显示了作者的功力，其中蕴含的精妙的情意点染了红杏与花影，使得目前之景象幻化为蕴含不尽情意之意境，让人看到极富美感的"象外之象"。王国维还说："'明月照积雪'、'大江流日夜'、'中天悬明月'、'黄河落日圆'，此种境界，可谓千古壮观。"这些诗句为何"千古壮观"？明代柴绍炳有一段词论："语境则咸阳古道、汴水长流；语事则赤壁周郎、江州司马；语景则岸草平沙、晓风残月；语情则红雨飞愁、黄花比瘦。"[①]王国维列举的这些诗句不仅语情、语景，更是在语境，这样的文字因隽永、因表现"道"之真而千古壮观。

王昌龄在《诗格》中把"境"分为三类："物镜"、"情境"、"意境"。

[①] 王又华：《古今词论》，见唐圭璋：《词话丛编》，中华书局1986年版，第608页。

诗有三境。一曰物境：欲为山水诗，则张泉石云峰之境，极丽绝秀者，神之于心，出身于境，视境于心，莹然掌中，然后用思，了然境象，故得形似。二曰情境：娱乐愁怨，皆张于意而处于身，然后驰思，深得其情。三曰意境：亦张之于意而思于心，则得其真矣。

物境形似，情境感人，意境则"超乎象外，得其环中"（司空图《诗品·雄浑》），能让人"得其真"，能让人获得超越形象感知和情感共鸣的妙悟与美感。上述被王国维评价为"千古壮观"的诗句之所以有境界，就是因为这些诗句"得其真"，触及世界和人心中本质、深刻、永恒的问题与情意。

作家塑造文学形象由情意驱动，其功力则体现在造象过程中的选择、裁切、组合、变形，二者的交融即是"外师造化，中得心源"（唐代画家张璪语），达至体现"道"的境界。例如，鲁迅在《故乡》中写道：

这时候，我的脑里忽然闪出一幅神异的图画来：深蓝的天空中挂着一轮金黄的圆月，下面是海边的沙地，都种着一望无际的碧绿的西瓜，其间有一个十一二岁的少年，项带银圈，手捏一柄钢叉，向一匹猹尽力的刺去，那猹却将身一扭，反从他的胯下逃走了。

鲁迅在《故乡》中描写的那个少年是闰土，又不是闰土；那金黄的圆月照耀着彼时，也照耀着此时；从闰土胯下逃走的猹逃向瓜园深处，似乎又来到我们脚下……时空交错、虚实交织、远近变幻，这样的文字构成的意境真如文中所说，是"一幅神异的图画"。教师要高度重视这样有意境的文字，它承载了复杂而极富韵味的情感，给人带来莫名而深刻的感动，不同年龄、背景、境遇的人都能从中获得强烈的美感。正如李泽厚所说，"艺术的生命、美的秘密就在于——有限的偶然的具体形象里充满了那生活本质的无限、必然的内容，正可谓'微尘中有大千，刹那间见终古'"。[1] 文字不仅呈现了微尘和刹那之象，而且能生发、幻化象外之象，从而让人看到大千世

---

[1] 李泽厚：《美学论集》，上海文艺出版社1980年版，第324页。

界、终古情怀。

2. 神

《庄子·达生》中，"梓庆削木为鐻，鐻成，见者惊犹鬼神"。这个世界上谁都没有见过鬼神，为何人们认为此鐻犹如鬼神所做？

明代王骥德在论戏曲美时说：

> 意新语俊，字响调圆，增减一调不得，颠倒一调不得；有规有矩、有色有声，众美具矣！而其妙处，政不在声调之中，而在句字之外。……不在快人，而在动人。此所谓"风神"，所谓"标韵"，所谓"动吾天机"。不知所以然而然，方是神品，方是绝技。（《曲律·论套数》）

"增减一调不得，颠倒一调不得"，这不就是梓庆之鐻显现的只有"鬼斧神工"才能做到的恰到好处吗？这样的作品才能称作"神品"，有无限的"风神"，"不在快人，而在动人"，能给人以最深刻的感动和妙悟。

"神"与"道"关系密切。《老子》有云，"大音希声，大象无形，道隐无名"（四十一章），"视之不见，名曰夷；听之不闻，名曰希；搏之不得，名曰微"（十四章），这不正是"神"的特征吗？因此，可将"神"看作"道"的表现，或得道之物的特征与状态。梓庆所做之鐻和王骥德所论之"神品"是"象"，更是"大象"，即象之极致，终现神迹。

《老子》说："人法地，地法天，天法道，道法自然。"（二十五章）优秀的文学作品因法道、法自然而犹如鬼斧神工，是道之体现，是自然之产物。《庄子·养生主》中庖丁说其解牛"依乎天理"，"以神遇而不以目视，官知止而神欲行"，如此而"以无厚入有间，恢恢乎其于游刃必有余地矣"。庖丁解牛、梓庆削木为鐻、王骥德所谓"动吾天机"之戏曲都是"神遇"，都"依乎天理"，皆如天工而现神迹。

神是道的体现，人们之所以敬鬼神、希望听到其召唤与启示，是因为人们认为鬼神为道代言，掌握着最终极、最深奥的秘密。卓越的文学作品——神品——显露神迹，有如神助，仿佛是鬼神借作者的笔所作。大画家石涛说："山川使予代山川而言也。……山川与予神遇而迹化也。"（《石涛画语录·山川》）文学要反映世界的本真，而这本真原本只有鬼神才了解、把握，只有王德之人才能"立之本原而知通于神"（《庄子·天地》），因此，在中国传统审美中，有"神"的文学作品最值得追求和赞赏。

前述与"境"相对的是"象"，而与"神"相对的"形"——神以"形"为载体。《庄子·天地》有云：

夫王德之人，素逝而耻通于事，立之本原而知通于神，故其德广。……视乎冥冥，听乎无声。冥冥之中，独见晓焉；无声之中，独闻和焉。故深之又深而能物焉；神之又神而能精焉。

在这段话中，庄子谈到了神与形的关系。"耻通于事"中的"事"指具体的事物、现象，"本原"、"精"则是事物和现象的本质。本质存在于无声的冥冥之中，王德之人能透过事物的表象看到事物的本质——"深之又深"、"神之又神"——而"能精焉"。西汉《淮南子》一书最早将形神问题与艺术表现联系起来。《淮南子·说山训》讲："画西施之面，美而不可说，规孟贲之目，大而不可畏，君形者①亡焉。"绘画要摹写人物，可是描绘出的美女无法引人怜爱，勾画出的勇士不能令人畏惧，究其原因，乃在于仅得其"形"而失其"神"——未能准确揭示和表现出人物内在的精神气质——有形无神的艺术形象不精不深，无法给人以深切的感动。《淮南子》特别强调"神"对"形"的统摄和主宰作用："神贵于形也。故神制则形从，形胜则神穷"（《诠言训》）；"以神为主者，形从而利；以形为制者，神从而害"（《原道训》）。汉代思想家司马谈对于"形"、"神"的关系作了进一步界定，他说："凡人所生者神也，所托者形也。……神者，生之本也；形者，生之具也。"（《论六家要旨》）此谓确评，说明了神与形的关系——文学创作乃至世间万物，神是本，形是末。

关于形神关系的理解可以追溯到《庄子·外物》："筌者所以在鱼，得鱼而忘筌；蹄者所以在兔，得兔而忘蹄；言者所以在意，得意而忘言。"王

---

① 君是主宰的意思，形指有形之物，君形者就是主宰形的"神"（指精神或心理）。

弼进一步发挥了庄子"得意忘言"的观点，提出"得意忘象"的命题，他在《周易略例·明象》中说：

> 夫象者，出意者也；言者，明象者也。尽意莫若象，尽象莫若言。言生于象，故可以寻言以观象；象生于意，故可以寻象以观意。意以象尽，象以言著。故言者，所以明象，得象而忘言；象者，所以存意，得意而忘象。……象生于意而存象焉，则所存者乃非其象也；言生于象而存言焉，则所存者乃非其言也。然则，忘象者，乃得意者也；忘言者，乃得象者也。得意在忘象，得象在忘言。故立象以尽意，而象可忘也；重画以尽情伪，而画可忘也。

表达至真、至精之情的文学是神品，对于这样的作品，形式只是载体和工具，有"神"的存在，形式就完成了"任务"，可以退居次要的位置乃至被"忘掉"。换言之，形式被忽略而有神的作品才是好作品。张载在《正蒙·太和篇》中将这一观点表达得更为鲜明："万物形色，神之糟粕。"王夫之对此句的注解是："生而荣，如糟粕之含酒醴；死而槁，如酒醴尽而糟粕存；其究糟粕亦有所归，归于神化。"（《张子正蒙注·太和》）如同"象"升华为"境"，"神"也是"形"升华的结果。这样的论述不仅澄清了神对形的统摄意义，还特别强调了不要过分追求形，甚至要有意识地将对形式的追求压抑到最低限度，避免出现"形胜则神穷"的现象。这一主张与后面"技"的层面谈到的"朴"有关，即中国传统审美赞赏在艺术创作时以最朴素的方式表情达意。

张载对"神"与"辞"的关系进行了分析，他说："形而上者，得辞斯得象矣。神为不测，故缓辞不足以尽神；化为难知，故急辞不足以体化。"（《正蒙·神化篇》）"形而上者"即"神"，神是无形的，当它用文辞来表达时，它就以"象"的形式表现出来。然而，神又是不可测的，变化无穷，难以用语言表达。王夫之对此有注："不测者，有其象，无其形，非可以比类广引而拟之。"（《张子正蒙注·神化》）"神"大于辞，超越辞，不论是"缓辞"、"急辞"都难以描述神的"不测"与"难知"，张载之论揭示出一个重要的美学规律，即"意在言外"，"神在象外"。如司马光说："古人为诗，贵于意在言外使人思而得之。"(《温公续诗话》)明代彭辂亦云:"盖诗之所以为诗者,其神在象外,其象在言外,其言在意外。"(《诗集自序》)

结合上述论述,我们应愈加明确神的"君形者"的地位。《淮南子·说林训》说:"使但吹竽,使工厌窍,虽中节而不可听。无其君形者也。"让倡优吹竽,却叫乐工给他按孔,即使节奏音调没问题,这样的音乐也是没有灵魂而"不可听"的。让艺术形象有神、有灵魂,这是艺术创作的无上追求。清代画家沈宗骞在《芥舟学画编》中谈到:"天下之人,形同者有之,貌类者有之,至于神,则有不能相同者矣。"一人一物、一草一木都有自己独一无二的"神",就像"画龙点睛"一样,最后这一"点"不只是增加了一道工序,而是像化学反应,使得整个龙的形象发生了质变——有了神气。真正有神的作品不是靠套路实现的,一个画家每次点睛即使看起来画法一样,置于整个龙身中最后却有不同的效果——每条被点睛的龙都有自己的"神",都与众不同。

如何创作出有神的文艺作品?东晋顾恺之在画论中明确提出了"以形写神"、"传神"的概念。他在《魏晋胜流画赞》中评论《小烈女》一画说:"刻削为容仪,不尽生气。"顾恺之认为,好画必须"传神","传神写照"要求把人放在同他的个性和生活情调相适应的环境中加以表现。《世说新语·巧艺》有两则故事说明了这一点:

顾长康画裴叔则,颊上益三毛。人问其故,顾曰:"裴楷俊朗有识具,正此是其识具。"看画者寻之,定觉益三毛如有神明,殊胜未安时。

顾长康画谢幼舆在岩石里。人问其所以,顾曰:"谢云:'一丘一壑,自谓过之。'此子宜置丘壑中。"

高明的艺术家有一双慧眼,能够准确地发现和选择某种形式,借此将神"注入"到艺术形象中,这种神奇的效果带来极大的审美愉悦。神不是一般的精神,而是一个人的风神、风韵、风姿,即一个人的个性和生活情调。神不是形的累加,也不是有了某种形象就对应某种神气。艺术家塑造传神的形象,要选择能表现其个性的独特的素材,如黑格尔所说:"把每一个形象的看得见的外表上的每一个点都化成眼睛或灵魂的住所，使他的心灵显现出来。"①

一个人长什么样子、住在哪里，这些都是形式，但某些特定的形式如"颊上三毛"、"置丘壑中"却能够反映一个人的本质，具备了这些形式，整个形象看起来就"如有神明"。

相比较而言，文学理论中抑"形"扬"神"明显迟于绘画理论。晚唐司空图提出了"离形得似"之说（《二十四诗品·形容》），"传神"或"神似"的观念才真正在文学理论中确立了自己的地位。自宋代，论诗时重视"传神"成为人们的共识，这一点在对咏物诗的评论中体现得更为突出。② 具体到文学创作中，塑造有神的形象最关键的就是刻画出这个形象独特的个性与本质。以描摹人物而言，表现一个人的精神气质更能显现其本质，显现其独特和动人之处。换言之，文学要描摹一个人，一定是这个人的某种内在的、稳定的、独特的、本质的东西打动了作者，作者同样希望将这样的特质用文字来展现以打动读者。因此，文学创作可看作将"神"注入"形"的过程，形象之所以传神是因为它体现了事物的个性、品格、精神、气质，文学形象因为有了这些特质而有了"神气"和灵魂。

3. 气

"水是眼波横，山是眉峰聚"（王观《卜算子·送鲍浩然之浙东》）。水为何能与眼波、山为何能与眉峰联系在一起，而且能够让人感动？回答这个问题，就要谈到中国传统审美中的"气"。张载说："气本之虚则湛一无形，感而生则聚而有象。"（《正蒙·太和篇》）山水进入人的感官，使人感动并形成被寄托了情意的形象，这样的形象蕴含的气联通并激荡了人心中的气，从而使人感动。

被称作"群经之首"的《周易》，从哲学的高度概括了天、地、人"三才"的生存及变化规律，其一元本体便是气。③ 张岱年说："西洋哲学中之原

---

① 黑格尔：《美学（第一卷）》，商务印书馆 1979 年版，第 197—198 页。
② 杨铸：《中国古代艺术形神观念研究》，《北京社会科学》1998 年第 3 期，第 87 页。
③ 陈竹：《中国古代气论文学观》，华中师范大学出版社 1995 年版，第 3 页。

子论，谓一切皆由微小固体而成；中国哲学中元气论，则谓一切固体皆是气之凝结。亦可谓适成一种对照。"①依古代元气观，天、地、人及世界万物皆为"气"所生。汉末经学家何休在《公羊传解诂·隐公元年》中说："元者，气也。无形以起，有形以分，造起天地，天地之始也。"《孟子·公孙丑上》有云："气，体之充也。"《管子·心术》则云："气者，身之充也。"《庄子·知北游》说："人之生，气之聚也；聚则为生，散则为死。"从这些文字可以看出，"气"与"道"通，同样是事物的本质与本源，世间万物有了"气"才有神，才有生命力，才生动活泼。正如《淮南子·原道训》所说："夫形者，生之舍也；气者，生之充也；神者，生之制也。"

"气"与文学如何产生关联？文学功能的发挥要依赖文学形象，而好的文学形象都含气、贯气，即"凡象皆气"。张载说："所谓气也者，非待其蒸郁凝聚，接于目而后知之；苟健顺、动止、浩然、湛然之得言，皆可名之象尔。然则象若非气，指何为象？"（《正蒙·神化篇》）"象"是"气"（聚）的产物，文学创作就是"聚气成象"的过程。王夫之在《张子正蒙注》中注"凡象皆气也"："使之各成其象者，皆气所聚也，故有阴有阳，有柔有刚，而声色、臭味、性情、功效之象著焉。"（《张子正蒙注·可状篇》）又注"气之聚散于太虚，犹冰凝释于水，知太虚即气，则无无"："人之所见为太虚者，气也，非虚也。虚涵气，气充虚，无有所谓无者。"（《张子正蒙注·太和篇》）这些言论说明了"气"生"象"、"象"含"气"的道理，此观点对文学创作影响极大——好的文学形象必定是含"气"的，而且"气"的强弱、高下、精粗决定了文学形象的品质。这正如叶燮在《原诗》中所说："三者（理、事、情——作者注）藉气而行者也。得是三者，而气鼓行于其间，絪缊磅礴，随其自然所至即为法，此天地万象之至文也。"刘熙载说，"文得元气便厚"（《艺概·文概》）。好的文学作品气象万千是因为气之生动，文学形象的动人是因其内在的气在鼓动、在摇荡。在这个意义上"气"与"神"相通，所以"神气"是一个常见的表达。

---

① 张岱年：《中国哲学大纲》，中国社会科学出版社1982年版，第64页。

在艺术领域，"气"还强调其情感属性及其在形象与情动之间的介质意义。清代章学诚在《文史通义·史德》中说：

盖事不能无得失是非，一有得失是非，则出入予夺，相奋摩矣，奋摩不已，而气积焉；事不能无盛衰消息，一有盛衰消息，则往复凭吊，生流连矣，流连不已，而情深焉。凡文不足以动人，所以动人者，气也；凡文不足以入人，所以入人者，情也。气积而文昌，情深而文挚，气昌而情挚，天下之至文也。

章学诚的这段话提示气与情之间有极紧密的关联："所以动人者，气也"，"人生情而气积"，"气积而文昌，情深而文挚，气昌而情挚"，浓烈真挚的情化为充沛感人的气，蕴含此情此气的文字才能动人。

"气"的重要意义不仅在于它是情——所有艺术表现的核心——的共生体，还在于它说明了艺术作品打动读者的机制，即所谓的"气之动人"。文字中的气（情感）调动与激发了读者的气（情感），二者相互感应、相互激荡，这就是所谓的"二气感应"——"感者，动也；应者，报也；皆先者为感，后者为应"（孔颖达《周易正义》）。读者面对文学作品的感动正是对作品中气的感应与回馈。《周易正义》有云："结叹咸道之广，大则包天地，小则该万物。感物而动，谓之情也。天地万物皆以气类共相感应，故观其所感，而天地万物之情可见矣。"因"感"而动情，对所感之情的描摹和表达构成了艺术，而文学作品之所以具有审美效应，同样是因为"气之感人"，即如钟嵘所说："气之动物，物之感人，故摇荡性情，形诸舞咏。"（《诗品序》）

从审美的角度看，文学作品的好坏取决于文学形象蕴含的"气"的品质，以及这气激荡读者心中之气的可能性，即二者的"频率"是否合拍。这就像一个齐步走的队伍经过一座桥，如果走步的频率与桥自身固有的共振频率相同，就会引起这座桥激烈的震荡。前述叶燮说理、事、情三者"总而持之，条而贯之者，曰气"，依此观点，气不仅是情的产物，它还贯通、统摄了理、事、情，显现了文字的总体风貌。唐代李德裕在《文章论》中表达了同样的观点：

> 然气不可以不贯，不贯则虽有英辞丽藻，如编珠缀玉，不得为全璞之宝矣。鼓气以势壮为美，势不可以不息，不息则流宕而忘返。亦犹丝竹繁奏，必有希声窈眇，听之者悦闻；如川流迅激，必有洄洑逶迤，观之者不厌。

文章没有"气"就没有神、没有灵魂，纵然有美丽的辞藻也必不能感人。文章的气要连贯、和谐，要有力有气势，而且这气势如水流洄洑跌宕，持续地、有起伏地给予读者以情感的震荡，这样的文章才是充溢着动人情感的至文。

"气"将文学作品与作者及其创作过程联系起来，这是"气"论另一个值得注意的地方。

庄子提出的"神"是道家修养的最高境界，孟子提出的"气"是儒家修养的最高境界。[①] 孟子的"知言说"将文辞与"气"关联起来："我知言；我善养吾浩然之气。"（《孟子·公孙丑上》）孟子解释何为"浩然之气"："其为气也，至大至刚；以直养而无害，则塞于天地之间。其为气也，配义与道；无是，馁矣。是集义所生者，非义袭而取之也。行有不慊于心，则馁矣。"（同上）公孙丑问孟子"何谓知言"，孟子云："诐辞知其所蔽，淫辞知其所陷，邪辞知其所离，遁辞知其所穷。"（同上）这与《周易·系辞下》所谓"将叛者其辞惭，中心疑者其辞枝"是同样的意思——听其言而窥其心、知其人。孟子进一步阐释了言辞和人的"神气"之间的关系："存乎人者，莫良于眸子，眸子不能掩其恶。胸中正，则眸子了焉；胸中不正，则眸子眊焉。听其言也，观其眸子，人焉廋哉！"（《孟子·离娄上》）从眸子和言辞都能看到一个人的"神气"，由此"言"与"人"产生了一致性的关联，这就是所谓的"文如其人"——个体的"气"蕴含在文字中，与文字的气是一致共生的。

养气说对后世文学影响甚深。韩愈有云："气盛则言之短长与声之高下

[①] 郭绍虞：《中国文学批评史（上册）》，商务印书馆2010年版，第34页。

者皆宜。"(《答李翊书》)苏轼说:"文者气之所形,……孟子曰'我善养吾浩然之气',今观其文章,宽厚弘博,充乎天地之间,称其气之小大。"(《上枢密韩太尉书》)这些说法都通过"气"将文学作品与作者关联起来。这些关于"气"的说法带有价值判断的意味,与个人的修养乃至人格品质有关联。文学作品中还有一种"气",只有类型的区分而不涉及价值判断。如曹丕说:"文以气为主,气之清浊有体,不可力强而致。譬诸音乐,曲度虽均,节奏同检,至于引气不齐,巧拙有素,虽在父兄,不能以移子弟。"(《典论·论文》)清、浊、巧、拙,这是无关价值判断和高低优劣的不同的文字风格,受艺术家的先天气质的影响更大。①

有研究者综合各家之论,将中国传统文化中的"气"概括为三:一指天地本根之气,即宇宙之气;二指人体生命之气,即生理之气;三指精神活动之气,即精神之气。②这三种气灌注于文学作品,形成了与"气"相关的诸多审美范畴:血气、精气、元气、禀气、志气、养气、气势、意气、气象、行气、神气、炼气等等。从文学理论、文学审美的角度来看,这些范畴对应着文学的内容、形式、修辞、风格以及作者的气质和人格。刘勰在《文心雕龙》中非常多地运用了"气"的概念,我们可以从中体会"气"在中国古典美学中多重、多向的审美意义。《风骨》、《养气》和《体性》篇包含最多有关"气"的论述。

《风骨》篇中的相关内容如下:

《诗》总六义,风冠其首,斯乃化感之本源,志气之符契也。

故辞之待骨,如体之树骸;情之含风,犹形之包气。结言端直,则文骨成焉;意气骏爽,则文风清焉。

是以缀虑裁篇,务盈守气,刚健既实,辉光乃新。

思不环周,索莫乏气,则无风之验也。

相如赋仙,气号凌云,蔚为辞宗,乃其风力遒也。情与气偕,辞共体并。

---

① 刘靓:《"气之清浊有体"之"浊"义辨析》,《人文杂志》2014年第5期,第63—69页。
② 陈竹:《中国古代气论文学观》,华中师范大学出版社1995年版,第7页。

（曹丕）论孔融，则云"体气高妙"；论徐干，则云"时有齐气"；论刘桢，则云"有逸气"。公干亦云："孔氏卓卓，信含异气；笔墨之性，殆不可胜。"并重气之旨也。

鹰隼乏采，而翰飞戾天，骨劲而气猛也。

《养气》篇中有关"气"的内容如下：

率志委和，则理融而情畅；钻砺过分，则神疲而气衰。

凡童少鉴浅而志盛，长艾识坚而气衰，志盛者思锐以胜劳，气衰者虑密以伤神。

于是精气内销，有似尾闾之波；神志外伤，同乎牛山之木。

故宜从容率情，优柔适会。若销铄精胆，蹙迫和气，秉牍以驱龄，洒翰以伐性。

以吐纳文艺，务在节宣，清和其心，调畅其气，烦而即舍，勿使壅滞。

《体性》篇中有关"气"的内容如下：

然才有庸俊，气有刚柔，学有浅深，习有雅郑。

故辞理庸俊，莫能翻其才；风趣刚柔，宁或改其气；事义浅深，未闻乖其学；体式雅郑，鲜有反其习。

才力居中，肇自血气；气以实志，志以定言，吐纳英华，莫非性情。

仲宣躁竞，故颖出而才果；公干气褊，故言壮而情骇。

以下是《文心雕龙》中其他各篇中有关"气"的论述：

精理为文，秀气成采。（《征圣》）

（离骚）气往轹古，辞来切今，惊采绝艳，难与并能矣。（《辨骚》）

（建安之初）慷慨以任气，磊落以使才。（《明诗》）

志感丝篁，气变金石。（《乐府》）

始立乐府，总赵代之音，撮齐楚之气。（《乐府》）

至于魏之三祖，气爽才丽。（《乐府》）

若夫臧洪歃辞，气截云蜺。(《祝盟》)

智术之子，博雅之人，藻溢于辞，辩盈乎气。(《杂文》)

宋玉含才，颇亦负俗，始造对问，以申其志，放怀寥廓，气实使文。(《杂文》)

列御寇之书，气伟而采奇。(《诸子》)

吕氏鉴远而体周，淮南泛采而文丽：斯则得百氏之华采，而辞气之大略也。(《诸子》)

故授官选贤，则义炳重离之辉；优文封策，则气含风雨之润。(《诏策》)

使声如冲风所击，气似欃枪所扫。(《檄移》)

必事昭而理辨，气盛而辞断。(《檄移》)

法家辞气，体乏弘润。(《封禅》)

至如文举之荐祢衡，气扬采飞；孔明之辞后主，志尽文畅。(《章表》)

故位在鸷击，砥砺其气，必使笔端振风，简上凝霜者也。(《奏启》)

总法家之裁，秉儒家之文，不畏强御，气流墨中。(《奏启》)

及后汉鲁丕，辞气质素，以儒雅中策，独入高第。(《议对》)

及七国献书，诡丽辐辏；汉来笔札，辞气纷纭。(《书记》)

子云之答刘歆，志气槃桓，各含殊采。(《书记》)

言以散郁陶，托风采，故宜条畅以任气，优柔以怿怀。(《书记》)

神居胸臆，而志气统其关键；物沿耳目，而辞令管其枢机。(《神思》)

方其搦翰，气倍辞前，暨乎篇成，半折心始。(《神思》)

桓谭疾感于苦思，王充气竭于思虑。(《神思》)

从质及讹，弥近弥澹，何则？竞今疏古，风味气衰也。(《通变》)

凭情以会通，负气以适变。(《通变》)

声合宫商，肇自血气，先王因之，以制乐歌。(《声律》)

韵气一定，则余声易遣；和体抑扬，故遗响难契。(《声律》)

若气无奇类，文乏异采，碌碌丽辞，则昏睡耳目。(《丽辞》)

至如气貌山海，……莫不因夸以成状，沿饰而得奇也。……于是后进之才，奖气挟声，轩翥而欲奋飞，腾掷而羞蹐步。……言必鹏运，气靡鸿渐。

(《夸饰》)

"朔风动秋草，边马有归心"，气寒而事伤，此羁旅之怨曲也。(《隐秀》)

情志为神明，事义为骨髓，辞采为肌肤，宫商为声气。(《附会》)

数逢其极，机入其巧，则义味腾跃而生，辞气丛杂而至。(《总术》)

(建安文学) 并志深而笔长，故梗概而多气也。(《时序》)

春秋代序，阴阳惨舒，物色之动，心亦摇焉。盖阳气萌而玄驹步，阴律凝而丹鸟羞，微虫犹或入感，四时之动物深矣。若夫珪璋挺其惠心，英华秀其清气，物色相召，人谁获安？(《物色》)

写气图貌，既随物以宛转；属采附声，亦与心而徘徊。(《物色》)

枚乘之《七发》，邹阳之《上书》，膏润于笔，气形于言矣。(《才略》)

孔融气盛于为笔，祢衡思锐于为文，有偏美焉。(《才略》)

嵇康师心以遣论，阮籍使气以命诗。(《才略》)

夫肖貌天地，禀性五才，拟耳目于日月，方声气乎风雷。(《序志》)

由上述文字我们可以看到"气"多么广泛地被用于中国传统文学批评，这对我们理解中国传统审美中的"气"大有帮助。《文心雕龙》中"气"与其他文字组成词，还有大量对偶和排比句，使得"气"与其他概念形成关联或对比，从而使我们能够更清晰、深入地了解"气"的内涵与外延。

4. 和

唐代诗僧皎然在《诗式》中论诗有"四不"、"二要"、"二废"、"四离"、"七至"诸条：

气高而不怒，怒则失于风流；力劲而不露，露则伤于斤斧；情多而不暗，暗则蹶于拙钝；才赡而不疏，疏则损于筋脉。

要力全而不苦涩，要气足而不怒张。

虽欲废巧尚直，而思致不得置；虽欲废词尚意，而典丽不得遗。

虽期道情而离深僻，虽用经史而离书生，虽尚高逸而离迂远，虽欲飞动而离轻浮。

至险而不僻，至奇而不差，至丽而自然，至苦而无迹，至近而意远，至放而不迂，至难而状易。

此诗论有一个值得注意的地方，即指出文学创作时要寻求多个因素之间的制约、协调与平衡。这不仅是对诗歌创作而且是对所有文艺创作的要求，也反映了中国传统审美价值观——"和"。

《老子》有云："万物负阴而抱阳，冲气以为和。"（四十二章）有生命力的、优美的事物一定是阴阳诸因素的对立统一、相辅相成。艺术品同样如此，《礼记·乐记》说："地气上齐，天气下降，阴阳相摩，天地相荡，鼓之以雷霆，奋之以风雨，动之以四时，暖之以日月，而百化兴焉。如此则乐者天地之和也。"文学和音乐一样，优秀的作品都应当是天地之和、阴阳之和、多种对立统一因素之和。

《左传·昭公二十年》记载有晏子与齐侯讨论"和"、"同"的文字：

公曰："和与同异乎？"对曰："异"。和如羹焉，水、火、醯、醢、盐、梅，以烹鱼肉，燀之以薪，宰夫和之，齐之以味；济其不及，以泄其过。……先王之济五味，和五声也，以平其心，成其政也。声亦如味，一气、二体、三类、四物、五声、六律、七音、八风、九歌，以相成也；清浊、小大、短长、疾徐、哀乐、刚柔、迟速、高下、出入、周疏，以相济也。

这段话非常生动、深刻地说明了诸多相异的因素因"相济"而处于"和"的状态。简言之，"和"是对立的因素经过恰当的调和，呈现出统一与和谐的状态——这给人带来极大的美感。"和"的本质是"相成"和"相济"，"相成"是不同质的渗入，"相济"是相反质的组合；前者使"和"的内涵更丰富，后者则会产生奇特的效果——不仅使质的对立更鲜明、更强烈、更有生命力，而且新质得以产生——"一加一大于二"。文学中同样存在诸多对立统一的因素：天地、乾坤、阴阳、刚柔、上下、内外、大小、损益、泰否、消长、尊卑、顺逆、始终、动静、明晦、本末、强弱等等，善于认识、把握这些因素而"致其和"则是表达复杂、幽微情感的关键，也是文学评价和审美的重要标准。

在艺术创作中,"和"不是被动、盲目地将各种事物杂糅在一起,而是有意识、有策略地在把握事物基本性质的基础上,通过对比、映照、互补揭示事物的本质,塑造富有张力和审美意味的文学形象,表达深远而动人的情意。如《礼记·乐记》所说:"五色成文而不乱,八风从律而不奸,百度得数而有常。小大相成,终始相生;倡和清浊,迭相为经。"《老子》有云:"天下皆知美之为美,斯恶已;皆知善之为善,斯不善已。有无相生,难易相成,长短相形,高下相盈,音声相和,前后相随。恒也。"(二章)"知其雄,守其雌;知其荣,守其辱;知其白,守其黑。"(二十八章)某个事物的属性和意义往往有赖于其对立面的存在,这对文学的启示在于,要想塑造一个富有生命力的形象,就要善于选择相异的因素达至调和的状态。例如,塑造一个英雄的刚强,就要着力展现其柔情——对家人、对家园的爱和眷恋,这样他的刚强才有意义,这样的人物形象才丰满、可信、动人,否则就会成为单调苍白的一介莽夫的形象。

从文字表达的情感及其表现力来看,"和"同样重要。刘熙载在《艺概·文概》中赞赏韩愈的文字:"文或结实,或空灵,虽各有所长,皆不免著于一偏。试观韩文,结实处何尝不空灵,空灵处何尝不结实?"空灵与结实二者互为背景,突出了对方的存在,两种风格看起来是对立的,但高超的写作技巧实现了二者之"和"。南朝沈约在《宋书·谢灵运传论》中说:"夫五色相宜,八音协畅,由乎玄黄律吕,各适物宜,欲使宫羽相变,低昂舛节,若前有浮声,则后须切响。一简之内,音韵尽殊;两句之中,轻重悉异。妙达此旨,始可言文。"好的文学作品就像悦耳的音乐,作家要善于把握文字的起伏、强弱、高低、轻重,使文字"负阴抱阳",呈现富有张力和想象空间的情感意蕴。

"和"与"中"相连形成"中和"的审美观,而"中"是中国传统尤其是儒家的审美主张。从审美的角度看,"中"说明了"和"的价值与效果。《论语》有云:"咨,尔舜!天之历数在尔躬,允执其中。"杨伯峻将这"中"

释为"最合理而至当不移"。①《论语》中有一段子贡与孔子的对话,虽没有"中"这个字,但实际上说的是"中":"子贡问:'师与商也孰贤?'子曰:'师也过,商也不及。'曰:'然则师愈与?'子曰:'过犹不及。'"(《论语·先进》)"过犹不及"就是提醒人们不要失去"中"的状态。《中庸》有云:"喜怒哀乐之未发谓之中,发而皆中节谓之和。中也者,天下之大本也,和也者,天下之达道也。致中和,天地位焉,万物育焉。"事物中的各因素不过分、不僭越,都处于合理、恰当的位置,这样事物才能处于"和"的状态。

《荀子·不苟》提出了对君子的要求,其中蕴含着以"中和"为核心的审美取向:

> 君子宽而不僈,廉而不刿,辩而不争,察而不激,寡立而不胜,坚强而不暴,柔从而不流,恭敬谨慎而容,夫是之谓至文。《诗》曰:"温温恭人,惟德之基。"此之谓矣。

这是儒家对君子的要求,希望他能具备若干品质,同时这些品质还要"居中",不能过分而走向反面。为文与为人是相通的,对君子为人和对艺术创作的要求是一致的,从《左传·襄公二十九年》吴公子观周乐《颂》时说的话可以看出这一点:

> 至矣哉!直而不倨,曲而不屈,迩而不逼,远而不携,迁而不淫,复而不厌,哀而不愁,乐而不荒,用而不匮,广而不宣,施而不费,取而不贪,处而不底,行而不流。五声和,八风平。节有度,守有序,盛德之所同也。

与前述皎然论诗相同,吴公子在评价《颂》时提出诸多对立统一的因素,这些因素都应"节有度,守有序",即处于合理、恰当的状态,因而能"五声和,八风平",给人带来极大的审美享受。艺术要抒情,但要注意不能过分,要"乐而不淫,哀而不伤"(《论语》评《关雎》)。孔子讲"过犹不

---

① 杨伯峻:《论语译注》,中华书局1980年版,第219页。

及","淫"与"伤"都是"过",这显然反映了"中和"的价值观。

基于"中和"的价值追求,中国的文艺作品所表达的情感往往显"平",呈现"平和"的审美趣味。《国语·周语》说:"夫政象乐,乐从和,和从平。声以和乐,律以平声。……物得其常曰乐极,极之所集曰声,声应相保曰和,细大不逾曰平。"艺术创作中各元素需要相互平衡与制约,某个因素不能特别突出,这使得"乐从和,和从平",因"和"而致"平"。阮籍对此加以发挥,他说:"乐者,使人精神平和,衰气不入,天地交泰,远物来集,故谓之乐也。"(《乐论》)嵇康认为"平和"的音乐"使心与理相顺,气与声相应,合乎会通,以济其美"(《声无哀乐论》),"性絜静以端理,含至德之和平。诚可以感荡心志而发泄幽情矣"(《琴赋》)。这种"平和"的艺术美学观,与儒家的"温柔敦厚"的诗教相配合,对中华民族的审美心理形成深远的影响,宁静、恬淡、平和成为中国传统审美的重要追求。

综上所述,"道"层面的"境"、"神"、"气"、"和"是中国文学审美的最高标准。唐代画家张璪有"外师造化,中得心源"说,"造化"在中国古代哲学中兼有"自然"、"道"两个方面的含义,"心源"即作者内心的感悟,艺术创作源于对大自然的师法,得道之文才是天地至文。朱自清说:"魏、晋以来,……众妙层出不穷。在艺术方面,有所谓'妙篇','妙诗','妙句','妙楷','妙音','妙舞','妙味',以及'笔妙','刀妙'等。"[①]"玄之又玄,众妙之门"(《老子》一章),"玄"通"道",是诸多妙的门户,换言之,达道、通神、至玄的文字承载着"众妙"。"妙"是与"道"相匹配的审美体验,如陶渊明所说,"此中有真意,欲辨已忘言","妙味"、"妙悟"这种高级的审美感受往往难以言传。《老子》云:"古之善为道者,微妙玄通,深不可识。"(十五章)王弼为"妙"作注:"妙者,微之极也。"(《老子道德经注》)道层面的美感因"深"、"远"、"微"而"不可识"。这里的"不可识"指的是不可理性认知,要想从"道"的层面体会一篇美文的意蕴,就要避免基于逻辑的理性分析。例如,王维的《辛夷坞》写"木末芙蓉花,山

---

① 《朱自清古典文学论文集(上册)》,上海古籍出版社1981年版,第131页。

中发红萼。涧户寂无人，纷纷开且落"，《鸟鸣涧》写"人闲桂花落，夜静春山空。月出惊山鸟，时鸣春涧中"，胡应麟评这两首诗"读之身世两忘，万念皆寂"。[①]面对至真而含道的文字，"万念皆寂"意味着所有的智识都寂灭，以心灵与含道的文字、形象相摩荡，形成深层的妙悟与感动，生发最幽微、最深沉的美感体验。西方有一位文学家说过，读毕一部小说，使人有一种人生如梦幻的慨叹，这必定是一部伟大的小说。因此，语文教学中面对那些蕴含"境"、"神"、"气"、"和"的文字，要避免过多的理性分析，更不要给学生标准答案，要把握好具实和虚空的平衡，给学生留下想象和感悟的空间，让他们能够体味"欲辨已忘言"的高级美感。

● "技"的层面

如前所述，庖丁"好者道也，进乎技矣"，庖丁追求和实现的是道，展现和凭借的是技。文学创作同样如此，技与道相辅相成，没有道的携引，只有技巧的作品无法提供高级美感；而缺乏高明技法的文字也不可能展现道的意味。艺术是"有意味的形式"[②]，对于文学作品来说，"意味"是作品所蕴含的情意及其所激起的美感，"形式"是"意味"的载体。文学家需要用一定的技法、精妙的形式将具体生活和内心情意进行概括、提萃、组合，形成多个层面的富有美感的"意味"。诗人艾略特说："创造一种形式并不是仅仅发明一种格式、一种韵律或节奏，而且也是与这种韵律或节奏相契合的内容的发觉。"[③]评价、欣赏文学作品的美，就要了解使美得以展现的文学技法。

我们选择了"真"、"朴"、"韵"、"远"四个技法层面的因素进行分析，选择的依据与前述"道"的选择相同，即系统性和全面性。值得指出的是，文学技法为表情达意服务，本部分有关中国传统审美，我们分析的重点不在具体的技法，而是从审美的角度关注文学技法表情达意的效果。

[①] 胡应麟：《诗薮》，中华书局1962年版，第119页。
[②] [英]克莱夫·贝尔：《艺术》，周金环、马钟元译，中国文联出版公司1984年版，第4页。
[③] 宗白华：《美学散步》，上海人民出版社2005年版，第30页。

1. 真

明代都穆在《学诗诗》中说:"但写真情并实境,任他埋没与流传。"文学要表达真挚自然的感情,这是文学的核心价值,也是文学的基本审美取向。庄子说:"真者,精诚之至也。不精不诚,不能动人。故强哭者虽悲不哀,强怒者虽严不威,强亲者虽笑不和。真悲无声而哀,真怒未发而威,真亲未笑而和。真在内者,神动于外,是所以贵真也。"(《庄子·渔父》)庄子这段话反复强调的就是"真",对文学来说真的关键是"情真",好的文学作品之所以动人,蕴含真挚的情感是最基本也是最重要的条件。

《淮南子·览冥训》中有一个故事:"昔雍门子以哭见于孟尝君,已而陈辞通意,抚心发声。孟尝君为之增欷歍唈,流涕狼戾不可止。精神形于内而外谕哀于人心,此不传之道。使俗人不得其君形者而效其容,必为人笑。"这段话中提到了"君形者",如前所述,君形者是统摄形的"神",这里指的就是真情,蕴含真情的表情和动作才传神,才真正动人;反之,没有真情的统摄,哀伤的举止只会让人觉得可笑。相应地,文学中的真情也是君形者,没有真情的文学形象一定是苍白、虚假和空洞的。王国维在《人间词话》中说:"境非独谓景物也。喜怒哀乐,亦人心中之一境界。故能写真景物、真感情者,谓之有境界。否则谓之无境界。"这段文字将真感情与"境界"相关联,蕴含喜怒哀乐的真感情是人的心中之"境",与前述君形者的说法一样,强调真情是具象之下的本质,是"道"的体现。

在中国传统哲学尤其是道家思想中,"真"与"道"相通——"道之为物,惟恍惟惚。惚兮恍兮,其中有象;恍兮惚兮,其中有物;窈兮冥兮,其中有精;其精甚真,其中有信"(《老子》二十一章)。文学形象是"物"和"象",其中蕴含的"精"、"真"、"信"才是道本身。文学的核心价值是表达情感,文学中的"真"就是蕴含在物象中的"真情"。

何谓"真情"?汤显祖在《牡丹亭记题词》中这样说:

天下女子有情宁有如杜丽娘者乎?梦其人即病,病即弥连,至手画形容传于世而后死。死三年矣,复能溟莫中求得其所梦者而生。如丽娘者,乃可谓之有情人耳。情不知所起，一往而深，生者可以死，死可以生。生而不可与死，死而不可复生者，皆非情之至也。

为了梦中之人死而复生！这在现实生活中绝对不可能，这样的人、这样的事可谓"恍兮惚兮"，但这看似虚幻的情节中却蕴含着至真至美的情！真可谓"情不知所起，一往而深"。现实生活中虽然没有为了爱情死而复生的人和事，但冲破各种桎梏追求真挚爱情的事例数不胜数，《牡丹亭》反映的就是这种情感之真。每个人都有真情，但以文学的形式予以表现则首先需要"求真"，将原发的情感澄清、醇化、升华；还需要"显真"，利用高明的技法，以恰当的形式将情感表达得深刻、隽永、动人。《牡丹亭》凭借奇崛瑰丽的想象、虚构的写作手法，将蒙在至真之情上的"惚兮恍兮"的东西去除，从而显现动人心魄的审美意味。王思任《批点玉茗堂牡丹亭叙》云："情深一叙，读未三行，人已魂消肌栗。"由此可见，天地至文皆因其中有天地至情！

能否表达真感情是评价文学技法的基本标准。汤显祖认为"情"不仅是人生的原动力，也是艺术的原动力："世总为情，情生诗歌，而行于神。天下之声音笑貌大小生死，不出乎是。因以憺荡人意，欢乐舞蹈，悲壮哀感鬼神风雨鸟兽，摇动草木，洞裂金石。"(《耳伯麻姑游诗序》)此观点是对《毛诗序》"情动于中而形于言"的继承。汤显祖还在《焚香记总评》中说："其填词皆尚真色，所以入人最深，遂令后世之听者泪，读者颦，无情者心动，有情者肠裂。""真色"，即作者表达了诚挚的、不加伪装的情感，这样的情感才能让读者"心动"乃至"肠裂"。情是人与生俱来的，文学用以表情，好的文学作品能引发人的情感共鸣，情是文学存在的意义，是文学的本质与本源。龚自珍在《长短言自序》中提出了"尊情"说：

情之为物也，亦尝有意乎锄之矣；锄之不能，而反宥之，宥之不已，而反尊之。龚子之为《长短言》何为者耶？其殆尊情者耶？情孰为尊？无住为尊，无寄为尊，无境而有境为尊，无指而有指为尊，无哀乐而有哀乐为尊。

龚自珍对"情"的这个评价很深刻,揭示"情"独立且尊贵,无住无寄、无境而有境、无指而有指、无哀乐而有哀乐。真情不只是文学表达的内容,它对文学有统摄意义,表达真情是文学创作与欣赏的核心指向。扬雄在《法言·问神》中提出了"心声心画"的说法:"言不能达其心,书不能达其言,难矣哉!惟圣人得言之解,得书之体……故言,心声也;书,心画也。声画形,君子小人见矣;声画者,君子小人之所以动情乎!"文学作品可见出作者的真性情、真面目。例如,潘岳与陆机都是晋代太康文学的经典代表,被称为"陆才如海,潘才如江"。潘岳的《藉田赋》《西征赋》《闲居赋》都是经典之作。特别是《闲居赋》,描写对闲居的向往与享受闲适的乐趣。此作品影响很大,在当时就是经典作品,但宋元以后却受到质疑。元代诗人元好问《论诗绝句》之六云:"心画心声总失真,文章宁复见为人?高情千古《闲居赋》,争信安仁拜路尘!"这是在批评、讽刺潘岳做人做诗的矛盾。据史书记载,潘岳"性轻躁,趋势利",甚至会在路边拜倒在权贵贾谧的车尘之下。显然元好问质疑潘岳没有做到"心声心画",没能在其作品中表达真感情。与"心画心声"相关,刘勰在《文心雕龙·情采》中提出"为情造文"和"为文造情"两种截然不同的创作态度,他说:

昔诗人什篇,为情而造文;辞人赋颂,为文而造情。何以明其然?盖风雅之兴,志思蓄愤,而吟咏性情,以讽其上,此为情造文也;诸子之徒,心非郁陶,苟驰夸饰,鬻声钓世,此为文而造情也。故为情者要约而写真,为文者淫丽而烦滥。而后之作者,采滥忽真,远弃风雅,近师辞赋,故体情之制日疏,逐文之篇愈盛。故有志深轩冕,而泛咏皋壤;心缠几务,而虚述人外。真宰弗存,翩其反矣。

刘勰提倡"为情造文",文章应"要约而写真",反对"为文造情",这样的文章"淫丽而烦滥"。这段话中刘勰数次提到"真",而且将"真"与"情"明确关联起来。没有真性情的文章"真宰弗存",此时所用的所有技巧都因为"忽真"而成为"采滥",文章因此而失去了意义。"为情造文"、"为文造情"还牵涉到文学的本质、文学的内容与形式这些关键问题。为文的目的如果不是为了表达真情或者文字的形式无助于表情，这样的创作是应当被批评的。对此，明代李贽说：

> 且夫世之真能文者，此其初皆非有意于为文也。其胸中有如许无状可怪之事，其喉间有如许欲吐而不敢吐之物，其口头又时时有许多欲语而莫可所以告语之处，蓄极积久，势不能遏。一旦见景生情，触目兴叹，夺他人之酒杯，浇自己之块垒。诉心中之不平，感数奇于千载。既已喷玉唾珠，昭回云汉，为章于天矣。遂亦自负，发狂大叫，流涕恸哭，不能自止。(《杂说》)

"一旦见景生情，触目兴叹，夺他人之酒杯，浇自己之块垒"，动人的文字一定是作者被真情驱动的、自然且不自禁的情感流露，为了传情之外其他目的所写的文字很难动人而成为经典。李贽针对理学家虚矫的文风、复古派拟袭的流弊提出了"童心说"："天下之至文，未有不出于童心焉者也"，"夫童心者，真心也。若以童心为不可，是以真心为不可也。夫童心者，绝假纯真，最初一念之本心也"(《焚书·童心说》)。回归纯真，回归本心，以情为本，用儿童般质朴的心抒写最真挚的情感，这是文学创作的初心，也是文学审美的旨归。

2. 朴

清代刘熙载极为推崇自然清新的文艺风格，他说：

> 东坡《题与可画竹》云："无穷出清新。"……杜于李亦以"清新"相目。诗家"清新"二字，均非易得。(《艺概·书概》)

> 书当造乎自然。蔡中郎但谓书肇于自然，此立天定人，尚未及乎由人复天也。(《艺概·书概》)

> 学书者始由不工求工，继由工求不工。不工者，工之极也。《庄子·山木》曰："既雕既琢，复归于朴。"善夫！(《艺概·书概》)

> 人尚本色，诗文书画亦莫不然。太白"清水出芙蓉，天然去雕饰"二句，余每读而乐之。(《游艺约言》)

> 文之不饰者，乃饰之极，盖人饰不如天饰也。是故《易》言"白贲"。

(《游艺约言》)

"去雕饰"、"清新"、"淳"、"简易"、"平淡"、"本色"、"自然"等概念，如果用一个字来概括，就是"朴"。钟嵘《诗品》提出了"镂金错采"和"芙蓉出水"两种美，后者即为"朴"之美，是中国传统美学更为推崇的审美取向，对文学创作和文学品赏有着极为深刻的影响。"朴"这种美学观有着很深的思想渊源，《庄子·天道》即云"朴素而天下莫能与之争美"。《老子》有言："大直若屈，大巧若拙，大辩若讷。"此"拙"非真拙，是没有经过人为加工的，"纯任自然"的美。刘熙载在《艺概·文概》中对《周易》中的贲卦上九爻作了极富有美学意味的阐发："白贲占于贲之上爻，乃知品居极上之文，只是本色。"上九爻的爻辞是"上九，白贲，无咎"。"贲"是修饰，"白贲"为纯白色的修饰，实际上是无修饰的本色，而本色是最美的。按《周易》的观点，美之极致乃是无修饰，乃是本色，乃是"素"。此说于后世影响极大，东汉经学家荀爽称"极饰反素"，刘勰也说："衣锦褧衣，恶文太章，贲象穷白，贵乎反本。"（《文心雕龙·情采》）

与"朴"相关的文学审美包括"朴素"、"朴淡"、"朴拙"等。"朴"这一审美取向与中国传统文化尤其是道家学说有密切关系，如《老子》有云：

为无为，事无事，味无味。（六十三章）

为学日益，为道日损。损之又损，以至于无为。无为而无不为。（四十八章）

道之出口，淡乎其无味，视之不足见，听之不足闻，用之不足既。（三十五章）

致虚极守静笃。万物并作，吾以观复。夫物芸芸各复归其根。归根曰静，是谓复命；复命曰常，知常曰明。（十六章）

事物存在着本质，事物的发展变化是有规律的，这个本质和规律需要了解、理解、遵从，而不是装饰、做作、扭曲，即只有"无事"、"无为"、"虚极"、"静笃"、"损"，才能"归根"、"观复"、"知常"、"淡"、"无味"，这是道家提倡的非常重要的审美趣味。打个比方，一种非常好的食材，最好的烹调方法是还原其自身的味道，如果加入味道很浓的佐料，食材本身的味道会被掩盖，品尝到的是佐料而不是食材的味道。因此，《老子》提出"味无味"，指的是品味"无味"，对此王弼《解老》注："以恬淡为味，治之极也。""淡"和"无味"不是没有味道，其本身就是一种"味"，而且是"本味"。《庄子·天地》有云："且夫失性有五：一曰五色乱目，使目不明；二曰五声乱耳，使耳不聪；三曰五臭熏鼻，困惾中颡；四曰五味浊口，使口厉爽；五曰趣舍滑心，使性飞扬。"各种人工、繁复、装饰使得事物的本性、本质被掩盖，人们的感官被蒙蔽。对文学来说，"信言不美，美言不信"，真正好的内容不需要无谓的装饰。元代诗论家陆辅之说："词不用雕刻，刻则伤气，务在自然。"（《词旨》）明代谢榛说："自然妙者为上，精工者次之，此着力不着力之分，学之者不必专一而逼真也。"（《四溟诗话》卷四）因为追求"朴"而形成的文字凸显了事物的本质和本身的美，避免了装饰和雕琢对认识的干扰，使我们能从文字中体会最真实、最深刻的美。袁宏道说："凡物酿之得甘，炙之得苦，唯淡也不可造。不可造，是文之真性灵也。浓者不复薄，甘者不复辛，唯淡也无不可造。无不可造，是文之真变态也。"（《叙呙氏家绳集》）"甘"、"苦"都是可以人工制作的，只有"淡"这种味道是不可造的，因为它是"本味"、"本色"。味道一旦很浓就不会再变淡，而淡的味道却"无不可造"，从文学的角度看，"朴淡"的文字因"无不可造"而给读者更大的欣赏空间，提供更多层次、更丰富的审美意味。

值得指出的是，中国文学审美强调朴、淡，不是说文学不能表达浓烈的感情，而是在表现形式上要朴素、克制。文学通过形象表达情感，作者被某些人、事、景、境感动，他要把这份情感表达出来，不需也不能直接说自己有多感动，而是通过形象的塑造艺术地还原其体验，由于"人同此心"、"心同此理"而引起读者的情感共鸣。这种"还原"要求朴素，如果作者用非常浓烈、多有修饰的文字，就像烹调时的佐料掩盖食材的味道，情感的本味有可能被掩盖或扭曲。因此，文学上的朴、淡主要是两个意思：第一，用简朴、少修饰的文字还原本真的世界；第二，克制情感，让读者避免被浓烈、极端的情感干扰和冲击，文学作品表达的情感要含蓄，要给读者留有品味、思考和升华的空间，正所谓"乐而不淫，哀而不伤，怨而不怒"。

写出体现"朴"的文字需要高妙的创作技法，这是一种锻炼之极而"极炼如不炼，出色而本色，人籁悉归天籁"（《艺概》）的艺术境界，中国文人对此多有赞赏：

除去文饰，归彼淳朴。（欧阳修《斫雕为朴赋》）

作诗无古今，唯造平淡难。（梅尧臣《读邵不疑学士诗卷》）

一语天然万古新，豪华落尽见真淳。（元好问《论诗三十首》其四）

天然去雕饰，清水出芙蓉。（李白《经乱离后天恩流夜郎忆旧游书怀赠江夏韦太守良宰》）

大凡为文，当使气象峥嵘，五色绚烂，渐老渐熟，乃造平淡。（宋代周紫芝《竹坡诗话》引苏轼语）

但熟观杜子美到夔州后古律诗，便得句法简易，而大巧出焉，平淡而山高水深，似欲不可企及，文章成就，更无斧凿痕，乃为佳作耳。（黄庭坚《与王观复书》其二）

"人法地，地法天，天法道，道法自然"（《老子》二十五章），自然是道的体现，也是道的规定，文学创作追求"朴"而达至"自然"，这与前面"真"与"道"的关系一样，是基于创作技法而实现对道的追求。中国传统审美有"天工"与"人工"两个相对的范畴，"自然"是"天工"的"作品"，是最高的美。返朴归真、因朴显真，显现"朴"的文字同样是"自然"、"天然"，这样的文字虽是"人工"，却达到了与"天工"争巧的程度，即"巧夺天工"，如欧阳修所说"文章与造化争巧可也"（《温庭筠严维诗》），郭熙所说"身即山川而取之"（《林泉高致》），王履所说"吾师心，心师目，目师华山"（《华山图序》）。因此，实现文字的"朴"有赖于"巧夺天工"的技法，文学形象的塑造要达到自然的境界，最重要的是不雕琢、不矫饰，从而显现天然、本色、淡泊的意味。

"朴"是文学作品的审美追求，而这依赖创作的过程要"守朴"，即要求作者排除杂念、清净专注、摈弃雕琢与无谓的技巧。我们来看《庄子》中的三个故事：

黄帝游乎赤水之北，登乎昆仑之丘而南望。还归，遗其玄珠。使知索之而不得，使离朱索之而不得，使喫诟索之而不得也。乃使象罔，象罔得之。黄帝曰："异哉，象罔乃可以得之乎？"（《天地》）

（子贡见一老人浇田很费力，给他推荐一种省力好用的机械）为圃者忿然作色而笑曰："吾闻之吾师，有机械者必有机事，有机事者必有机心。机心存于胸中，则纯白不备；纯白不备，则神生不定；神生不定者，道之所不载也。吾非不知，羞而不为也。"（《天地》）

梓庆削木为鐻，鐻成，见者惊犹鬼神。鲁侯见而问焉，曰："子何术以为焉？"对曰："臣，工人，何术之有？虽然，有一焉。臣将为鐻，未尝敢以耗气也，必齐以静心。齐三日，而不敢怀庆赏爵禄；齐五日，不敢怀非誉巧拙；齐七日，辄然忘吾有四枝形体也。当是时也，无公朝，其巧专而外骨消。"（《达生》）

第一个故事中，如果"玄珠"象征"道"，"知"、"离朱"、"喫诟"、"象罔"则是四个求道之人，分别有四种不同的求道方式。"知"同"智"，是思虑的智者；"离朱"视力极好，明察秋毫；"喫诟"聪明而善于言辩；而"象罔"是无思虑、无明目、无言辩，若有形、若无形的人。为什么象罔能得玄珠（道）？象罔没有任何特长与机巧，但正是他的"朴"能"通真"、"近道"。文学创作同样是求真寻道，如何能写出天地至文？最重要的就是作者要有一颗"朴"之心以及返朴归真的创作态度。

第二个故事的启示在于，文学创作也需要技巧，但技巧是第二位的，是为表达情感服务的。文学要表达真情，不应假借任何技巧，而应原原本本地、朴素地表达出来，这即是所谓的"纯白"，有了这"纯白"，就可以"心画心声"，不为各种机巧所迷惑，表达出最质朴的情感。

第三个故事中，梓庆能制出如鬼神所做之鐻，一个重要的条件是他用最纯朴的态度专心致志、心无旁骛地面对工作，屏蔽了一切可能扰乱其情志的功利思想。

《老子》有云："涤除玄鉴，能无疵乎？"（十章）"涤除"就是洗除垢尘，即去除各种杂念，使头脑、心灵变得像镜子一样纯净清明。"鉴"是观照，"玄"通"道"，"玄鉴"就是对于道的观照。保持内心的虚静是"涤除"的重要方法，即"致虚极，守静笃"。荀子讲"虚壹而静"，韩非子讲"思虑静则故德不去，孔窍虚则和气日入"，"虚则知实之情，静则知动之正"，这些都是"涤除玄鉴"的发挥，庄子更是将此命题发展为"心斋"、"坐忘"。《庄子·人间世》说："若一志，无听之以耳，而听之以心，无听之以心而听之以气。……气也者，虚而待物者也。唯道集虚，虚者，心斋也。""一志"即心志专一，摈弃机巧、繁复、杂念，就能从耳听、心知进入到"应气"的境界。如前所述，"气"是世界的本源，"气"与"道"通，因此心斋是通道的方式。关于"坐忘"，《庄子·大宗师》说："堕肢体，黜聪明，离形去知，同于大通，此谓坐忘。""离形去知"，意味着去除非本质的装饰和机巧，这样才能"同于大通"，即接近和反映世界的本质与本真。南朝宗炳在《画山水序》中提出"澄怀味象"的命题："圣人含道应物，贤者澄怀味象。"这是"涤除玄鉴"在艺术创作领域的具体体现，"澄怀"就是让自己的内心纯净朴素，而这恰是"心斋"、"坐忘"的结果。刘勰在《文心雕龙·神思》中说："是以陶钧文思，贵在虚静；疏瀹五藏，澡雪精神。"这是直接引用《庄子·知北游》中的话，强调虚静对于文学创作的重要性。下面这些文字表达了同样的观点：

虚而万景入。（刘禹锡《秋日过鸿举法师寺院便送归江陵诗引》）

欲令诗语妙，无厌空且静。静故了群动，空故纳万境。（苏轼《送参廖师》）

清风明月之夜，焚香静室，坐定，心不外驰，气血和平，方与神合，灵与道合。（杨表正《弹琴杂说》）

凝神遐想，妙悟自然，物我两忘，离形去智，身固可使如槁木，心固可使如死灰，不亦臻于妙理哉！（张彦远《历代名画记》）

这些文字都将"涤除玄鉴"、"虚静"、"澄怀味象"、"心斋"、"坐忘"等命题直接应用于文学创作领域，强调只有"澄怀"才能"观道"，才能"味象"，而"澄怀"就是"朴"的追求与结果。

下面是曹禺的反思，显示"纯朴"的心态对于文学创作多么重要。1980年，时任北京人民艺术剧院院长的曹禺在接受访谈时说①：

> 我也很想再写出一些剧作来，但是就是写不出来，我真不好意思再说三道四。创作对我来说很怪，满脑袋都是马列主义概念，怎么脑袋就是转动不起来呢？……要写就要下去生活，但是我又怀疑下去能否写出来，就能写好？我很怀疑。……现在，我很着急，我很苦恼，老是开会，整天是外国客人接待不完，将来非停止不可，这样搞下去不行。……我想写我想写的东西，真正代表时代的东西，这太难了，时代精神写不出来。

"真正代表时代的东西"是一个时代的"真"，曹禺为什么写不出来？曹禺历任中国文联常委、执行主席，中国戏剧家协会常务理事、副主席，中国作家协会理事，北京市文联主席，中央戏剧学院副院长、名誉院长，北京人民艺术剧院院长等职务，过多的行政事务必然会影响曹禺的文学创作，他无法写出让自己满意的作品，一个重要的原因就是无法进入"虚静"的状态，不仅缺乏对真实生活的体验，也因为生活的环境太嘈杂，无法听到自己内心的声音——不能"涤除"又如何"玄鉴"？因此，文学创作过程的"朴"、"涤除玄鉴"可以与前面的"文道之辨"联系起来。纯粹的、独立的文学是表达情感、表现美的，不能成为政教的附庸；从文学创作的角度来看，文学家在创作时要排除功利的干扰，还要摒心静气、排除杂念、专心致志。

3. 韵

"韵"指的是"韵味"。"韵"本是与听觉相关的乐的美学特性，"味"本是与味觉相关的概念，被赋予美学意义后成为审美品评的重要范畴——"韵"、"味"合而为一，指审美对象绕梁三日、令人回味无穷的审美效果。李泽厚说："为什么有些作品初次接触时使人兴奋激动和满足，再读却已索

---

① 刘一军，田本相：《曹禺访谈录》，百花文艺出版社2010年版，第30-31页。

然无味，有些作品则长久保持其生命力量？"他的回答是："因为优秀的文艺作品让人捉摸不透，玩味无穷。"①刘勰在《文心雕龙·隐秀》中提出"隐"的概念，很好地诠释了韵味的内涵。他说："隐也者，文外之重旨者也；秀也者，篇中之独拔者也。隐以复意为工，秀以卓绝为巧。"刘勰还进一步解释了"隐"的艺术效果：

夫隐之为体，义生文外，秘响旁通，伏采潜发，譬爻象之变互体，川渎之韫珠玉也。故互体变爻而化成四象；珠玉潜水而澜表方圆。始正而末奇，内明而外润，使玩之者无穷，味之者不厌矣。

刘勰在《隐秀》篇最后的赞语中说："深文隐蔚，余味曲包。辞生互体，有似变爻。"从刘勰对"隐"的解释中我们可以看到"韵味"有以下几个方面的特点与价值：第一，韵味能让人体会"文外之旨"，即文字之外更丰富的意味；第二，韵味意味着"复意"，即文字的意味是丰富的、多层次的；第三，有韵味的文字值得被玩味，能够动态地不断"变"、"化"出新的意味。因为这些特点的存在，有韵味的文字"使玩之者无穷，味之者不厌"。

"隐"、"韵味"等审美取向有着深厚的思想渊源。《庄子·知北游》有云："道不可闻，闻而非也；道不可见，见而非也；道不可言，言而非也。"这是老子"道可道，非常道"的发挥。庄子还说："可以言论者，物之粗也；可以意致者，物之精也。言之所不能论，意之所不能察致者，不期精粗焉。"（《庄子·秋水》）言语可以议论的是粗疏的东西，心意可以体察的是精微的东西，而对于那些超越了精粗、无形的东西，言语和心意都是无法表达的。《庄子·天道》对这个观点进行了深入的阐述：

世之所贵道者书也，书不过语，语有贵也。语之所贵者意也，意有所随。意之所随者，不可言传也，而世因贵言传书。世虽贵之，我犹不足贵也，为其贵非其贵也。故视而可见者，形与色也；听而可闻者，名与声也。

---

① 李泽厚：《美学三书》，安徽文艺出版社1999年版，第587页。

悲夫，世人以形色名声为足以得彼之情！夫形色名声果不足以得彼之情，则知者不言，言者不知，而世岂识之哉！

语言的珍贵之处在于它可以表达意义，但有些东西却不能用语言表达——如某些幽微和复杂的"情"，即所谓"行与色可见，名与声可闻"，"可意会而不可言"。这样看来，文学表情的"隐"不是选择，而是必然。

但是，如果某些真正珍贵的东西无法用言语表达，"知者"因此而"不言"，文学还能表达真情吗？还能刻画世界的本真吗？还有存在的必要吗？《庄子·知北游》有云："天地有大美而不言，四时有明法而不议，万物有成理而不说。"大美、明法、成理，不言、不议、不说，但我们可以感受到，是因为我们观天地、四时、万物而感悟到美，不需要它们言、议、说。至人无为、大圣不作而观天地，文学创作是观天地，无为、不作指写作是对天地之美的还原而不是人工造作。文学作品是观天地的结果，这个结果是"象"而不是"理"，文学要表达的至情至理皆在"象"中，我们欣赏文学是从"象"中感悟到美感，这和我们从自然中获得美感是一样的。理性的、逻辑的知识可以借助言语传播和体会，审美则完全要凭自己的心灵去感悟。因此，文学中的"隐"不是晦暗、模糊，而是把情感的表达蕴含在文学形象之中。这就好像对一个思念孙子的老人，给他一百个词形容孙子多可爱，都不如给他精心挑选的几张照片或几段视频，老人一定会反复揣摩、端详，浮想联翩，意犹未尽。同样，用多么理性的语言定义、分析闰土这个形象，都不如看鲁迅对闰土的描摹让人回味无穷。

刘熙载评价杜甫的诗："杜诗只'有''无'二字足以评之。有者但见性情气骨也，无者不见语言文字也。"（《艺概·诗概》）在理性思维中，要重视语言的逻辑和概念，而文学艺术中的语言是形象的载体，对文学的欣赏依靠对形象的感悟，感悟是韵味的来源，这构成了语言—形象—韵味的链条。因此，文学语言要含蕴、要"隐"，要依靠形象提供丰富细腻的美感体验。明代王廷相说："夫诗贵意象透莹，不喜事实黏著。……言征实则寡余味也，情直致而难动物也。故示以意象，使人思而咀之，感而契之，邈哉深矣，此诗之大致也。"(《与郭价夫学士论诗书》)也如叶燮所说:"诗之至处,妙在含蓄无垠,思致微渺,其寄托在可言不可言之间,其指归在可解不可解之会,言在此而意在彼,泯端倪而离形象,绝议论而穷思维,引人于冥漠恍惚之境,所以为至也。"(《原诗·内篇下》)

俗语说"看景不如听景",看景是直接的形象体验,听景是间接的形象体验,看景怎会不如听景?要想达到这样的效果,需要"说景"的人把景说得精彩,通过语言建立精彩、美好的景象,让人从中获得富有美感的意味。文学不也是这样吗?我们从文学中获得的是间接经验,如果作者能以语言为载体,将最恰当的素材组合起来建立精美动人的形象,那么我们也能从文学中获得韵味无穷的美感。有韵味的文字最重要的价值在于为读者留下感悟的空间。文学中的表情是让读者共鸣和感动而不是训导。对于文学作品来说,表情的成功不在于作者写了多少、写得有多明白,而在于读者能够感悟多少、感悟多深。文学阅读是一个发现和感动的过程,没有韵味的文字未留给读者感悟的机会,限制了读者想象的空间。

怎样的文学形象才能更有韵味呢?以下是历代文人和文学批评家的看法:

状难写之景如在目前,含不尽之意见于言外。(欧阳修《六一诗话》引梅尧臣语)

诗贵意,意贵远不贵近,贵淡不贵浓。浓而近者易识,淡而远者难知。(李东阳《怀麓堂诗话》)

《桃花扇》以《余韵》折作结,曲终人杳,江上峰青,留有余不尽之意于烟波缥缈间,脱尽团圆俗套。(梁廷枬《曲话》)

其(司空图)诗论曰:"梅止于酸,盐止于咸,饮食不可无盐梅,而其美常在咸酸之外"(苏轼《书黄子思诗集后》)

故其妙处透彻玲珑,不可凑泊,如空中之音,相中之色,水中之月,镜中之像。(严羽《沧浪诗话》)

由这些批评文字我们可以看到,有韵味的文字要蕴含言外之意,要表达高远、深刻的情感，要留白，要空灵，要基于具象而最终超越具象。例如，孟郊的《游子吟》："慈母手中线，游子身上衣。临行密密缝，意恐迟迟归。"全诗无一字言爱，却将母亲的慈爱、不舍与期盼都寄予在游子的衣衫上和密密匝匝的针脚中。文学的韵味类似中国园林建筑中的"曲径通幽"，在曲折含蓄中释放美的意味，形成多种含蓄表情的策略：暗示、影射、比喻、对比、留白、烘托等等。

需要指出的是，有韵味的文字要求作者留白，要给读者想象空间，但这不是含糊和费解，对此王国维在《人间词话》中说：

问"隔"与"不隔"之别，曰：陶、谢之诗不隔，延年则稍隔矣；东坡之诗不隔，山谷则稍隔矣。"池塘生春草"，"空梁落燕泥"等二句，妙处唯在不隔。词亦如是。即以一人一词论，如欧阳公《少年游·咏春草》上半阕云："阑干十二独凭春，晴碧远连云，二月三月，千里万里，行色苦愁人。"语语都在目前，便是不隔。至云"谢家池上，江淹浦畔"，则隔矣。白石《翠楼吟》："此地宜有词仙，拥素云黄鹤，与君游戏。玉梯凝望久，叹芳草萋萋千里。"便是不隔。至"酒祓清愁，花消英气"，则隔矣。

"谢家池上，江淹浦畔"一句出自欧阳修《少年游·咏春草》的下半阕，王国维为什么认为此句"隔"呢？因为"谢家池上"和"江淹浦畔"都用了典故。"谢家池上"在一般的读者的意识中，所指涉的意涵即是"姓谢人家的池塘上"，可池塘上究竟有什么呢？读者就不得而知了。"江淹浦畔"更甚，读者不仅不明白"江淹浦畔"的意蕴，而且"江淹"和"浦畔"这两个名词之间也没有清晰的关联。所谓"谢家池上"，是化用了谢灵运"池塘生春草，园柳变鸣禽"一句，实际上指的是"春草"；而"江淹浦畔"则源自江淹《别赋》中的"春草碧色，春水绿波，送君南浦，伤之如何！"一句，其实也是指"春草"。刘勰在《文心雕龙·隐秀》中说："或有晦塞为深，虽奥非隐，雕削取巧，虽美非秀矣。"刘勰所说的"晦塞"、"奥"即是王国维所说的"隔"，这样的文字往往"雕削取巧"，不仅没有韵味，还给人以矫揉造作与故弄玄虚之感。好的文学形象给人带来的美感体验是多重、多向的，让人产生无限的遐想和富有韵味的情意体验，同时文学形象应当清晰可辨，不应模糊含混——前者是不隔，后者是隔。这就像一处优美的风景，不能在游人面前隔一层纱，让游人不是观景而是猜景，只有将景物看得清楚分明，即"语语都在目前"，才能生发有韵味的情感体验。

4.远

沈括在《梦溪笔谈·书画》中谓董源及巨然之画曰："皆宜远观，其用笔甚草草，近视之，几不类物象，远观则景物粲然，幽情远思，如睹异境。""异境"即超越现实之境的不凡之境，这样的艺术品中的"象"升华至前述"道"层面的"境"，让人获得高级的美感。要做到这一点，艺术家需要超越近视之物象而呈现远视之景物。宗白华指出，艺术意境不是一个单层的平面的再现，而是一个境界层深的创构，包括直观感相的渲染、活跃生命的传达、最高灵境的启示三个层次。他引蔡小石在《拜石山房词序》里所说的三境说明了这一理念[①]：

始读之，则万萼春深，百色妖露，积雪缟地，余霞绮天，一境也。（这是直观感想的渲染——宗白华注，下同）再读之则烟涛澒洞，霜飙飞摇，骏马下坡，泳鳞出水，又一境也。（这是活跃生命的传达）卒读之，而皎皎明月，仙仙白云，鸿雁高翔，坠叶如雨，不知其何以冲然而澹，翛然而远。（这是最高灵境的启示）

"翛然而远"——"远"是产生高级美感的关键。文学引发的美感有三个层次：听觉快感、精神愉悦和心灵快慰。能触动心灵的美感最高级、最动人，而心灵在世界上最远、最隐秘的地方，富有深远意味的文字才能触动心灵。

王昌龄的《从军行》："琵琶起舞换新声，总是关山旧别情。撩乱边愁听不尽，高高秋月照长城。"对于这首诗，徐复观有这样的解读[②]：

[①] 宗白华：《中国艺术意境之诞生（增定稿）》，《宗白华全集（第二卷）》，安徽教育出版社1994年版，第362页。
[②] 徐复观：《中国文学精神》，上海书店出版社2006年版，第41-42页。

若说"高高秋月照长城"与"边愁"无关,则何以读来使人有无限寂寞荒寒怅触之感,因而自自然然地把主题中的"边愁",推入到无底无边的深远中去呢?若说它与主题的边愁有关,则又在什么方面有关?而这种有关,又在表明一种具体的什么呢?这本来就是不可捉摸,也无从追问,而只是由一种醇化后的感情、气氛、情调,……通过有限而具体的长城,来流荡着"边愁"的无限。

"高高秋月照长城"即是富有深远意味的文字,这样的意味是玄远无限的,之所以让人觉得"不可捉摸"、"无从追问",是因为这样的文字深入心灵,而心灵的触动不可分析、无法言说。如前所述,胡应麟评王维的《辛夷坞》和《鸟鸣涧》"读之身世两忘,万念皆寂",也是因为这两首诗的意味无比深长、悠远。"大道之妙,非意象形称之可指,深矣,远矣"(沈一贯《老子通》),道"恍兮惚兮",隐藏在幽深处,只有玄远的文字才能触道、显道。如此看来,玄远是从技术层面实现前述"境"的条件,这意味着作家的思想要深刻,有超越意识,能够从具体生活现象中发现那些重要的、本质的、永恒的内容,并能够用文字表达出来,这样的文字负载的意象才有可能升华为意境,所负载的内涵才能从现象到本质,从表浅到内里。下面是叶嘉莹基于古人对两句诗的评价而生发的感悟,从中可以看到文学形象负载的情意是否深远是决定文学作品好坏的关键[①]:

仇兆鳌在《杜少陵集详注》中,曾经举宋代叶梦得之说,引了晚唐的两句坏诗,来和杜甫的"穿花蛱蝶深深见,点水蜻蜓款款飞"二句来做对比。这两句坏诗便是"鱼跃练川抛玉尺,莺穿丝柳织金梭"。……此二句诗中所写的"鱼"与"莺"和杜诗中所写的"蛱蝶"与"蜻蜓"等,固皆为大自然中之美丽的生物,其形象似乎也大有相近之处,然而凡是具有评赏能力的读者,却都会分辨出杜甫的二句诗与此二句诗之间,其优劣高下之悬殊,简直是不可以道里计的。而其中最主要的一点差别,则在于杜甫的二句诗中,表

[①] 叶嘉莹:《迦陵文集(四)》,河北教育出版社1997年版,代序第6页。

达出了一种极深婉曲折的情意之感发，而"鱼跃"二句诗所写的便只是外表的一些形象，丝毫也没有情意上的感发。

杜甫塑造的文学形象"深婉曲折"，能让读者产生绵远的情意感发，文字因此而能触动心灵，形成丰富而细密的美感，这使得杜甫的这首诗在审美上远远高于那些只能呈现具体形象、没有深远意味的作品。

中学课文莫泊桑的《项链》，很多教师引导学生接受教参的提示：玛蒂尔德为了一条假项链付出十年的青春，这是她为自己的物欲和虚荣心"必然"要付出的代价。这是肤浅与粗劣的解读，不能体现《项链》的文学魅力和美学价值。课文中有这样几句话："要是那时候没有丢掉那挂项链，她现在是怎样一个境况呢？谁知道呢？人生是多么奇怪，多么变幻无常啊，极细小的一件事可以败坏你，也可以成全你！"人生是"奇怪"的，"变幻无常"的，往往被"极细小的事败坏和成全"。看到作者如此的感叹（这也应是玛蒂尔德的感叹），我们应能意识到"报应说"、"惩罚说"多么肤浅。小说研究家夏志清认为[①]：

索、莎、托、杜诸翁（指索福克里斯、莎士比亚、托尔斯泰、杜思妥耶夫斯基，作者注）正视人生，都带有一种宗教感；也就是说，在他们看来人生之谜到头来还是一个谜，仅凭人的力量与智慧，谜底是猜不破的。事实上，基督教传统里的西方作家都具有这种宗教感的。……再反顾中国传统小说，其宗教信仰逃不出"因果报应"、"万恶淫为首"这类粗浅的观念，凭这些观念要写出索、莎、托、杜四翁作品里逗人深思的道德问题（moral exploration）来，实在是难上加难。

《项链》这篇文章展示了命运的无常，引发人们深深的思考与感悟。人生没有"如果"，我们可以努力、可以抗争、可以抱怨、可以愤怒、可以感念，但最终必须接受命运的安排——这就是命运的"无常"——期待留住的

[①]［美］夏志清：《中国现代小说史》，刘绍铭等译，中文大学出版社（香港）2001年版，第 xlii–xliii 页。

美好注定会逝去，想要摆脱的却有可能紧紧跟随，付出努力没有回报，满怀期待却落了空，以为是永恒却在刹那间破灭，前一刻的欢笑更加重这一刻的悲伤，事物的发展或结局往往却出乎意料或难以控制——这是一种多么玄远的领悟，这领悟多么富有深意，让人深深震撼又欲说无言。这不就是叶嘉莹所说的"深婉曲折"的情意感发和夏志清所说的宗教感吗？而"无常"这个概念恰恰源自佛教。好的文学作品有宗教感不是因为作者表达了宗教主题，而是因为宗教指向最深刻的人生问题，而好的文学作品也指向最幽深的人心，二者在人生与人心的玄远处相遇。

再举一例，访谈者对曹禺说："《雷雨》里似乎有一种教堂的氛围，还用了巴赫的教堂音乐。"曹禺对此解释说[①]：

> 在序幕和尾声中，不但引进了教堂的环境氛围，而且也用了宗教音乐，其中就有巴赫的《B小调弥撒曲》；人物也有着某种宗教的因素，周朴园悔悟了，有的傻了，有的疯了。……我当时就是那么想的，似乎我觉得那么写，就有一种诗意的回味，就有一种诗的意境。我确实是把《雷雨》作为一首诗来写的。

曹禺将宗教感置入《雷雨》，把具体的人、事、情感升华到一个玄远的境界，使得这部戏剧像一首诗，呈现出幽微玄远的意味。正如曹禺在《雷雨·序》里所说，剧中的人们"盲目地争执着，泥鳅似的在情感的火坑里打着昏迷的滚，用尽心力来拯救自己，而不知千万仞的深渊在眼前张着巨大的口。他们正如一匹跌在泽沼里的赢马，愈挣扎，愈深沉地陷落在死亡的泥沼里"。这就是《雷雨》的宗教情怀和命运意识，使读者"陷入"无尽的思索和感动。好作品不仅有宗教感，往往还能激发人们深刻的感悟，显现出哲学意味。曹禺在接受访谈时说[②]：

> 所有大作家的作品，不是被一个社会问题限制住，被一个问题箍住的。

[①] 刘一军，田本相：《曹禺访谈录》，百花文艺出版社2010年版，第25页。
[②] 同上，第38—39页。

应该反映得深一些，……还应该提倡能够写出更好的作品，那种叫人思，叫人想的作品。《乔厂长上任记》，难道不叫人思不叫人想吗？但是叫人顺着一条道想，顺着作家规定的思路去想，把问题搞得很透，顺着作家已经画好的道去想，或者某些人指示我们的道去想，而不是叫人纵横自由地广阔地去想，去思索，去思索整个的社会主义社会，去思索人生，甚至思索人类。……我是说这种作品应该具有高度的思想性，但绝不是那么狭窄，不是那么简单。而是经过两三年后，甚至再长一点时间看它，还可以让人想一想，其中蕴含着某种哲学的内涵。

不要"被一个问题箍住"，叫人"思索整个的社会，思索人生，思索人类"，这就是作家发现事物本质的思维能力和超越意识，经过这样的思维加工的作品"蕴含着某种哲学的内涵"，才不会"狭窄"，不会"简单"，这同样是玄远的表现。宗教求善、哲学求真，二者都朝向人类终极而又深刻的命题，文学以美的方式表达对这些问题的关切。如果把宗教、哲学、艺术看作三棱塔的三个面，从底部看，这三个方面相距很远，越往高处走，它们之间的距离就会越近，一旦到达顶端，这三个方面就会相遇并融合在一起。因此，好的文学所蕴含的意味一定是玄远的，这样才能遭遇最深刻的真和善，从而表现高级的美感，这样的文学其魅力无远弗届，能够穿越时空，感动世世代代的人们。

综上所述，"道"层面的"境"、"神"、"气"、"和"与"技"层面的"真"、"朴"、"韵"、"远"都是文学美的表现，前者更富哲学意味，后者更有文学味道，两者都体现了中国传统审美的基本精神，是文本审美分析的重要背景。《周易·系辞上》有云："形而上者谓之道，形而下者谓之器。""器"就是具体的、可操作的"艺"。苏轼在《书李伯时山庄图后》中说："居士之在山也，不留于一物，故其神与万物交，其智与百工通。虽然，有道有艺，有道而不艺，则物虽形于心，不形于手。"好的艺术作品一定"含道"，同时又必须通过一定的技艺"显道"。

本部分讨论的"道"与"技"涉及中国传统文学审美的一个重要命

题——"有法"与"无法"。方苞认为文章不可"绳之以法",因为它"倜傥徘宕,不可方物,而法度自具"。"无法"的文章在方苞看来才是最好的文章,最具有生气——"澄清之极,自然而发其光精"(《古文约选序例》)。清人章学诚说:"是以学文之事,可授受者规矩方圆,其不可授受者心营意造。"(《文史通义·文理》)需要指出的是,"无法"不是不要"法",而是将"法"作为手段,强调不可套用技法,"有法"与"无法"不是对立的,而是超越与被超越的关系——"法"不可少,但"法"又需要被超越而达到"无法"的境界。石涛说得好,"至人无法,非无法也,无法而法,乃为至法"(《画语录·变化章》),"规矩者,方圆之极则也;天地者,规矩之运行也。世知有规矩,而不知夫乾旋坤转之义,此天地之缚人于法,人之役法于蒙,……所以有是法不能了者,反为法障之也"(《画语录·了法章》)。总而言之,在中国文化中,形上之"道"与形下之"技"统一而不可分,并且着重强调要"以道统艺,由艺臻道",把"求道"、"得道"、"显道"作为终极的审美追求。①

三、作品批评

文学作品与作品批评相生相伴,作品批评是实现、彰显作品价值的重要环节。读者与作者生活于同一个世界,他们通过作品进行潜在的精神沟通,只有经过读者的阅读批评,作品才能实现其价值。② 中国的文艺、文学批评源远流长,如《论语》中就有很多对《诗经》的评价:

> 诗可以兴,可以观,可以群,可以怨。(《阳货》)
> 《诗》三百,一言以蔽之,曰:"思无邪。"(《为政》)
> 《关雎》,乐而不淫,哀而不伤。(《八佾》)

---

① 楼宇烈:《中国文化的道与艺——由艺臻道 以道统艺》,《学术交流》2014年第10期,第5页。
②[美]艾布拉姆斯:《镜与灯:浪漫主义文论及批评传统》,郦稚牛等译,北京大学出版社2004年版,第45页。

人而不为《周南》、《召南》，其犹正墙面而立也与？（《阳货》）

吾自卫反鲁，然后乐正，《雅》、《颂》各得其所。（《子罕》）

子谓《韶》，尽美矣，又尽善也。谓《武》，尽美矣，未尽善也。（《八佾》）

行夏之时，乘殷之辂，服周之冕，乐则韶舞。放郑声，远佞人。郑声淫，佞人殆。（《卫灵公》）

这些评价言简意赅而意涵丰满，显现了儒家的基本审美取向，是后世文学批评的基模。再看《孟子·告子下》对《诗经》中《小弁》和《凯风》二诗的评价：

公孙丑问曰："高子曰：《小弁》，小人之诗也。"孟子曰："何以言之？"曰："怨。"曰："固哉，高叟之为《诗》也！有人于此，越人关弓而射之，则己谈笑而道之，无他，疏之也。其兄关弓而射之，则己垂涕泣而道之，无他，戚之也。《小弁》之怨，亲亲也。亲亲，仁也。……"曰："《凯风》何以不怨？"曰："《凯风》，亲之过小者也。《小弁》，亲之过大者也。亲之过大而不怨，是愈疏也；亲之过小而怨，是不可矶也……"

这已是相当完整的作品批评，明确了诗的主旨，对诗所表达的情感进行心理分析，并且与其他的诗形成关联。基于这样的作品评价，我们对一首诗的理解变得更加深刻，这首诗的意义也充分彰显出来。

下面是中国自先秦至现代的文学批评的概况，显示了文学批评的基本范式、发展脉络及重要的文学批评作品。语文教学中的文本分析就是作品批评，把握中国文学批评的基本脉络，不仅有助于教师在教学中有针对性地征引经典批评以提高文本分析的水平，还有助于帮助学生掌握文学批评的范式与方法，进而提高文本审美的水平。

先秦时期是我国古代文学批评的萌芽阶段，这个阶段的文学批评只有片段的资料，散见于各种学术著作中，文学批评表现为"语录"或"要言"的形式，如上述《论语》、《孟子》中的文学批评。两汉时代的文学批评仍多为散见于哲学、历史著作中的片段，同时出现了以序跋和书信为载体的文学批评专论，如《毛诗序》、《太史公自序》、《两都赋序》、《离骚序》、《楚辞章句序》、《报任安书》、《与吴质书》、《与杨德祖书》等。这些序跋、书信虽然不是专门的、系统的作品批评，但其重要性不可低估，其中包含诸多重要的作品批评的观点、视角与方法，为后世文学批评奠定了基础。

魏晋南北朝是"文学自觉的时代"，也是文学批评大放异彩的时代，出现了文学批评巨著《文心雕龙》、创作专论《文赋》以及诗歌专论《诗品》。这一时期的文学批评有的仍如汉代《诗大序》、《离骚序》那样就一种文体、一部书或一篇著作立论，更有不少是论述一些具有普遍性的问题，既有独立成篇者，也有子书中的篇章，如曹丕《典论·论文》、颜之推《颜氏家训·文章》，还有史书中的专论，如沈约《宋书·谢灵运传论》，萧子显《南齐书·文学传论》。文章总集的编纂也是这一时代值得注意的现象，编者往往通过序和论发表对于文学和具体作品的见解。

唐宋时期是中国古代文学创作成就最高的时代，这一时期文学批评涉及一些重要的、根本性的文学理论问题，如意境、韵味、诗与禅、情与理、神与形、情与景等等；出现了皎然、司空图、苏轼、严羽等重要的诗文批评家，以及《诗式》、《二十四诗品》、《沧浪诗话》等影响深远的文学批评著作。这一时期的文学批评形式更加完善和丰富，除了上面已经提到的书信、序跋和赠序诸体之外，出现了以诗论诗的批评形式，从杜甫的《戏为六绝句》到元好问的《论诗绝句》三十首，已发展得相当完善。宋代的诗话蔚为大观，清人何文焕《历代诗话》所辑宋人之作，从欧阳修到严羽，共有十五种之多，近人丁福保《历代诗话续编》所辑宋金元诗话又有十六种之多。

元明清兴起了小说戏曲评点，一般前有总评（或总序），后有各章回（折）之分评，这颇似诗歌批评中的大、小序；其形式有即兴而作的眉批、侧批、夹批、读法、述语、发凡等等，这又与随笔式的诗话相仿。就其批评功能而言，小说评点与前代的序跋体、诗话体有共通之处：既有鸟瞰，亦有细读，既实现了作者与读者的沟通，亦申发了品评者独到的艺术感受和理论见解。①同时，虽然元明清的诗文创作已不可能再达到唐宋时代的水平，但诗文的批评却并没有衰退，从文学批评的深度和广度来看，诗文批评仍然占有主要地位，而且对戏剧小说理论批评有着深刻的影响。

一般将现代文学批评的起点划在"文学革命"兴起的1917年，温儒敏则认为可将此起点提到20世纪初，理由是1904年王国维发表了《〈红楼梦〉评论》，破天荒借用西方批评理论和方法来评价一部中国古典文学杰作，这应当成为现代批评的开端。②有研究者指出，中国现代文学批评分为四个时期：（1）理性时期（1917—1925）。全面向西方洞开门户，追求与世界共同的批评话语。强调理性、注重启蒙，各种各样的文学批评的流派、理论、概念在中国落地扎根。（2）综合时期（1925—1937）。由全面开放向重点突出与理论整合转变。第一阶段以革命文学的倡导和闻一多、梁实秋等新人文主义批评为标志；第二阶段为20世纪30年代形成的三大批评版块，分别是左翼批评、京派批评和介于二者之间的民主主义批评。（3）重塑时期（1937—1949）。这是一个文学批评密切配合社会革命的时期。毛泽东的《在延安文艺座谈会上的讲话》提出文艺为政治服务，成为这一阶段文学批评的总体方向。（4）"一体化"时期（1949—1979）。以政策推行政治—文学批评，热衷于文学"工具论"的宣扬，文学批评以"附庸"、"前哨"的身份全面服务于思想斗争和政治斗争。1979年第四次全国文代会清算了极左文艺路线，文学批评进入新的历史时期。③

作品批评是文本分析非常重要的背景材料，尤其是高水平的作品批评，眼界高超、材料丰富、视角独特，将这些作品批评引入语文教学，一定会给学生带来很大的启发。例如，在给学生讲授《红楼梦》时，脂砚斋对贾宝玉这一形象的分析就是一个很好的参考材料：

宝玉之为人，是我辈于书中见而知有此人，实未目曾亲睹者。又写宝玉

---

① 李建中：《中国文学批评史》，北京大学出版社2009年版，第24–27页。
② 温儒敏：《中国现代文学批评史》，北京大学出版社1993年版，第1页。
③ 许道明：《中国现代文学批评史新编》，复旦大学出版社2002年版，第6–7页。

之发言，每每令人不解，宝玉之生性，件件令人可笑。不独于世上亲见这样的人不曾，即阅今古所有之小说传奇中，亦未见这样的文字。其囫囵之中实可解，可解之中又说不出理路。合目思之，却如真见一宝玉，真闻此言者，移之第二人万不可，亦不成文字矣。

这皆是宝玉意中心中确实之念，非勉强之词，所以谓今古未有之一人耳。听其囫囵不解之言，察其幽微感触之心，审其痴妄委婉之意，皆今古未见之人，亦是未见之文字。说不得贤，说不得愚，说不得不肖，说不得善，说不得恶，说不得正大光明，说不得混帐恶赖，说不得聪明才俊，说不得庸俗平（原文缺一字），说不得好色好淫，说不得情痴情种。（《脂砚斋重评石头记》第 19 回）

这两段文字对贾宝玉这一文学形象的评价非常精到，从一个侧面显现了《红楼梦》卓尔不群的艺术魅力。贾宝玉这样的人在真实生活中是见不到的，其语言和性情让人不解，但"合目思之，却如真见一宝玉"，这不正体现了作者塑造的贾宝玉这一文学形象的成功吗？这个"真宝玉"的"真"不是表象的真，而是本质的真，是用情的真，有赖于作者对生活现象进行精深的选择、组合、抽象，是"涤除玄鉴"的结果，可谓"窈兮冥兮，其中有精，其精甚真"（《老子》二十一章）。《红楼梦》让人感觉"其囫囵之中实可解，可解之中又说不出理路"，这恰恰说明贾宝玉这一文学形象是有韵味的，是刘勰所说的"隐"的体现，因而可以从宝玉的"囫囵不解之言"体察宝玉的"幽微感触之心"、"痴妄委婉之意"，带给读者多重且精微的情感体验——"说不得贤，说不得愚，说不得不肖……"语文教学中，教师应关注这样高水平的作品批评，将其推荐给学生，作为文本分析的背景素材，从而有效地提高学生的文本分析和审美水平。

再以高中课本中李清照的《声声慢》为例。我曾经听过一节高中语文课，讲的就是李清照的这首词。教师不停地提问学生，让他们谈对这首词的理解，尤其是对词中的叠字进行评价。学生大多泛泛而谈，不得要领，低水平的、破碎的评价也无法在学生间形成有效的相互启发，宝贵的教学时间被浪费了。高水平的作品批评需要深厚的文学修养，学生无法作出精到的评价是正常的，在这种情况下，为什么不把历来人们对《声声慢》的高质量评价精选出来呈现给学生作参考呢？在"诗词库"网上，关于这首词就有36项"历史评价"[①]，其中比较重要的有：

宋张端义：炼句精巧则易，平淡入调者难。且《秋词·声声慢》："寻寻觅觅，冷冷清清，凄凄惨惨戚戚。"此乃公孙大娘舞剑手。本朝非无能词之士，未曾有一下十四叠字者。后叠又云："梧桐更兼细雨，到黄昏、点点滴滴。"又使叠字，俱无斧凿痕。更有一奇字云："守定窗儿，独自怎生得黑。""黑"字不许第二人押。妇人中有此文笔，殆间气也。（《贵耳集》卷上）

明杨慎：宋人中填词，李易安亦称冠绝。使在衣冠，当与秦七、黄九争雄，不独雄于闺阁也。《声声慢》一词，最为婉妙。其词云（略）……山谷所谓以故为新，以俗为雅者，易安先得之矣。（《词品》卷二）

明陆云龙：连下叠字无迹，能手。"黑"字妙绝。（《词菁》卷二）

清刘体仁：惟易安居士"最难将息"、"怎一个愁字了得"，深妙稳雅，不落蒜酪、亦不落绝句，真此道本色当行第一人也。（《七颂堂词绎》）

清彭孙遹：李易安"被冷香消新梦觉，不许愁人不起"、"守着窗儿，独自怎生得黑"，皆用浅俗之语，发清新之思，词意并工，闺情绝调。（《金粟词话》）

清沈雄："守着窗儿，独自怎生得黑"，又"梧桐更兼细雨，到黄昏点点滴滴"，正词家所谓以易为险，以故为新者，易安先得之矣。（《古今词话·词品》卷下）

清王又华：晚唐诗人好用叠字，义山尤甚，殊不见佳：如"回肠九叠后，犹有剩回肠"，"地宽楼已迥，人更迥于楼"，"行到巴西觅谯秀，巴西唯是有寒芜"。至于三叠者"望喜楼中忆阆州。若到阆州还赴海，阆州应更有高楼"之类。又如《菊》诗"暗暗淡淡紫，融融冶冶黄"亦不佳。李清照

---

① http://www.shiciku.cn/songci/liqingzhao/47.html.

《声声慢·秋情》词，起法似本乎此，乃有出蓝之奇。盖此等语自宜于填词家耳。《秦楼月》，仄韵调也。孙夫人以平声作之；《声声慢》，平韵调也，李易安以仄声作之。岂二调原皆可平可仄，抑二妇故欲见别逞奇，实非法邪？然此二词，乃更俱称绝唱者，又何也？（《古今词论》引毛稚黄）

清万树：从来此体皆收易安所作，盖此道逸之气，如生龙活虎，非描塑可拟。其用字奇横而不妨音律，故卓绝千古。人若不及其才，而故学其笔，则未免类狗矣。观其用上声、入声，如"惨"字、"戚"字、"盏"字、"点"字、"摘"字等，原可做平，故能谐协，非可泛用仄字而以去声填入也。其前结"正伤心，却是旧时相识"，于"心"字豆句，然于上五下四者，原不拗，所谓此九字一气贯下也。后段第二、三句"憔悴损，如今有谁堪摘"，句法亦然。（《词律》卷十）

清孙致弥：须戒重叠。字面前后相犯，虽绝妙好词，毕竟不妥，万不得已用之。如李易安《声声慢》，叠用三"怎"字，虽曰读者全然不觉，究竟敲打出来，终成白璧微瑕，况未能尽如易安之善运用。慎之是也。（《词鹄·凡例》）

清许昂霄：易安此词颇带伧气，而昔人极口称之，殆不可解。（《词综偶评》）

清周之琦：其"寻寻觅觅"一首，《鹤林玉露》及《贵耳集》皆盛称之，惟海盐许篙庐谓其颇带伧气，可谓知言。（《晚香室词录》卷七）

清梁绍壬：诗有一句三叠字者，吴融《秋树》诗"一声南雁已先红，槭槭凄凄叶叶同"是也。有一句连三字者，刘驾诗"树树树梢啼晓莺"、"夜夜夜深闻子规"是也。有两句连三字者，白乐天诗"新诗三十轴，轴轴金石声"是也。有一句四叠字者，古诗"行行重行行"、《木兰诗》"唧唧复唧唧"是也。有两句互叠字者，王胄诗"年年岁岁花常发，岁岁年年人不同"是也。有三联叠字者，古诗"青青河畔草"六句是也。有七联叠字者，昌黎《南上》诗"延延离又属"十四句是也。至李易安词"寻寻觅觅，冷冷清清，凄凄惨惨戚戚"，连下十四叠句，则出奇制胜，匪夷所思矣。（《两般秋雨庵随笔》卷二）

清陆以湉：李易安词"寻寻觅觅，冷冷清清，凄凄惨惨戚戚"。乔梦符效之，作《天净沙》词云"莺莺燕燕，春春花花，柳柳真真事事。风风韵韵，娇娇嫩嫩，停停当当人人"。叠字又增其半，然不若李之自然妥贴。大抵前人杰出之作，后人学之，鲜有能并美者。（《冷庐杂识》卷六）

清陈廷焯：易安《声声慢》一阕，连下十四叠字，张正夫叹为公孙大娘舞剑手。且谓本朝非无能词之士，未曾有一下十四叠字者。然此不过奇笔耳，并非高调。张氏赏之，所见亦浅。（《白雨斋词话》卷二）……易安《声声慢》词，张正夫云……此论甚隔。十四叠字，不过造语奇隽耳，词境深浅，殊不在此。执是以论词，不免魔障。（《白雨斋词话》卷七）

梁令娴：梁启超所作批语：此词最得咽字诀，清真不及也。又：这首词写从早到晚一天的实感。那种茕独凄惶的景况，非本人不能领略，所以一字一泪，都是咬着牙根咽下。（《艺蘅馆词选》乙卷）

唐圭璋：此词上片既言"晚来"，下片如何可言"到黄昏"雨滴梧桐，前后言语重复，殊不可解。若作"晓来"，自朝至暮，整日凝愁，文从字顺，豁然贯通。（《读李清照词札记》）

俞平伯："晓来"，各本多作"晚来"，殆因下文"黄昏"云云。其实词写一整天，非一晚的事。若云"晚来风急"，则反而重复。上文"三杯两盏淡酒"是早酒，即《念奴娇》词所谓"扶头酒醒"；下文"雁过也"，即彼词"征鸿过尽"。今从《草堂诗馀》别集、《词综》、张氏《词选》等各本，作"晓来"。（《唐宋词选释》）

傅庚生：此十四字之妙，妙在叠字，一也，妙在有层次，二也，妙在曲尽思妇之情，三也。良人既已行矣，而心似有未信其即去者，用以"寻寻"。寻寻之未见也，而心似仍有未信其便去者，用又"觅觅"；觅者，寻而又细察之也。觅觅之终未有得，是良人真个去矣，闺阃之内，渐以"冷冷"；冷冷，外也，非内也。继而"清清"，清清，内也，非复外矣。又继之以"凄凄"，冷清渐蹙而凝于心。又继之以"惨惨"，凝于心而心不堪任。故终之以"戚戚"也，则肠痛心碎，伏枕而泣矣。似此步步写来，自疑而信，由浅入深，何等层次，几多细腻！不然，将求叠字之巧，必贻堆砌之讥，一涉堆砌，则叠字不足云巧矣。故觅觅不可改在寻寻之上，冷冷不可移植清清之

下,而戚戚又必居最末也。(《中国文学欣赏举隅》)

夏承焘:这首词用了许多双声叠韵字。一开头就用连串的叠字,是为加强刻画她的百无聊赖的心情,从前人认为这是了不起的创造。尤其是末了几句,"梧桐更兼细雨,到黄昏,点点滴滴。这次第,怎一个愁字了得!"二十多个字里,舌音、齿音交相重叠,是有意以这种声调来表达她心中的忧郁和惆怅。这些句子不但读起来明白如话,听起来也有明显的音乐美,充分体现出词这种配乐文学的特色。刘体仁说这首词是"本色当行",就是指它明白易懂而言。(《唐宋词欣赏》)

朱靖华:"守着窗儿,独自怎生得黑!"这个"守"字,写得十分准确。因为只有独自一人倚着窗口,才能使用"守"字。也只有心存愁绪的人,时间才是长的。"这次第,怎一个愁字了得!""愁"字实是全词的总旨,作者在最末画龙点睛地写出它,实起到了牵动全词各个部位的作用。……"怎一个愁字了得",又是一句反诘语,说明女主人公在这个"愁"字之外,尚有更广泛、更幽深的愁情未能概括进去,这就给读者留下了无限驰骋想象的余地,达到了钟嵘在《诗品》中所说的"味之者无极,闻之者动心"的艺术效果。因此,这最末一个"愁"字,从表面看,似乎是一个"露"笔,而它的实体,却是一个"藏"笔,它包含着更为丰富、更为含蓄的内容,颇具言外之意、弦外之音的妙处。(《〈声声慢〉赏析》)

详尽地将这些词评呈现出来,是为了显示高质量作品批评的丰富性及其价值,尤其可以让我们感性认识到有中国传统特色的作品批评的内容与视角。上述作品批评包括对词的立意、内涵、风格、写作技法的评价,对词中的字句尤其是十四叠字、"愁"、"守"、"黑"的艺术效果的分析,有将这首词与其他作品的比较,还有对这首词的历史地位的评价。值得关注的是,这些作品批评之间是有关联的,多个批评征引了其他的批评,形成了作品批评的交织、印证、演进、争鸣。总之,这些作品批评包含了非常多的信息,文学意味浓厚,每个评价皆有独到之处,显现作品评析丰富的切入点,这些无疑是文本分析重要的背景材料。如此丰富的作品批评不仅对学生理解这首词大有裨益，而且给学生提供了作品评价的模板，有助于学生理解作品评价的方法与视角，提高学生作品赏析的能力与品味。这些作品批评还可以成为激发学生思考、引发学生讨论乃至争论的素材，有效提高课堂教学的丰富性和深刻性。给学生呈现高质量的作品评价，不是让学生记、背这些结论，而是要帮助学生在整合、理解这些资料的基础上主动辨析，形成自己对作品的认识和评价。正如鲁迅所说："我并非要大家不看批评，不过说看了之后，仍要看看本书，自己思索，自己做主。"①

引介已有的作品评价，教师还要有意识地呈现意见相左的评价，这对学生深刻理解作品、把握作品批评的重点很有价值。如上述对《声声慢》的评价，大部分是赞赏之声，也有认为这首词艺术价值不高的意见。文学作品中引起争鸣的内容往往是该作品中值得关注的地方，如上述陈廷焯所言，《声声慢》连下十四叠字"不过奇笔耳，并非高调"，"不过造语奇隽耳，词境深浅，殊不在此。执是以论词，不免魔障"。在对十四叠字的一片赞扬声中，此论可谓异见。十四叠字是《声声慢》独特的写作手法，相当程度上决定了该词的艺术价值，在此关键处的争论对深入理解这首词无疑是非常重要的。

再以经典文献对《离骚》的评价为例：西汉淮南王刘安作《离骚传》，认为《离骚》兼"国风好色而不淫，小雅怨悱而不乱"，"蝉蜕浊污之中，浮游尘埃之外，皭然泥而不滓。推此志，虽与日月争光可也"。司马迁同意他的看法，并将此评价引入了《屈原列传》。《屈原列传》评价了《离骚》的创作动机、作品内容及创作手法："明道德之广崇，治乱之条贯，靡不毕见。其文约，其辞微，其志洁，其行廉。其称文小而其指极大，举类迩而见义远。"司马迁还说了自己读屈原作品的感受："余读《离骚》、《天问》、《招魂》、《哀郢》，悲其志⋯⋯读《服鸟赋》，同死生，轻去就，又爽然自失矣。"

到东汉时，班固在《离骚序》中提出了与刘安和司马迁不同的看法，他认为二人对《离骚》的评价"似过其真"，屈原应如《大雅·烝民》所说："既明且哲，以保其身。"后汉王逸则在《楚辞章句序》中支持刘安之说，反

---

① 《鲁迅全集（第三卷）》，人民文学出版社2005年版，第457页。

对班固的观点。王逸赞赏屈原品德高洁,"进不隐其谋,退不顾其命",认为班固所强调的"明哲保身",实质上是"婉娩以顺上,逡巡以避患"的苟且与逃避。除了对《离骚》思想性的评价,王逸还写了《离骚经序》,分析了《离骚》的艺术特色,被后世广为引征:"《离骚》之文,依《诗》取兴,引类譬喻。故善鸟香草以配忠贞,恶禽臭物以比谗佞,灵修美人以媲于君,宓妃佚女以譬贤臣,虬龙鸾凤以托君子,飘风云霓以为小人。其辞温而雅,其义皎而朗。"

刘勰在《文心雕龙》中单立《辨骚》,以洋洋千言对《离骚》及"楚辞"中的其他作品进行了评价。文章首先引征并分析了刘安、王逸等各家对《离骚》的评论,进而比较了"楚辞"和儒家经书的异同,从而肯定了"楚辞"的巨大成就,分析"楚辞"对后代作者的不同影响,总结出骚体写作的基本原则。刘勰提出了"楚辞"浪漫主义表现方法的特点,认为这方面虽然在内容上有"异于经典"的地方,但它"自铸伟辞",这是富有创造性的作品批评。刘勰最后提出"酌奇而不失其贞,玩华而不坠其实"的创作原则,要求在作品中做到奇与正、华与实的统一,这是刘勰的卓见。

上述对《离骚》的评价全面而深刻地分析了作品的主题思想、题材、写作手法、审美价值等,其中诸多评价成为"经典",是后世评价《离骚》"必引"的内容。其中许多评价结论与评价视角已升华到文学审美理论的高度,对后世文学创作和文学批评产生深远的影响。把这些经典的评价介绍给学生,能迅速提高其理解作品的水平与品位。值得注意的是,对《离骚》的评价绵延不断,形成了一个历史链条,其中就包括评价结论的转折与对立,这很有趣,也很珍贵,显现不同时代、不同视角、不同价值观、不同审美标准等因素对作品批评的影响。对文本意见相左的评价往往是该文本值得关注的地方,这些内容是理解文本的关键,语文教学中呈现这些材料能够让学生聚焦于文本中值得探究的内容,有效地激发学生的思考,大大提高文本解读的质量。因此,不要回避矛盾和对立的作品评价,也不要让学生站队,在这些评价中分出对错,而要帮助学生了解不同评价背后的影响因素,并且鼓励学生在整合资料的基础上提出自己的看法。

需要指出的是，中国早期的文学批评不是基于概念和逻辑的，属直寻妙悟的直觉思维，对比《声声慢》古代和现代的评价可以看到这一点。温儒敏指出，我国传统文学批评独具异彩，多采用诗话、词话、小说评点等松散自由的形式，偏重直觉与经验，习惯于作印象式或妙悟式的鉴赏，以诗意简洁的文字，点悟与传达作品的精神或阅读体验。这样的文学批评不太注重语言抽象和逻辑思辨，缺少理论系统性。中国传统文学批评所依赖的不是固定的理论和标准，而是文人大致相同的阅读背景下所形成的彼此接近的思维习惯和审美趣味以及由这些因素所影响形成的共同的欣赏力和判断力。[①] 中国传统文学批评最常见的文本样式是诗话、词话、曲话、小说评点，或者干脆就是诗、赋、骈文。很多作品批评本身就很有文学味道，具有审美价值，如《二十四诗品》富有韵味的以诗论诗，《文心雕龙》华美的骈文等等。因此，教师要高度关注中国传统作品批评，把握其特点与价值，并将其与文学理论、文学审美关联起来，引导学生在学习、欣赏作品批评的过程中形成高级的审美趣味。

[①] 温儒敏:《中国现代文学批评史》，北京大学出版社1993年版，第2–3页。

第五章

文本关联与比较

　　学术界已公认，鲁迅的《藤野先生》与夏目漱石的《克莱喀先生》（怀念在异国留学时遇到的恩师）、《风筝》与志贺直哉的《清兵卫与葫芦》（忏悔、谴责对幼小心灵的"精神虐杀"）、《祝福》与江口涣的《峡谷的夜》（失去儿子的妇女最终精神完全失常）、《铸剑》与菊池宽的《复仇的话》（勇武少年替父报仇的故事）在主题和写作手法上有相似之处。此外，鲁迅的《药》和俄国作家安特莱夫的《齿痛》（一个商人牙痛，妻子劝他看耶稣被行刑以解闷，还向被押解的耶稣投掷石子）以及屠格涅夫的散文诗《工人和白手的人》（工人想得到绞死革命者的绳子治病，而革命者为了工人的利益牺牲）也有相近之处。①②③

　　鲁迅在《〈中国新文学大系〉小说二集序》中说："《药》的收束，也分明留着安特莱夫式的阴冷。"④他在1935年致萧军、萧红的信中说："安特莱

---

① 赵晓靓：《试析夏目漱石的短篇小说〈克莱喀先生〉》，《广东外语外贸大学学报》2013年第3期，第81–83页。
② 顾钧：《鲁迅与〈现代日本小说集〉》，《上海鲁迅研究》2008年第4期，第220–230页。
③ 周音等：《鲁迅小说对外国文学的借鉴》，《社会科学辑刊》1981年第5期，第154–155页。
④《鲁迅全集（第六卷）》，人民文学出版社2005年版，第247页。

夫的小说，还要写得怕人，我那《药》的末一段，就有些他的影响。"① 由此可见，对鲁迅的文本进行解读，要关注相关的其他作家的作品，后者是理解鲁迅作品的背景材料。例如，讲解鲁迅的《药》，最好与屠格涅夫的《工人和白手的人》和安特莱夫的《齿痛》关联起来，因为这些作品有共同的主题、类似的素材、相近的写作手法。以《齿痛》中"安特莱夫式的阴冷"作对比，有助于学生品评《药》的文字风格，给学生呈现"还要怕人"的《齿痛》，有助于学生理解小说的选材对表情达意的意义。

每个文学文本都不是孤立的。文本互证（intertexuality）理论指出："任何文本都不可分离地与其他文本相互交织关联——不论是通过明显的或隐秘的援引和用典，或是通过对于以前的从形式到内容特征的化用，或是简单地通过不可避免地运用我们诞生其中的语言和文学惯例。"② 这不是西方独有的理论，我国古代文论中的"夺胎换骨说"本质上就在谈文本之间的关联。"夺胎换骨说"始见于宋人惠洪的《冷斋夜话》："山谷云：诗意无穷，而人才有限，以有限之才，追无穷之意，虽渊明、少陵，不得工也。然不易其意而造其语，谓之换骨法；窥入其意而形容之，谓之夺胎法。"惠洪举例说，李白有诗"鸟飞不尽暮天碧"一句，又有"青天尽处没孤鸿"句，黄庭坚认为这些诗句语意虽佳，但气骨显弱，作《登达观台》曰："瘦藤拄到风烟上，乞与游人眼界开。不知眼界阔多少，白鸟去尽青天回。"山谷取李白之诗意和诗境，诸如"鸟飞"、"暮天"、"青天"，又将李白诗中静态的"青天"、"暮天"换为动态的"青天回"，境界更为开阔，气势更为宏大，增强了诗歌之气骨。这种对前人的文字进行创造性的转化就是"换骨法"的典型例子。关于"夺胎法"，惠洪举例说，白居易诗云："临风杪秋树，对酒长年身。醉貌如霜叶，虽红不是春。"苏轼诗云："儿童误喜朱颜在，一笑那知是醉红。"苏轼取白居易醉红如同秋天的霜叶，而并非春天的花朵之意，以此加以演化，转换成醉红并非青春的脸庞。凡此之类，皆夺胎法。

---

① 《鲁迅全集（第十三卷）》，人民文学出版社2005年版，第584页。
② M.H.Abrams：*A Glossary of Literary Terms*，Harcourt Brace Jovanovich College Publishers，1993，p.285.

"诗意无穷,人才有限",绝大部分文学作品不可能在主题、立意、内容、手法上完全独创,而往往是对他人作品"夺胎换骨"的结果,即文本互证理论所说的"任何文本都不可分离地与其他文本相互交织关联"。前述鲁迅多个作品与其他作品之间的关系就显示了这种交织关联。鲁迅在《我怎么做起小说来》中说:"记得当时最爱看的作者,是俄国的果戈理和波兰的显克·微支,日本的,是夏目漱石和森鸥外。"[1] 任何一个优秀的作家,一定都会广泛、深入研读前人的作品,当他提笔写作时,这些作品必然会对其产生影响,这是文本之间存在关联的重要原因。

法泰尔用互文性来定义文学性,他认为只有经得起互文阅读的文本才称得上是文学,或凡是文学作品都要求互文阅读。[2] 因此,多个文本的关联与比较分析是提高文本解读质量的关键因素。叶嘉莹强调她在讲授诗词作品时,非常重视作品之间的关联[3]:

> 我在讲授每一家的作品之际,于叙述其个别的风格特色之时,也同时都兼顾了他们在纵向与横向之间的影响和关系,即如冯延巳对于晏殊及欧阳修之影响,以及三家词之异同;柳永词在内容与形式两方面的拓展,及其对苏轼与周邦彦之影响;苏词对辛弃疾的影响,以及苏、辛二家词之异同;周邦彦对南宋之姜夔及吴文英诸人之影响,以及周、姜、吴三家词之异同;王沂孙咏物词之特色,及其在整个咏物之传统中的地位。

文本交织关联意味着某个主题、某些素材、某种写法在多个作品中多次出现。每个文本都是有意义的,文本之间的关联也是有意义的,这种关联不是人为的,而是每个文本发生发展的基础。正是在关联和比较的过程中,文本的历史脉络、内涵、意义凸显出来,文本的意义和特点变得清晰,学生的视野得到扩展,对文本的理解也更加深刻。

一个文学作品要解决三个问题:表达什么(主题与题材)、基于什么表

---

[1]《鲁迅全集(第四卷)》,人民文学出版社 2005 年版,第 525 页。
[2] 转引自秦海鹰:《互文性理论的源起与流变》,《外国文学评论》2004 年第 3 期,第 26 页。
[3] 叶嘉莹:《唐宋词十七讲》,《嘉陵文集(第九卷)》,河北教育出版社 1997 年版,自序第 9 页。

达（素材）、如何表达（创作技法）。不同的作家在解决这三个问题时如果有共同的答案，就会成为不同文本之间共同的基因，这三个方面也是将文本关联起来的切入点。

一、母题与类型化题材

首先提出"互文性"这一概念的法国学者克里斯蒂娃指出："每一个文本都是由对其他文本的援引而构成的镶嵌图案，每一个文本都是对其他文本的吸收和转换。也就是说文本之间都存在着很大的相关性，这些错综复杂的关联就是互文性。"[1]小仲马的《茶花女》在晚清被译介到中国后，迅速为中国小说家接纳与模仿，明显的例子有钟心青的《新茶花》、何诹的《碎琴楼》、林纾的《柳亭亭》、苏曼殊的《碎簪记》和徐枕亚的《玉梨魂》等。[2]就像前述鲁迅有很多作品是对他人作品的借鉴、仿写和改写，作家这么做的一个重要原因是某个主题和题材有非常大的吸引力，值得被反复抒写，而这与一个文学概念——"母题"有关。"母题"是一个外来词，英文为motif，1924年胡适首次将其译为"母题"。他在《歌谣的比较的研究法的一个例》中说[3]：

研究歌谣，有一个很有趣的法子，就是"比较的研究法"。有许多歌谣是大同小异的，大同的地方是它们的本旨，在文学的术语上叫做"母题"，小异的地方是随时随地添上枝叶细节。往往有一个"母题"，从北方直传到南方，从江苏直传到四川，随地加上许多"本地风光"；变到末了，几乎句句变了，字字变了，然而我们试把这些歌谣比较着看，剥去枝叶，仍旧可以看出它们原来同出于一个"母题"。

母题是将多个文本关联在一起的桥梁，在教学中识别母题是实现文本关

---

[1] 转引自葛红：《互文性与用典之辩》，《求索》2009年第9期，第185页。
[2] 陈平原：《中国散文小说史》，上海人民出版社2014年版，第366页。
[3] 《胡适文存（卷四）》，黄山书社1996年版，第581页。

联的关键。以现代小说中的"还乡"母题为例,鲁迅的《故乡》、王以仁的《还乡》、林希隽的《归家》、芦焚的《果园城记》、巴金的《憩园》、柳青的《喜事》,这些作品分别出自不同时代、不同作家之手,人物、情节、环境有不同之处,但"还乡"却是共同的主题。①荣格说,"任何一个重要的观念或见解都有其历史上的先驱","所有的观念最终都是建立在原始模式之上的","我们无论从哪方面来考察这个问题,都会同语言的历史相遇,同直接引回原始奇妙世界的形象和主题相遇"。这就解释了为什么古今中外的文学作品,总是喜欢表现人类共同的、永恒的创作主题。②荣格从心理学的角度揭示出"伟大艺术的奥秘"正在于"通过分享无意识的、富饶的资源来使自己重新获得活力"。③诺贝尔文学奖获得者加缪称赞美国小说家福克纳是"世界上最伟大的作家","是我们时代唯一真正的悲剧作家"。因为他提供给我们一个古老但永远新鲜的主题:盲人在他的命运与他的责任之间跌跌撞撞地朝前走,这也是世界上唯一的悲剧主题。母题是人类经历的重大事件、重要时刻的浓缩与精华,也是作者与读者共同面对的生命中的重大课题。母题有古老的渊源,是历史的回响,是心灵中永不磨灭的吟唱。语文教学中主题分析时要有意识地切近母题,揭示它所蕴含的深沉而隽永的意涵,让学生从中获得最深切的感动。

母题意味着人类的情感体验被结构化、类型化,每个文本看似独特的主题往往可以归类属于某个母题。每个民族的文学在发展过程中总会孕育出一些母题,中国古代小说就有"高僧与美女"、"因果报应"、"下凡历劫"、"悟道成仙"、"成仙考验"、"济世降妖"、"承桃继产"等母题。④中国神话传说中则有"起源与创生"、"神灵与鬼怪"、"灾难、斗争与英雄"、"自然与社会秩序"、"发明创造"等母题。⑤明代朱权在《太和正音谱》中对戏曲杂剧题

---

① 何平:《现代小说还乡母题研究》,复旦大学出版社 2012 年版,第 4—22 页。
② 杨胜宽:《用典:文学创作的一场革命》,《复旦学报(社会科学版)》1994 年第 6 期,第 105 页。
③ [美]霍尔等:《荣格心理学纲要》,黄河文艺出版社 1987 年版,第 9 页。
④ 吴光正:《中国古代小说的原型与母题》,社会科学文献出版社 2002 年版。
⑤ 王宪昭:《中国民族神话母题研究》,民族出版社 2006 年版,第 78 页。

材进行分类，形成"杂剧十二科"，包括"神仙道化"、"隐居乐道"（又曰林泉丘壑）、"披袍秉笏"（即君臣杂剧）、"忠臣烈士"、"孝义廉节"、"叱奸骂谗"、"逐臣孤子"、"钹刀赶棒"（即脱膊杂剧）、"风花雪月"、"悲欢离合"、"烟花粉黛"（即花旦杂剧）、"神头鬼面"（即神佛杂剧）。让学生了解这些文学母题，有助于他们理解沉潜在文学文本中的传统文化以及其中与人们的愿望、理想、痛苦等密切关联的人生主题，这对于学生能够从更上位的角度理解文本主题是有益的。

与母题对应的是类型化题材。例如，边塞诗、爱情诗、山水田园诗是中国古诗的三种主要类型，边塞、爱情、山水田园就是与此对应的类型化题材。[①]母题显示文学主题有固定的类型，表现主题的文学题材也有相应的类型。作家的写作好像千变万化，但这种千变万化的背后往往有一个原型，这个原型就是一种模式。例如，上世纪90年代初风靡全中国的电视连续剧《渴望》与传统剧目《赵氏孤儿》有着相同的故事模式[②]：

《赵氏孤儿》的故事模式：赵家蒙难——孤儿遗失在外——程婴为了保护孤儿牺牲亲生儿子——程婴含辛茹苦，遭受世人遗弃——孤儿长大，赵家昭雪——程婴含笑而死。

《渴望》的故事模式：王家蒙难——小芳遗失在外——慧芳为抚养小芳不得不放弃儿子冬冬——慧芳含辛茹苦，遭到王家遗弃——小芳长大，王家团圆——慧芳瘫痪在床。

显然，《渴望》与《赵氏孤儿》有共同的主题——在信而见疑、忠而被谤的情况下忍辱负重，二者的题材本质上也是相同的。换句话说，《渴望》的题材以《赵氏孤儿》的叙事模式为原型，前者正是忠臣义仆的现代版本。

再举一例。"梦"自古就是文学作品的重要题材，《诗经》中的《小雅·斯干》《小雅·无羊》两篇占梦诗，占卜生育男女和岁年吉凶。《庄子》

[①] 郑家治：《古代诗歌史论》，巴蜀书社2003年版。
[②] 陈思和：《中国现当代文学名篇十五讲（第2版）》，北京大学出版社2013年版，第12—13页。

中有 10 篇提及"梦",其中"庄生化蝶"成为被后世文人广泛引用的典故。从战国屈原《离骚》中梦的浪漫、魏晋志人志怪小说中梦的神秘、唐代传奇中梦的美丽,到明代汤显祖"临川四梦"①中梦的幽然、清代蒲松龄《聊斋志异》中梦的离奇和《红楼梦》中梦的警幻等等,无不让人深深感动。如果要理解《红楼梦》中的梦,就要将其置于"梦"这一类型化题材的背景中,即如周汝昌所说,曹雪芹取出"红楼梦"这个套曲题目,显然和汤显祖著名的"临川四梦"有较为直接的渊源关系。要想理解《红楼梦》中的"梦",恐怕不能忘掉唐人传奇小说《枕中记》和《南柯太守传》,以及从这里演变而来的明人汤显祖的《邯郸记》和《南柯记》。②再以写梦的作家为例,"梦"是苏轼诗词中经常出现的题材,有研究者统计,在他 2823 首诗中,含"梦"字的诗共 329 首,占总数的 12%;在其 359 首词中,含"梦"字的词共 64 首,占总数的 18%。③一个作家如此频繁地利用某种题材进行写作,说明这种题材具有某种独特的表情达意的优势,这在文本分析时是值得关注的。

总之,教师应敏感地意识到,母题和类型化题材承载了万人万世的苦乐与悲喜,教师在讲解某个文本时,不仅要发现其中可能隐藏的文学母题、识别作者所使用的类型化题材,还要深刻理解这些母题和题材所承载的人类的情意及其审美内涵。

二、符号化素材与典故

母题和类型化题材与文本主题和写作目的相关,而实现文本写作目的需要恰当的素材,素材是实现写作意图的基本单位。例如,中国古人在写诗时常常写到某种植物以借景抒情,表现某个主题,这些植物就是写作的素材。以"芦苇"为例,有研究者将"芦"、"苇"、"葭"三种名称加在一

---

① 临川四梦,又称玉茗堂四梦,是明代汤显祖的《牡丹亭》、《紫钗记》、《邯郸记》、《南柯记》四剧的合称。
② 周汝昌:《周汝昌点评红楼梦》,团结出版社 2004 年版,第 8 页。
③ 阮延俊:《论苏轼的人生境界及其文化底蕴》,华中师范大学博士学位论文 2012 年,第 187 页。

起，统计出《全唐诗》中含有芦苇意象的单句有642句，《全宋词》中有291句。[①]"芦苇"这样的素材具有符号特征，因为它已经超越了个别、具体的形象，具有形上的、抽象的审美意涵而成为一个文学符号，它表达的情意主要包括时光流逝、漂泊客旅、离情别绪等。在中国文学中，被普遍使用的符号化的植物类型的素材还有松柏、杨柳、兰、桑、竹、桃、荷、菊、槐、梧桐、梅、桂、草、萍、苹、蒲、杏、杜鹃、牡丹、芍药、石榴、海棠、水仙、茶等等。

文学中的符号化素材除了植物，还有动物、自然景观、社会现象、人物（形象、动作）、事件等等。这些符号化素材在文本分析中值得重视，因为这些具体事物能成为文化符号是历史积淀的结果，承载着丰富的文化内涵并得到普遍认可。就像现代建筑中的预制模块能提高建筑效率和品质一样，符号化素材用于文学创作能够提高情意表达的效率，优化情意表达的效果。文本分析时教师要敏感地识别其中的符号化素材，与其他文本中同样的素材进行关联分析。下面以叶嘉莹对辛弃疾的《摸鱼儿》的分析为例，说明符号化素材对文本分析的意义。

辛弃疾《摸鱼儿》这首词的原文是：

更能消、几番风雨，匆匆春又归去。惜春长怕花开早，何况落红无数。春且住，见说道、天涯芳草无归路。怨春不语，算只有殷勤，画檐蛛网，尽日惹飞絮。

长门事，准拟佳期又误。蛾眉曾有人妒。千金纵买相如赋，脉脉此情谁诉？君莫舞，君不见、玉环飞燕皆尘土！闲愁最苦，休去倚危栏，斜阳正在，烟柳断肠处。

叶嘉莹对这首词的分析如下[②]：

[①] 李倩：《中国古代文学芦苇意象和题材研究》，南京师范大学硕士学位论文2013年，第3，60–68页。
[②] 叶嘉莹：《南宋名家词讲录》，天津古籍出版社2005年版，第64–69页。

"更能消、几番风雨，匆匆春又归去"。辛弃疾在淳熙己亥年从湖北转运副使移官湖南。辛弃疾一直怀着收复失地的理想，但朝廷总是把他东调西调，不到十年，迁转了十几次之多。在这首词里，"风雨"意味着飘零、打击、摧残。"风雨"在诗词中一向有象喻的传统，在中国诗歌中也是一个文化的语码①。苏轼不是也有一首词，说"莫听穿林打叶声"吗？在那首词的最后，他说："回首向来萧瑟处，归去，也无风雨也无晴。"

"长门事，准拟佳期又误"，这与汉武帝的陈皇后有关。陈皇后小名叫阿娇，是汉武帝姑母的女儿，他小时候经常和阿娇在一起玩。有一次他姑母就问："你长大了，我把阿娇嫁给你好不好？"他说："如果我娶了阿娇做妻子，我要铸金屋藏之。"后来，阿娇真的跟汉武帝结了婚，但失宠后被贬到长门去了。于是陈皇后找来了司马相如，司马相如就给她写了一篇《长门赋》，写她在长门之中如何的悲哀，希望能够借此来感动武帝，结果武帝真的感动了。现在辛弃疾说：我像当年的陈阿娇一样被冷落了，我希望离开湖北后能有一个真正实现理想的机会，可是，我不能感动皇帝、感动朝廷，没有人关怀我、爱惜我，我的理想又一次幻灭了。"千金纵买相如赋，脉脉此情谁诉？"陈皇后当年用千金求司马相如为她写赋，结果感动了皇帝；现在，纵然我也有千金，但能够找到一个像司马相如那样的人肯为我说上几句话吗？

然后，他又转回去说："君莫舞，君不见、玉环飞燕皆尘土"，"舞"就是展示自己的姿态，他说：你们这些高高在上的人不要得意，你没有看见杨玉环与赵飞燕的下场吗？她们矜夸自己美丽的歌舞，曾经得宠一时，可是最后不都死去化为尘土了吗？

"斜阳正在，烟柳断肠处"，"斜阳"在中国的诗词里边也是一个语码。在中国的文化传统中，"斜阳"代表的是国家的危亡。韦庄有五首《菩萨蛮》，最后一首他说："凝恨对斜晖，忆君君不知。"他写的就是斜阳。清朝初年有一位叫李雯的词人写过一首《风流子》，开头是："谁教春去也？人间恨，何处问斜阳？"那时明朝已经灭亡，李雯的父亲也在战乱中死去了。所

---

① 叶嘉莹这里所说的"语码"即是符号化的语言文字素材。

以中国诗歌里写到斜晖,写到斜阳,往往有一种对朝廷的危亡的忧虑。(有删节和改动)

从叶嘉莹对辛词的分析中,我们看到"风雨"、"长门事"、"相如赋"、"杨玉环"、"赵飞燕"、"斜阳"等都是符号化的文学素材。这些素材蕴含着丰富动人的信息而被后世文人不断引用,与作者要表达的感动相互映照,交织震荡,读者则因此而获得多重感动。同时,符号化素材将多个文本交织关联起来,使我们在分析这首词的时候能够扩展到其他文本,在多次、多重感悟中更深刻地理解这些素材以及整个文本。

再以李白对庄子的继承为例。有研究者统计了李白诗歌与《庄子》有关的诗句,发现李白诗歌存世九百余首,其中与《庄子》有关联的就有一百余首。[①] 以下是部分内容:

李白诗歌	《庄子》原文
挥剑决浮云,诸侯尽西来。	天子之剑,……上决浮云。
安得郢中质,一挥成风斤。	运斤成风。
直木忌先伐,芳兰哀自焚。	直木先伐,甘井先竭。
吾亦洗心者,忘机从尔游。	有机事者必有机心。
愿逢田子方,恻然为我悲。	田子方
蟪蛄蒙恩,深愧短促。	蟪蛄不知春秋。
邈仙山之峻极兮,闻天籁之嘈嘈。	地籁则……敢问天籁。
墨池飞出北溟鱼,笔锋杀尽中山兔。	北溟有鱼,其长不知几千里。
大鹏一日同风起,扶摇直上九万里。	鹏……水击三千里,抟扶摇而上者九万里。
我本楚狂人,凤歌笑孔丘。	孔子适楚,楚狂接舆游其门,曰凤兮凤兮。

李白对庄子的继承有一个重要的表现——引用《庄子》中的文字作为自己的创作素材。李白之所以这么做,是因为这些素材的意涵精密、哲理深

---

① 窦可阳:《李白诗对〈庄子〉文学接受论稿》,吉林大学硕士学位论文2005年,第57页。

刻，大大提升了表情达意的效率和效果。这也提醒我们，对符号化素材的识别和理解也是对文本解读的挑战，不熟悉《庄子》、不理解源自《庄子》的意涵丰富的符号化素材，就无法理解李白的诗歌。

故事性的符号化素材可称为"典故"，是一种非常常见的符号化素材，包括神话、传说、故事、民俗、寓言等。上述辛词《摸鱼儿》中的"长门事"就是典故，李白诗歌"安得郢中质，一挥成风斤"化用了"运斤成风"的典故，它源自《庄子·徐无鬼》中的一个故事：

庄子送葬，过惠子之墓，顾谓从者曰："郢人垩慢其鼻端若蝇翼，使匠人斫之。匠石运斤成风，听而斫之，尽垩而鼻不伤，郢人立不失容。宋元君闻之，召匠石曰：'尝试为寡人为之。'匠石曰：'臣则尝能斫之。虽然，臣之质死久矣！'自夫子之死也，吾无以为质矣，吾无与言之矣！"

由这个故事可以看到，典故是一个包含人物、情节的故事，能成为典故，是因为它蕴含着深厚的意涵乃至哲思。"运斤成风"这个典故后世有"斫鼻"、"斫垩"、"斫墁"、"斫泥"、"郢斫"、"匠斫"、"鼻端妙斫"、"成风尽垩"、"成风斫"、"郢匠斤"、"郢匠挥斤"、"大匠运斤"、"匠石运斤"、"匠石斫鼻"、"郢匠风斤"、"成风妙斤"、"郢斤"、"运斤"、"挥斤"、"斤斧"、"斤削"、"郢匠"、"匠郢"、"郢斧"、"鼻垩"、"斫削"、"郢政"、"斧削"、"斧正"等等各种化用。下面是几个例子：

黄庭坚《谢公定和二范秋怀五首邀予同作》之二："虽怀斫鼻巧，有斧且无柯。"

苏轼《新渡寺席……坐皆惊叹》："平生魏公筹，忽斫郢人墁。"

黄庭坚《题王黄州墨迹后》："世有斫泥手，或不待郢工。"杨万里《和仲良春晚即事》："我语真雕朽，君诗妙斫泥。"陈师道《黄预挽词》之三："平生斫泥手，斤斧恐长休。"

陆游《雨后殊有秋意》："只叹鼻端无妙斫，岂知弦外有遗音。"

骆宾王《上梁明府启》："岂惟成风之斫，妙思通神，流水之弦，清音入听。"

第五章　文本关联与比较　159

杜甫《奉赠鲜于京兆二十韵》:"脱略磻溪钓,操持郢匠斤。"

秦观《别贾耘老》诗:"欲托毫素通殷勤,郢匠旁瞩难挥斤。"

蒲松龄《拟上以万世师表四字颁行天下黉宫群臣谢表》:"风斤月斧,雕成蝌蚪之文;鹭采风涛,发作虹之气。"

刘勰在《文心雕龙·事类》中以"事类"诠释"用典":"事类者,盖文章之外,据事以类义,援古以证今者也。"他认为贴切合理的用典会让文章"文梓共采,琼珠交赠"。刘勰指出用典的要求:"是以综学在博,取事贵约,校练务精,捃理须核,众美辐辏,表里发挥。"近代刘永济在《文心雕龙校释·丽辞》中指出:"文家用古事以达今意,后世谓之用典,实乃修辞之法,所以使言简而意赅也。故用典所贵,在于切意,切意之典,曰有三美:一则意婉而尽,二则藻丽而富,三则气畅而凝。"胡应麟认为活用典故体现了一个诗人的"笔力材诣",要求诗人有广博的知识,还要有高超的技巧,他在《诗薮》中说:

用事患不得肯綮,得肯綮,则一篇之中八句皆用,一句之中二字串用,亦何不可!婉转清空,了无痕迹,纵横变换,莫测端倪,此全在神运笔融,犹斫轮甘苦,心手自知,难以言述。

由这些论述可见,文学创作中用典是必要的,但要用得精到、自然、契合写作目的,避免堆砌乃至卖弄。清代袁枚在《随园诗话》中说:"人有满腔书卷,无处张皇,当为考据之学,自成一家;其次则骈体文,尽可铺排,何必借诗为卖弄。自《三百篇》至今日,凡诗之传者,都是性灵,不关堆垛,惟李义山诗稍多典故,然皆用才情驱使,不专砌填也。"文学用来表情达意,用典应被情感驱动而不是说理考据。宋人对用典有妙喻:"作诗用事要如水中煮盐,饮食乃知盐味,此说诗家秘藏也。杜少陵诗,如'五更鼓角声悲壮,三峡星河影动摇',人徒见凌轹造化之功,不知乃用事也。"[1] 用典自然妥帖,典故与整个作品浑然一体,这是活用典故的妙境。胡应麟指出用典的三个境界:"凡用事用语,虽千熔百炼,若黄金在冶,至铸形成体之后,

---

[1] 转引自郭绍虞:《宋诗话辑佚》,中华书局1980年版,第270页。

妙夺化工，无复丝毫痕迹，乃为至佳；藉读之少令人疑似，便落第二义；况颟搜隐僻，巧做形模，此昆体之所以失也。"诗中典故如同黄金被炼化成器，毫无痕迹，这是最高层次的用典；如果读者读到典故有疑似故实之感，就落得下风；而专门引用冷僻的典故，便又低了一个层次。胡应麟还借禅宗思想批评诗歌中滥用典故的现象："禅家戒事理二障，余戏谓宋人诗，病正坐此。苏、黄好用事，而为事使，事障也；程、邵好谈理，而为理缚，理障也。"(《诗薮》)事障即指宋人在创作诗歌时，大量用典而忽视了诗歌本身表情达意的任务和本质，走上滥用典故的歧途。胡应麟以杜诗活用典故为例，称杜甫的用典为"千古绝技"：

> 杜用事门目甚多，姑举人名一类。如"清新庾开府，俊逸鲍参军"，正用者也；"聪明过管辂，尺牍倒陈遵"，反用者也；"谢氏登山屐，陶公漉酒巾"，明用者也；"伏柱闻周史，乘槎似汉臣"，暗用者也；"举天悲富骆，近代借卢王"，并用者也；"高岑殊缓步，沈鲍得同行"，单用者也；"汲黯匡君切，廉颇出将频"，分用者也；"共传收庾信，不比得陈琳"，串用者也。至"对棋陪谢傅，把剑觅徐君"，"侍臣双宋玉，战策两穰苴"，"飘零神女雨，继续楚王风"，"晋室丹阳尹，公孙白帝城"，锻炼精奇，含蓄深远，迥出前代矣。(《诗薮·内编·近体上·五言》)

由这些论述可见，精美的典故不仅是表情达意的需要，其自身也值得欣赏和品味，尤其要将其置于整个文本之中，着重体会这些典故对表情达意的价值，同时赏析作者巧用典故的策略。

胡适在《文学改良刍议》中指出八条改良措施，其中第六条是"不用典"。他区分了广义之典和狭义之典，认为广义之典可用可不用，狭义之典则主张不用，进而说明和对比了用典之工与用典之拙[①]：

> 广义之典约有五种。(1) 古人所设譬喻，其取譬之事物，含有普通意义，不以时代而失其效用者，今人亦可用之。如古人言"以子之矛攻子之

---

① 《胡适文存（一集）》，黄山书社1996年版，第7—10页。

盾"。今人虽不读书者，亦知用"自相矛盾"之喻。若"负弩先驱"、"退避三舍"之类，在今日已非通行之事物，在文人相与之间，或可用之，然终以不用为上。（2）成语。成语者，合字成辞，别为意义。其习见之句，通行已久，不妨用之。（3）引史事。引史事与今所论议之事相比较，不可谓为用典也。（4）引古人作比。杜诗云，"清新庾开府，俊逸鲍参军"，此亦非用典也。（5）引古人之语。此亦非用典也。

狭义之典，吾所主张不用者也。吾所谓"用典"者，谓文人词客不能自己铸词造句，以写眼前之景，胸中之意，故借用或不全切，或全不切之故事陈言以代之，以图含混过去：是谓"用典"。用典之弊，在于使人失其所欲譬喻之原意。若反客为主，使读者迷于使事用典之繁，而转忘其所为设譬之事物，则为拙矣。用典之拙者，大抵皆懒惰之人，不知造词，故以此为躲懒藏拙之计。

总计拙典亦有数类：（1）比例泛而不切，可作几种解释，无确定之根据。（2）僻典使人不解。（3）刻削古典成语，不合文法。（4）用典而失其原意。如某君写山高与天接之状而曰"西接杞天倾"是也。（5）古事之实有所指，不可移用者，今往乱用作普通事实。如张翰因秋风起而思故乡之莼羹鲈脍，今则虽非吴人，不知莼鲈为何味者，亦皆自称有"莼鲈之思"。此则不仅懒不可救，直是自欺欺人耳！（有删节）

胡适对用典提出了非常具体的看法和建议，尤其要关注他说的"拙典"以及狭义之典，这是评价用典的一个比较清晰的标准。胡适同意用广义之典，广义之典的五种分类是我们分析文本用典的一个视角，是将多个文本关联起来的切入点。从某个角度看，广义用典是文化的传承，这些典故是一个个动人的历史片段，蕴含着人们精致而深沉的情意，值得我们在文本分析时品味和欣赏。

三、技法与流派

贾平凹1981年2月20日发表在《人民日报》上的散文《丑石》被选入初中语文课本，语文教师林安福将该文与苏轼的诗《咏怪石》进行了关联分析。《咏怪石》前十二句写家中怪石为多余之物，没有用处；中间二十八句写怪石向苏轼托梦，为自己辩解，实际上苏轼借怪石之口赞扬了怪石的高贵品质；最后四句写苏轼听了怪石的自辩，觉得怪石不但不丑，而且它的"节概"高不可攀，故书于席端作为自己的座右铭。苏轼讴歌像"怪石"一样的人品格高贵，有别于自轻自贱之人；人格正直，有别于"庸人"；信仰崇高，有别于"常人"。贾平凹在《丑石》一文中揭示了"丑石"外丑内美、形丑实美的实质，向人们揭示"以丑为美"、"丑到极处，便是美到极处"的"美丑观"，赞颂"丑石"不屈于误解、寂寞的品质。这两篇文章除了在主题和素材上有共通之处，还都运用了"托物言志"的写作技法，如果说共同的主题和素材关乎"写什么"，共同的写作技法则关乎"怎么写"，这在文本关联时同样值得关注。

　　写作技法是实现写作意图、整合写作素材的关键。莫言在苏州大学"小说家讲坛"上谈到《红高粱》时说："我最得意的是'发明'了'我爷爷'、'我奶奶'这个独特的视角，打通了历史与现代之间的障碍，也可以说是开启了一扇通往过去的方便之门。因为方便，也就特别容易被模仿。后来'我爷爷'、'我奶奶'、'我姑姑'、'我姐姐'的小说就很多了。"[①] 有了"我爷爷"、"我奶奶"这个独特视角，打开了一个独特、高效（莫言称之为"方便"）的小说叙事之门，这就是一种创新的写作技法，而这种技法也被其他的写作者借鉴，多个文本之间因为共同的写作技法而产生关联。

　　不同的写作技法会带来不同的写作效果，基于不同写作技法的对比，可以对文本形成更深刻的理解，对此莫言谈道[②]：

　　　　同是"红色经典"，但感觉到其中有些书的写法跟别的书不一样。譬如吴强那本描写孟良崮战役的《红日》，开始写的是我军失败，写到了阴霾的天气和黑色的乌鸦，写到了部队的悲观情绪和高级干部的沮丧心情。我当时感觉到他不应该这样写，这样写不太革命。孩子还是希望英雄永远胜利，像

[①] 孔范今等：《莫言研究资料》，山东文艺出版社2006年版，第42页。
[②] 同上，第45页。

《林海雪原》那样，像《敌后武工队》那样。《红日》一开始写悲观、失败，我觉得很不舒服。走上文学创作的道路后，才知道当初那些让我看了不舒服的地方，恰是最有文学意义的描写。

我们经常在教学中问学生"作者为什么这么写"，"这么写有什么好处"，"如果这样写呢"。这些问题都是对创作技法的评析，如果能基于文本关联让学生对不同文本的写作技法进行对比分析，无疑会深化他们对于技法的认识，进而更深入地理解文本。对于作家来说，学习、模仿、整合他人的写作技法是常见的，也是必要的。例如，莫言谈到红色经典对其创作的影响[①]：

（红色经典）不少东西对我以后的创作是有影响的，像《苦菜花》就是如此。我举个例子：当时的小说中描写的爱情，革命的意义大于生理的意义，总是那样理想、完美，其实是遵循着英雄爱美女的老套。《苦菜花》里的爱情描写我看了很难过，八路军排长王东海是个战斗英雄，驻地有个女人名叫花子，丈夫为掩护八路军牺牲了，她成了一个寡妇，带着一个小孩。另外还有一个八路军的卫生队长叫白芸的，又漂亮又有文化，她对王东海说我们之间的关系能不能比同志关系更进一步？那个排长说不行。这时候，花子左手抱着一棵大白菜，右手抱着个孩子进来了。因为她的丈夫是为了掩护这个排长而牺牲的，这就暗示着说排长要对这个寡妇负责。于是白芸就抱着花子说了声"好姐姐"后主动地走掉了。我当时特别难过，我觉得这样写不好。我觉得英雄排长王东海和白芸好才是真正的郎才女貌，英雄配美女。……我走上文学道路以后，才觉得这个排长的行为是非常了不起的。……《苦菜花》里面，有许多残酷的描写，对战争中性爱的描写也是非常大胆的，里面写到了长工与地主太太之间的爱情等，写到了一个有麻子的男人与自己的病秧子媳妇的爱情等，当然也有革命青年德强与地主女儿（实际上是长工的女儿）杏莉之间美好的爱情，但就是这唯一美好的爱情，作家

[①] 孔范今等：《莫言研究资料》，山东文艺出版社2006年版，第47页。

竟然让他们没有成功,他把那个美丽的女孩子杏莉给写死了。我觉得《苦菜花》写革命战争年代里的爱情已经高出了当时小说很多。我后来写《红高粱家族》时,……从《苦菜花》中得益很多。如果我没有读过《苦菜花》,不知道自己写出来的《红高粱》是什么样子。

莫言认为"《苦菜花》写革命战争年代里的爱情已经高出了当时小说很多",这个"高"既是立意的高,也是写作技法的高,超越了老套的"英雄爱美女"的写法,给读者以更深切的感动。这些出自一个优秀作家的有关创作技法的自述非常重要,清楚地展示了一个作家对文本写作技法的理解与分析,从中我们可以看到作家对他人写作技法的理解与化用,这对理解文本的创作技法非常有好处。教师可尝试在教学中基于互文背景对文本的写作技法进行关联分析。例如,鲁迅的《故乡》和《祝福》不仅有共同的主题——还乡,而且还有相似的写作手法——文本的叙事来自双重视角,作者既是亲历者,又是旁观者,亲历的经验和旁观的信息相互配合,共同为实现文章的主旨服务,让读者从不同的视角对作品中的人和事产生更全面、更丰富的认识。在前面"母题与类型化题材"中,我们介绍了很多"还乡"主题的作品,教师在讲解鲁迅的《故乡》《祝福》时,可将这些作品的写作技法进行对比,让学生更好地理解文本的写作技法。

沈从文在写完小说《夫妇》之后,作过这样一篇附记:"自己有时常常觉得有两种笔调写文章,其一种,写乡下,则仿佛有与废名先生相似处。由自己说来,是受了废名先生的影响,但风致稍稍不同,因为用抒情诗的笔调写创作,是只有废名先生才能那样经济的。这一篇即又有这痕迹。"[1]这表明沈从文的《夫妇》写作受到了废名(冯文炳)的影响,二者是有关联的。沈从文和废名都属于京派作家,他们的作品是同一个文学流派,文学技法的相似是不同作家归属同一流派的重要条件之一。因此,基于文学流派将不同的作品关联起来,进而对其写作技法进行比较分析是一个值得考虑的路径。

---

[1] 严家炎:《中国现代小说流派史》,人民文学出版社1989年版,第214页。

文学流派是在一定历史时期内，由思想倾向、艺术主张、审美趣味、创作方法比较一致，或艺术风格相近的某些作家所形成的文学派别。[①]文学流派不是人为和主观的划分，而是通过作品自身的特点客观显示出来的。尽管作家写作时并未想到他要当什么派，但他的审美趣味，他的文艺观点，他过去接触的作家、作品、思潮无形中还是会支配着他，使他写出可能接近于这派或那派的作品。流派是时代要求、文学风尚和作家美学追求的结晶，它不是只表现在个别作家身上，而是表现在一群作家身上。其中所蕴含的作品创作过程中的某些规律与经验，不仅能显示同一时期内横的分化，而且也显示前后不同时期纵的关联。[②]文本分析时教师要有"流派意识"，能识别和判断作品的流派，为作品的关联奠定基础。下面以京派小说为例，说明如何以流派为基础将作品关联起来，并且基于这种关联分析作品的写作技法。

京派小说不是后来人们所称的"京味小说"，而是指上世纪30年代新文学中心南移到上海以后，继续活动于北平的作家群形成的一个文学流派。京派主要成员有三部分人：一是20年代末期语丝社分化后留下的偏重讲性灵、趣味的作家，像周作人、废名、俞平伯；二是新月社留下的或与《新月》月刊关系较密切的一部分作家，像梁实秋、凌叔华、沈从文、孙大雨、梁宗岱；三是清华、北大等校的其他师生，包括一些当时开始崭露头角的青年作者，像朱光潜、李健吾、何其芳、李广田、卞之琳、萧乾、李长之等。这些成员的思想、艺术倾向并不完全一致，但他们在文学事业上有共同的趋向和主张，在创作上也有共同的审美理想和追求。[③]熟悉一个文学流派的成员很重要，在分析其中一人的作品时，就能够有意识地关联同一流派其他作家的作品，以这种关联为背景分析作品的写作技法。

京派小说以抒情写意最为见长，有些简直就是小说体的诗。沈从文在20年代末谈到废名的小说时就说："用抒情诗的笔调写创作，是只有废名先生才能那样经济的。"他承认自己的《夫妇》等篇"受了废名先生的影响"。

[①] 朱培高：《中国文学流派史》，黄山书社1998年版，第466页。
[②] 严家炎：《中国现代小说流派史》，人民文学出版社1989年版，第7页。
[③] 同上，第205页。

30年代谈到自己的乡土题材小说时，沈从文自认其作品"一例浸透了一种'乡土抒情诗'的气氛"。即使到50年代，在现实主义思潮盛极一时之际，沈从文为自己的小说选集写《题记》时仍然说他的故事"在写实中依旧浸透一种抒情幻想成分"。80年代初，在为《沈从文小说选》写《题记》时，他又说：当年那样写家乡生活，目的是想对人事哀乐、景物印象"试试作综合处理，看是不是能产生点散文诗效果"。凌叔华在《小哥儿俩》一书的《自序》中，也称自己的一部分小说是"写意画"。至于萧乾、汪曾祺的小说，也是人们公认富有诗意的。

象征是京派小说常用的写作手法。许多小说从题目到具体形象，都具有象征性，废名的小说《桥》，沈从文的小说《渔》、《泥涂》及《菜园》中的菊花、《夫妇》中的野花，凌叔华的小说《凤凰》，萧乾的小说《蚕》、《花子与老黄》等都含有明确的象征意味。沈从文的《边城》可以说是一种整体的象征，白塔的坍塌象征着原始、古老的湘西的终结，它的重修意味着重造美好世界的愿望。京派小说象征性内涵大大丰富了作品的抒情容量，扩大了小说艺术表现的空间。

京派小说还有一个写作特点就是含蓄婉约。沈从文在《〈看虹摘星录〉后记》中说："不管是故事还是人生，一切都应当美一些！丑的东西虽不全是罪恶，总不能使人愉快，也无从令人由痛苦见出生命的庄严，产生那个高尚情操。"京派小说有时故意淡化情节，淡化发生的时代背景，叙述事件时采用信马由缰的散文笔法，用笔时留白，给人超凡绝俗的空灵之感，使作品蒙上一层朦胧永恒的色彩，也增强了淡远隽永的艺术效果。

抒情与诗化、象征、含蓄婉约，这些都是京派小说的风格，而这种风格与其写作手法密不可分，事实上，抒情与诗化、象征、含蓄婉约也可认为是文学创作的技法。因此，将同一流派的作品关联起来，对其写作手法进行对比分析，这为理解写作手法乃至整个作品提供了重要背景。

法国艺术家丹纳说："人人知道一个艺术家的许多不同的作品都是亲属，好像一父所生的几个女儿，彼此有显著相像之处。……艺术家本身，连同他所产生的全部作品，也不是孤立的。有一个包括艺术家在内的总体，比艺术家更广大，就是他所隶属的同时同地的艺术宗派或艺术家家族。"[1]这表明作品之间必然存在关联，既包括一个作家作品之间的关联，也包括多个作家作品之间的关联，而且这种关联往往以文学流派的方式表现出来。

对于某个作家作品间的关联，丹纳说：

每个艺术家都有他的风格，见之于他所有的作品。……倘是作家，他有他的人物，或激烈或和平；他有他的情节，或复杂或简单；他有他的结局，或悲壮或滑稽；他有他风格的效果，他的句法，他的字汇。

对于多个作家作品之间的关联，丹纳说：

莎士比亚，初看似乎是从天上掉下来的奇迹，从别个星球上来的陨石，但在他的周围，我们发见十来个优秀的剧作家，如韦伯斯特，福特，马辛杰，马洛，本·琼森，弗莱彻，博蒙特，都用同样的风格，同样的思想感情写作。他们的戏剧的特征和莎士比亚的特征一样：你们可以看到同样暴烈与可怕的人物，同样的凶杀和离奇的结局，同样突如其来和放纵的情欲，同样混乱，奇特，过火而又辉煌的文体，同样对田野与风景抱着诗意浓郁的感情，同样写一般敏感而爱情深厚的妇女。

丹纳的这些评论提醒我们，可以从多个作家和单个作家两个视角发现作品之间的关联。这样的关联源自共同的主题，共同的文化背景，共同的创作规律，文本之间存在共同的基因是必然的。文学作品是个性与共性碰撞的结果，完全个性的作品是不存在的，相关的文本交织关联形成一个文本网格，被解读的目标文本通过与其他文本的横纵关联，在这个网格中被清晰"定位"，其意义、价值、风格被凸显出来。

---

[1]［法］丹纳:《艺术哲学》，傅雷译，广西师范大学出版社2000年版，第37—38页。

第六章

儒道思想

访谈者问曹禺:"有人说您的剧作可能受到老子的思想影响。……您在《日出》前面引用了那么多《道德经》语录,它是不是意味着对主题的概括,还是有其他的什么寓意?"曹禺回答①:

你说的对,那可能指的是我在《日出》前面引了老子的《道德经》里的话。……只是一种代替序的作用,就是这个社会非有人起来造反,非把它推倒了算,就是这个意思。……第一段引了《道德经》中的一段话:"天之道其犹张弓欤?高者抑之,下者举之。"这好像张弓射物,举得高了就放低些,低了就举高些;"有余者损之,不足者补之"。天之道是"损有余而补不足"的,人之道则不然了,那是相反的,是"损不足以奉有余"的。……《日出》的最后,是看见了一片新天地,整个天地变了。而实际上人都死了,陈白露也死了。不是日出了,是完蛋了。那是国民党时期,叫我直接写出他们完蛋了,写出这本账算清了,这个社会"哏儿屁"了,必须重新建立。

曹禺写的是20世纪初的中国,背后却深潜着两千多年前《道德经》中的思想和主张。张岱年指出,中国古代的人生哲学亦可称为中国古代的"人

---

① 刘一军,田本相:《曹禺访谈录》,百花文艺出版社2010年版,第23—24页。

学"，是中国传统文化的核心内容，其中最为丰湛的是儒、道两家。①中国文学是整个中国文化的一部分，而中国文化的根就是儒道思想。任何一个中国作家，任何一部中国文学作品，或多或少、或明或暗都要受到儒道思想的影响。

中国传统文化是儒、释、道三家，而这三家分两派，儒家为一派，道、释为一派。②任继愈说："有五千年文明的中国，流传广泛的哲学流派不少，号称百家，其实只有两家，一个是儒家，一个是道家。"③关于释和道的关系，以及佛教如何对文学产生影响，徐复观指出④：

中国只有儒道两家思想。……印度佛教在中国流行后，所给与文学的影响，常在善恶因果报应范围之内，这只是思想层次的影响，不是由人格修养而来的影响。由人格修养而给文学以影响的，一般都指向佛教中的"禅"。但如实地说，禅所给与文学的影响，乃成立于禅在修养过程中与道家尤其是庄子两相符合的这一阶段之上。……所以日本人士所夸张的禅在文化中、文学艺术中的巨大影响，实质是庄子思想借尸还魂的影响。

禅宗思想是大众化的老庄哲学，它是纯粹中国化的，不断而又广泛地撷取老庄思想，由道生、僧肇奠基，终至《坛经》而系统化、大众化的哲人智慧。⑤徐复观将道家中的庄子与禅宗中的《坛经》作了比较⑥：

	道	禅
动 机	解脱精神的桎梏	因生死问题发心
工 夫	无知无欲	去"贪、嗔、痴"三毒
进 境	"至人之心若镜"	"心如明镜台"
归 结	"胜物而不伤"	"本来无一物"

---

① 邵汉明：《儒道人生哲学》，长春出版社2011年版，序言第1页。
② 黄保真等：《中国文学理论史（一）》，北京出版社1987年版，绪言第21–23页。
③ 任继愈：《老子绎读》，北京图书馆出版社2006年版，第12–13页。
④《徐复观文集（第二卷）》，湖北人民出版社2009年版，第364–365页。
⑤ 麻天祥：《中国禅宗思想史略》，中国人民大学出版社2007年版，前言第1–2页。
⑥ 同④，第364–365页。

佛教自东汉传入中国，对文学理论影响最大的是禅宗。禅宗是一种充分中国化的佛教宗派，其宗教理论被称为披着印度袈裟的魏晋玄学，而尤与玄学中的"贵无"派关系密切，后者的思想渊源盖出于《老》、《庄》、《周易》。禅宗的核心是探讨人的存在及其解脱，给人指出一个安身立命之所，比起"因果报应"或"神仙世界"要高妙得多，这可能是士人亲近禅的原因。①

基于上述分析，我们将着重分析儒道思想（包括佛禅思想）对文学的影响，以及语文教学中如何将儒道思想作为文本解读的背景。

文学是人学，要面对人生的重大问题，要澄清人与自然、与他人和社会、与自己的关系，这必然要受到儒道思想的影响。某种意义上，中国文学就是以文字艺术的形式对儒道思想的阐释。中国文学理论和文学审美也是建筑在儒道思想之上的，前述"文学理论与作品批评"部分，可以看到大量的审美视角、审美标准、审美品评来自经典的儒道思想。

中国历史上传统儒道思想不断受到挑战与冲击。以儒家思想在五四新文化运动中的遭遇为例，李大钊呼唤青年要"冲决过去历史之网罗，破坏陈腐学说之囹圄"，重造"青春之民族"；陈独秀说要"拖四十二生的大炮"对传统儒学予以轰击；鲁迅也声称，文化新军在前进中，苟有阻碍"无论是古是今，是人是鬼，是《三坟》《五典》，百宋千元，天球河图，金人玉佛，祖传丸散，秘制膏丹，全部踏倒他"。值得深思的是，儒道思想虽屡受冲击却生生不息。在后现代思潮的代表人物德里达看来，传统的威力十分强大，你以为自己在拒绝或远离它，实则已陷入不可自拔的境地。② 如今看来，上述反对"旧文化"的人可能就怀着儒家信念在反对儒家思想。正如前面莫言的自述，他拼命想要逃离家乡，可家乡的一切——无论是好的还是坏的——已在其心上烙下不可磨灭的印记。儒道思想是中国人的思想根基，绵延几千年，为中国文化设定了基本的思想框架。历经两千多年，儒道思想因不断被解读、被应用、被批评而生发、升华、沉淀、扬弃，儒道思想因此而不断

---

① 黄宝华：《禅宗与苏轼》，《上海师范大学学报》1989年第4期，第93页。
② 转引自王确：《使命的自觉：儒家传统与中国现代文学的文化品格》，东北师范大学出版社2000年版，序第1—2页。

获得新的生命，在不同的时空显现不同的意义与价值。儒道思想对文学创作和文学审美有重要影响，儒道思想在文学领域的应用也使其更鲜活和更富生命力。

一、儒家思想

子贡曰："有美玉于斯，韫椟而藏诸？求善贾而沽诸？"子曰："沽之哉，沽之哉！我待贾者也。"(《论语·子罕》)对于美玉，孔子的建议是卖掉，而且他说自己也正在等着"识货"、"买货"的人。这是一种怎样的心态，为何将自己作为物品待价而沽呢？

杜甫的名句"读书破万卷，下笔如有神"出自《奉赠韦左丞丈二十二韵》：

> 纨绔不饿死，儒冠多误身。
> 丈人试静听，贱子请具陈。
> 甫昔少年日，早充观国宾。
> 读书破万卷，下笔如有神。
> ……
> 自谓颇挺出，立登要路津。
> 致君尧舜上，再使风俗淳。
> 此意竟萧条，行歌非隐沦。
> 骑驴十三载，旅食京华春。
> 朝扣富儿门，暮随肥马尘。
> 残杯与冷炙，到处潜悲辛。
> ……

从这首诗中我们分明看到了一个为了求仕而忍辱负重的"悲辛"的杜甫。"朝扣富儿门，暮随肥马尘"，一个"读书破万卷，下笔如有神"的堂堂男儿却如此这般低声下气！杜甫如此辛苦求仕，希望自己能够被重用，不也像待价而沽的物品吗？这体现了自孔子而绵延不断的儒家精神。

杜甫慨叹"儒冠多误身",他对自己的儒生身份和儒家追求感到痛苦和后悔吗?莫砺锋指出,杜甫的一个家庭传统就是"奉儒守官"。① 杜甫在《祭远祖当阳君文》中颂扬了祖先杜预之后,表明自己的心志:"小子筑室首阳山下,不敢忘本,不敢违仁。"杜甫在《唐故万年县君京兆杜氏墓志》中提到自己的家庭说:"远自周室,迄于圣代,传之以仁义礼智信。"他在《进雕赋表》中说:"臣之近代陵夷,公侯之贵磨灭,鼎铭之勋不复炤耀于明时。自先君恕、预以降,奉儒守官,未坠素业矣。"由此可见,杜甫"守官"、"求仕"是为了"奉儒"。在今存杜诗中,共有44处提到"儒"字,例如:

有儒愁饿死,早晚报平津!(《奉赠鲜于京兆二十韵》)
儒生老无成,臣子忧四藩。(《客居》)
社稷缠妖气,干戈送老儒。(《舟中出江陵南浦奉寄郑少尹(审)》)
江汉思归客,乾坤一腐儒。(《江汉》)

这些话看起来似乎是自谦自抑之词,但实质上却含有深深的自豪感,体现了诗人对自己儒者身份的珍视。此时再看杜甫所言"儒冠多误身",我们从中感受到的是儒生的追求——"治国平天下"的进取精神和"知其不可为而为之"的坚定意志。

由杜甫的例子可见,想要理解一个儒生及其作品,就要理解儒家精神。关于儒家精神,我们主要谈两个方面,一是儒家思想的核心——"仁",二是儒家提倡的人格追求——"大丈夫",前者以孔子学说为主,后者以孟子学说为主。孔子的"仁"奠定了整个儒家思想的基础,孟子在孔子学说的基础上高扬人性美、人格美。二者说明了我们生存的这个社会(应该)是怎样的,人与人如何相处,我们如何加强自己的修为而在这个世界上生存与发展。这是文学要面对的核心命题,儒家学说为与这些命题有关的文学创作提供了基本的思想框架。

第一,以"仁"为核心的儒家思想。

---

① 莫砺锋:《杜甫评传》,南京大学出版社1993年版,第10–14页。

韩愈为柳宗元写的《柳子厚墓志铭》中有这样的文字：

……顺宗即位，拜礼部员外郎。遇用事者得罪，例出为刺史。未至，又例贬永州司马。……

元和中，尝例召至京师；又偕出为刺史，而子厚得柳州。既至，叹曰："是岂不足为政邪？"因其土俗，为设教禁，州人顺赖。其俗以男女质钱，约不时赎，子本相侔，则没为奴婢。子厚与设方计，悉令赎归。其尤贫力不能者，令书其佣，足相当，则使归其质。观察使下其法于他州，比一岁，免而归者且千人。……

其召至京师而复为刺史也，中山刘梦得禹锡亦在遣中，当诣播州。子厚泣曰："播州非人所居，而梦得亲在堂，吾不忍梦得之穷，无辞以白其大人；且万无母子俱往理。"请于朝，将拜疏，愿以柳易播，虽重得罪，死不恨。遇有以梦得事白上者，梦得于是改刺连州。呜呼！士穷乃见节义。……

"士穷乃见节义"——韩愈评价得好！柳宗元两次被贬，但他在困厄中没有放弃与沉沦，而是尽职尽责为百姓谋福利。柳宗元被贬柳州时，听闻刘禹锡被贬环境更差的播州，内心极度悲悯，不惧重罪而请于朝，情愿和刘禹锡交换而去播州。柳宗元的言行展现了他的"仁"，而这"仁"是儒家的核心精神。

孔子思想的基本范畴是"仁"，"仁"字在《论语》中出现百次以上。在此我们采纳李泽厚的研究结论："仁"是由四个方面构成的思想模式和文化心理结构，这四个方面是血缘基础、心理原则、人道主义和个体人格。①

首先来看"仁"所强调的血缘基础。孔子讲"仁"是为了解释、维护、恢复"周礼"，而"礼"是以血缘为基础的氏族统治体系。在《论语》中多处出现孔子论孝悌的重要性及其与施政的关系，如：

有子曰："其为人也孝弟，而好犯上者，鲜矣！不好犯上，而好作乱者，未之有也。君子务本，本立而道生。孝弟也者，其为仁之本与！"（《学而》）

---

① 李泽厚：《孔子再评价》，《中国社会科学》1980年第2期，第82-89页。

或谓孔子曰:"子奚不为政?"子曰:"《书》云:'孝乎惟孝,友于兄弟,施于有政。'是亦为政,奚其为为政?"(《为政》)

子曰:"弟子入则孝,出则悌,谨而信,泛爱众,而亲仁……"(《学而》)

子贡问曰:"何如斯可谓之士矣?"……曰:"宗族称孝焉,乡党称弟焉。"(《子路》)

子曰:"……君子笃于亲,则民兴于仁。"(《泰伯》)

孟子也说,"亲亲,仁也"(《孟子·尽心上》),"仁之实,事亲是也"(《孟子·离娄上》),强调血缘关系是"仁"的一个基础。"孝"、"悌"通过血缘从纵横两个方面把氏族关系和等级制度构造起来。这是从远古到殷周的宗法统治体制(亦即"周礼")的核心,亦即儒家所谓"修身齐家治国平天下"。①

再看与"仁"相关的心理原则。这个心理原则与人性密切相关,换言之,儒家倡导的人性有赖于人们坚持某些心理原则。"礼"本是对个体成员具有外在约束力的一套习惯法规、仪式、礼节、巫术,孔子作了一个重要的转换,将"礼"与"人性"紧密关联起来。孔子对宰我问"三年之丧"如此回答:

宰我问:"三年之丧,期已久矣。君子三年不为礼,礼必坏;三年不为乐,乐必崩。旧谷既没,新谷既升,钻燧改火,期可已矣。"

子曰:"食夫稻,衣夫锦,于女安乎?"

曰:"安。"

"女安,则为之!夫君子之居丧,食旨不甘,闻乐不乐,居处不安,故不为也。今女安,则为之!"

宰我出。子曰:"予之不仁也!子生三年,然后免于父母之怀。夫三年之丧,天下之通丧也。予也有三年之爱于其父母乎?"(《阳货》)

---

① 春秋时代儒家所讲的"家"不是现在所谓的家庭,而是与"国"同一的氏族、部落。所谓"平天下",指的也是氏族—部落(诸侯)—部落联盟(天子)的整个系统。只有清楚这一点,才能了解孔子所谓"迩之事父,远之事君",孟子所谓"天下之本在国,国之本在家,家之本在身"。

孔子把"三年之丧"的传统礼制，直接归结为亲子之爱的生活情理，把"礼"的基础直接诉之于心理依靠。这样，既把整套"礼"的血缘实质规定为"孝悌"，又把"孝悌"建筑在日常亲子之爱上，这就把"礼"以及"仪"从外在规范约束转换成人心的内在要求——与人性相关的心理原则。这一转变在中国古代思想史上具有划时代的意义，基于人性的、体现心理原则的"仁"成为比"礼"、"仪"更本质的东西："人而不仁如礼何，人而不仁如乐何"（《八佾》），"礼云礼云，玉帛云乎哉，乐云乐云，钟鼓云乎哉"（《阳货》），"礼与其奢也宁俭，丧与其易也宁戚"（《八佾》），"今之孝者，是谓能养，至于犬马，皆能有养，不敬，何以别乎"（《为政》）。外在的"礼"、"仪"服从于人的心理原则，也就是人性和人格，后来孟子把这个命题极大地发展了。

人道主义在"仁"的体系中具有重要地位，儒家思想最根本的一条就是"仁者爱人"（《论语·颜渊》）。在上述心理原则的基础上，"仁"突出了原始氏族体制中的民主性和人道主义，即以血缘宗法为基础，在整个氏族——部落成员之间建立一种既有等级秩序又"博爱"的人际关系，即孟子所谓"老吾老以及人之老，幼吾幼以及人之幼"（《孟子·梁惠王上》），强调氏族中人们之间的秩序、团结、互助、协调。"老者安之，朋友信之，少者怀之"（《公冶长》），"子为政，焉用杀"（《颜渊》），"宽则得众，信则人任焉，敏则有功，惠则足以使人"（《阳货》），"其养民也惠，其使民也义"（《公冶长》），"百姓足，君孰与不足？百姓不足，君孰与足"（《颜渊》），"不教而杀谓之虐，不戒视成谓之暴"（《尧曰》），"近者悦，远者来"（《子路》），"远人不服，则修文德以来之"（《季氏》），"四方之民襁负其子而至矣"（《子路》）。《论语》中大量这样的记述即表现了有助于实现"仁"的人道主义。

"仁"最终的实现要依靠个体的努力与修为，而这也是人格塑造的过程。孔子再三强调"为仁由己，而由人乎哉"（《颜渊》），"仁远乎哉，我欲仁，斯仁至矣"（《述而》），"当仁不让于师"（《卫灵公》），"夫仁者，己欲立而立人，己欲达而达人，能近取譬，可谓仁之方也已"（《雍也》）等等，表明

"仁"既非常高远又切近可行，既是理想人格又是个体行为："其身正，不令而行；其身不正，虽令不从"（《子路》），"苟子之不欲，虽赏之不窃"（《颜渊》）。孔子极大地高扬了个体人格，提高了它的主动性、独立性和历史责任性："天生德于予，桓魋其如予何"（《述而》），"文王既没，文不在兹乎"（《子罕》）"天将以夫子为木铎"（《八佾》）。人格的塑造需要克制和锻炼，主动而严格地约束自己，如"约之以礼"、"克己复礼"、"仁者其言也讱"（《颜渊》），"刚毅木讷近仁"（《子路》）等等。

综上所述，面对蕴含着儒家思想的文本，理解其中的"仁"是关键，而上述四个方面是解读"仁"的密码。血缘基础强调慈、孝、悌；心理原则强调明辨是非、善恶；人道主义强调慈悲、亲善、友爱；个体人格强调个人的修为，如温、良、恭、俭、让等。

第二，孟子宣扬的人格美。

一切的人道主义、心理原则以及基于血缘关系的"仁"，都必须落实在个体人格的塑造上。"仁"需要人来实现，个体必须具有与"仁"的要求相匹配的人格才能实现"仁"。具备这样的人格需要刻苦的修为，因此儒家思想的建构与个体的人格塑造是一体的。对文学作品的评析来说个体的人格尤其值得关注，文学表达的是个体的情志，作者表达的主题、选择的素材、应用的技法都会受到其人格的点染，即所谓的"文如其人"。解读文本、理解文本背后的作者，首先要理解儒家宣扬的人格追求与人格美。

孟子自认是孔子的信徒，他说："乃所愿，则学孔子也。"（《孟子·公孙丑上》）他极大地发展和充实了孔子有关个体人格的思想，具有强大的生命力，成为世世代代儒生信奉的学说。孟子高扬人性美、人格美，他的"人本性善"说是其人性理论的核心：

恻隐之心，人皆有之；羞恶之心，人皆有之；恭敬之心，人皆有之；是非之心，人皆有之。恻隐之心，仁也；羞恶之心，义也；恭敬之心，礼也；是非之心，智也。仁、义、礼、智，非由外铄我也，我固有之也，弗思耳矣？（《孟子·告子上》）

孟子认为"仁，人心也"（《孟子·告子上》），"仁"就是我们的人心、人性，而仁义是人的本性，"仁、义、礼、智根于心"（《孟子·尽心上》）。人的天性会因后天的各种因素遭到毁伤，以至于不善。《孟子·告子上》说：

> 牛山之木尝美矣，以其郊于大国也，斧斤伐之，可以为美乎？是其日夜之所息，雨露之所润，非无萌蘖之生焉，牛羊又从而牧之，是以若彼濯濯也。人见其濯濯也，以为未尝有材焉，此岂山之性也哉？虽存乎人者，岂无仁义之心哉？其所以放其良心者，亦犹斧斤之于木也，其好恶与人相近也者几希。人以为未尝有才焉者，是岂人之情也哉？故苟得其养，无物不长；苟失其养，无物不消。

孟子认为树木的美在于它长得茂盛，可后来因人的砍伐、牛羊的啃咬而变秃就不美了。人性本来也是美的，可由于种种原因而失去本性之美。

孟子的人性本善论激发了人们追求人格美的信心、主动性和责任感。孟子将仁、义、礼、智强调为人的天性，而且将其视为"天道"，是上天预置之品性，个体要做的是恢复这种本性："尽其心者，知其性也，知其性，则知天矣。"（《孟子·尽心上》）在孟子看来，要达到天人合一，不必外求，只要"尽心"反求诸己就可以了："求则得之，舍则失之，是求有益于得也，求在我者也。"（同上）要通过内省加强自己的修养："万物皆备于我矣，反身而诚，乐莫大焉；强恕而行，求仁莫近焉。"（同上）完善的人格是怎样的？《孟子·滕文公下》提出了"大丈夫"说：

> 景春曰："公孙衍、张仪岂不诚大丈夫哉？一怒而诸侯惧，安居而天下熄。"孟子曰："是焉得为大丈夫乎？……居天下之广居，立天下之正位，行天下之大道；得志，与民由之；不得志，独行其道。富贵不能淫，贫贱不能移，威武不能屈，此之谓大丈夫。"

孟子认为公孙衍、张仪这样声名显赫、权势倾天的人物不是大丈夫，因为他们朝秦暮楚，巧舌如簧，玩弄权术，唯利是图，是没有操守的人物。真正的大丈夫"富贵不能淫,贫贱不能移,威武不能屈"。孟子认为,要培养大丈夫人格,重要的是"善养浩然之气"。何谓"浩然之气"?孟子说:

其为气也,至大至刚,以直养而无害,则塞于天地之间。其为气也,配义与道,无是,馁也。是集义所生者,非义袭而取之也。(《孟子·公孙丑上》)

这种"气"展现了人性与人格的力量,"浩然之气"就是高尚的人格、美的人性,"至大至刚"而充塞于天地之间,这体现了孟子所说"充实而有光辉"的"大",是一种壮美。孟子认为培养"大丈夫"人格需要艰苦的锤炼,他提出"砥砺"说:

舜发于畎亩之中,傅说举于版筑之间,胶鬲举于鱼盐之中,管夷吾举于士,孙叔敖举于海,百里奚举于市。故天将降大任于斯人也,必先苦其心志,劳其筋骨,饿其体肤,空乏其身,行拂乱其所为,所以动心忍性,曾益其所不能。(《孟子·告子下》)

至此,孟子提出了完整的基于"仁"的儒家人格学说,包括"仁"与个体人格的关系,人格与先天人性和后天环境的关系,完美人格的内涵以及如何追求完美人格。人需要修身,反躬而诚而通天德,进而治国平天下。可见,儒家的修身反诚,归根结蒂是要参天地的化育,参与社会的变革。这焕发出一种震撼人心的道德力量,是一种明朗而又圣洁的精神人格美。

孔子所谈的"仁"和孟子所谈"人性"、"人格"是儒家核心理论,对中国文学乃至中国文化产生了极为重要的影响。个人要实现"仁"的追求,文学要体现"仁"的内涵,要激励人们求"仁"。《论语》说,"志士仁人,无求生以害仁,有杀身以成仁"(《卫灵公》),"君子无终食之间违仁,造次必于是,颠沛必于是"(《里仁》),"求仁而得仁,又何怨"(《述而》),"仁者不忧"(《子罕》),"士不可以不弘毅,任重而道远。仁以为己任,不亦重乎,死而后已,不亦远乎"(《泰伯》,曾子语)。

为什么儒家思想有强大的生命力?一个重要的原因在于儒家思想定义了人的本质和价值,指明了人生的意义和追求的方向。基于儒家思想,人不再放浪地、没有羁绊地生活在这个世界上。"三军可夺帅,匹夫不可夺志也"、"岁寒然后知松柏之后凋也"(《子罕》),"可以托六尺之孤,可以寄百里之命,临大节而不可夺也,君子人与?君子人也"(《泰伯》,曾子语)。"求仁"绝不是外在的要求,而是意气风发的人生追求,人们在这样的追求中展现刚健的人生态度、体验担负责任的自信与荣耀。

孔子有关"仁"和孟子有关人格的学说具有明确的美学意义。人格、人性与"仁"关联起来,恢复、修养我们善的本性就是"求仁",刚健、光辉、充实的人格美及追求人格美的过程让人们体验到崇高感。儒家思想将人生修为从外在要求转化为内在需求,"求仁"与自身的人格修养统一起来,"修身"与"治国、平天下"统一起来。孟子基于人性本善的理解提出"人皆可以为尧舜"(《孟子·告子下》),这大大提振了人们自我修为的信心,同时也转化为强烈的责任心与使命感,激励人们通过"砥砺"的过程最终成为充盈着"浩然之气"的"大丈夫"。

司马迁在《史记·孔子世家》中借《诗经》中的话——"高山仰止,景行行止"——表达对孔子的崇敬,说自己"虽不能至,然心向往之"。他还说:"孔子布衣,传十余世,学者宗之。自天子王侯,中国言六艺者折中于夫子,可谓至圣矣!"孔子为什么是"至圣",为什么是世人学习的榜样,为什么孔子和儒学有强大的生命力?我们可以通过《史记·孔子世家》中有关孔子言行的一些记载感受孔子及儒学的魅力[①]:

叶公向子路问孔子的情况,子路不回答。孔子听说这件事后就对子路说:"仲由,你为什么不对他说:'他这个人呀,学习起道理来不知疲倦,教导人全不厌烦,发愤学习时忘记了吃饭,快乐时忘记了忧愁,以致于连老之将至也不知道。'"

桀溺对子路说:"你是孔丘的门徒吗?"子路说:"是的。"桀溺说:"天下到处都动荡不安,谁能改变这种现状呢?你还不如跟着我们这些躲避乱世的人呢!"子路把此话告诉了孔子,孔子茫然自失地说:"如果天下有道,我也

---

① 由《史记·孔子世家》中的文言文翻译的白话文。

用不着到处奔走去改变它了"。

佛肸反叛了赵简子,派人招请孔子。孔子打算去。子路说:"我听老师说过,'做坏事的人那里,君子是不去的'。现在您为何想去佛肸那里?"孔子说:"我是说过这样的话,但我不也说过,坚硬的东西是磨不薄的,洁白的东西是染不黑的?我难道是只匏瓜吗,怎么可以老是挂着却不给人吃呢?"

公山不狃派人召请孔子。孔子探索治国之道很久了,但无处施展,就说:"周文王、周武王兴起于丰、镐而成就王业,现在费城虽小,或许也可以施行治国之道吧!"

陈国、蔡国派人把孔子围困在野外,粮食断绝了,跟从的弟子饿病了,孔子却还在不停地给大家讲学、诵诗、歌唱、弹琴。子路满腹牢骚地说:"君子也有困窘的时候吗?"孔子说:"君子在困窘时能坚守节操,小人遇到困窘就会胡作非为了。"

孔子说:"赐啊,你认为我是博学强记的人吗?"子贡说是这样,孔子说:"不是的。我是用一种基本原则贯穿于所有事物之中的。"

孔子被匡人围困,弟子们都很害怕。孔子说:"周文王已死,周的礼乐制度不还在吗?上天如果要毁灭这些制度,就不会让我们这些后人来维护它。上天没有消灭这些礼乐,匡人又能把我怎么样呢!"

孔子问:"难道是我们的学说有什么不对吗?我们为什么会落到这种地步呢?"子贡说:"老师的学说博大到极点了,所以天下没有一个国家能容纳老师。虽然是这样,老师还是要推行自己的学说。一个人不研修自己的学说,那才是自己的耻辱。至于已下大力研修的学说不为人所用,那是当权者的耻辱了!"孔子听了欣慰地笑着说:"是这样的啊。"

孔子说:"不成啊,不成啊!君子最担忧的就是死后没有留下好的名声。我的主张不能实行,我凭什么给社会留下好名呢?"于是就根据鲁国的史书作了《春秋》。

宋国的司马桓魋想杀死孔子,弟子们劝他赶紧离开。孔子说:"上天赋予我传道的使命,桓魋又能把我怎么样!"

孔子说："三人行，必有我师。"又说："不修养品德，不精研学业，听闻有道义的事情不去做，有了缺点错误不能改正，这些是我忧虑的问题。"

鲁国自大夫以下都越职僭权，不守正道。孔子不愿意做官了，退而修订《诗》《书》《礼》《乐》。

孔子到郑国，与弟子们走失散了，一个人站在外城东门下。有个看见孔子的人对子贡说："东门有个人，一副狼狈不堪、没精打采的样子，像一条丧家狗。"子贡把这番话告诉了孔子。孔子欣然说："他形容我的相貌不一定对，但说我像条丧家狗，倒是对极了，对极了！"

通过孔子的这些言行，我们可以看到儒家思想不是教条，而是有生命的、活泼的、有温度的，它指引着人生的方向，也蕴含在点点滴滴的日常生活中。孔子的这些言行具有原型意义，中小学课文中体现儒家思想的人和事往往能够与孔子的这些言行对应起来。教师要熟悉这些鲜活的事例，在教学时作为素材呈现给学生，帮助学生更好地理解儒家思想。

需要指出的是，儒家有重视礼仪的渊源，但这不是儒家精神的核心价值和富有美学意义的内容。《史记·孔子世家》载，孔子非常重视礼仪，包括在什么场合演奏什么音乐，如何行礼、走路、祭祀、配饰，不同等级的人享用怎样的待遇等等。歌伎、杂技艺人、侏儒在两国会晤的仪式中表演，孔子认为这些匹夫犯了"荧惑诸侯罪"，让有司按照刑法腰斩了他们。晏婴对景公说："现在孔子讲究仪容服饰，详定繁琐的上下朝礼节，刻意于快步行走的规矩，这些繁文缛节，就是几代人也学习不完，毕生也搞不清楚。您如果想用这套东西来改变齐国的风俗，恐怕这不是引导老百姓的好办法。"① 晏婴的说法有道理，不改变人心只规定形式上的礼节是没有意义的，对礼节形式的重视不是儒家思想的核心，由"礼"至"仁"才是礼的意义所在。儒家思想之所以历经两千多年仍有强大的生命力，是因为其中的济世精神、理想主义乃至浪漫情怀，这些富有强烈美感的精神意涵对中国的文人有巨大的吸引力，外在的向往和追求与内在的人格塑造融为一体，使得他们在做人和为文

---

① 由《史记·孔子世家》相关内容翻译成白话文。

上统一地实践着儒家理想。因此，儒家精神的生命力和美感并不源于孝顺、等级、礼节——这些往往被统治者利用以实现其阶级统治，因此显得功利和庸俗——而源于"刚健"、"进取"、"责任"、"使命"、"操守"、"自尊"、"自强"。正如范仲淹在《岳阳楼记》中所说，"居庙堂之高则忧其民，处江湖之远则忧其君"，"先天下之忧而忧，后天下之乐而乐"，"不以物喜，不以己悲"，儒家精神激荡着世世代代的儒生，激励他们不断奋进、抵抗困厄，将经世济国、人格塑造和自我实现统一起来。

总而言之，儒家提出"仁"这一核心思想，并且与人性、人格关联起来，使得"仁"、"求仁"、"成仁"成为中国人认可的人生观和方法论。儒家不只讲秩序、讲服从、讲礼仪，更讲自我修为，并将这种修为与社会责任统一起来。此时，外界的压迫、困难、艰险成为"求仁"和个体人格完善必经的过程，面对困厄不是被动承受，而是追求实现理想，自我完善。儒生将这种"求仁得仁"的心灵追求与感动表现在文学作品中，塑造出让万世感动的、充盈浩然之气的天地至文。体现儒家精神的文学充满着"知其不可为而为之"、"不怨天不尤人"、"舍我其谁"、"当仁不让于师"、"择善而固执之"的高昂坚定的精神气质，充满着责任感、道义感和使命感，提倡文学要"载道"、"明道"、"宏道"，激励和帮助人们实现"仁"的追求。

二、道家思想

"目送归鸿，手挥五弦。俯仰自得，游心太玄"，这是嵇康《赠秀才入军》（其十四）中的两句，有着独特的清玄味道，富有强烈的美感。一个怎样的人能写出这样的文字？这种清玄背后的思想基础又是什么？

嵇康撰《圣贤高士传赞》，辑录上古以来隐逸、遁心、遗名的圣贤109人。其中有关于接舆的记载：

狂接舆[①]，楚人也，耕而食。楚王闻其贤，使使者持金百镒聘之，曰：

---

① 楚人接舆，因其佯狂避世，故称"狂接舆"。

"愿先生治江南。"接舆笑而不应，使者去。其妻从市来，曰："门外车马迹何深也？"接舆具告之。妻曰："许之乎？"接舆曰："贵富，人之所欲，子何恶之？"妻曰："吾闻圣人乐道，不以贫易操，不为富改行。受人爵禄，何以待之？"接舆曰："吾不许也。"妻曰："诚然，不如去之。"夫负釜甑，妻戴纴器，变姓名，莫知所之。……后更姓名陆通，好养性，在蜀峨眉山上，世世见之。(《太平御览》五百九)

楚狂人接舆不仅拒绝了"高薪"、"高职"聘用，而且更名改姓"躲"到了峨眉山上，这与一心经世济国、"待价而沽"的儒生多么不同！接舆的妻子说，"圣人乐道，不以贫易操，不为富改行"。何为"圣人"？圣人不因贫富而改的"操行"是什么？所乐之道又是怎样的"道"？

再看《圣贤高士传赞》中的《玄唐传赞》：

玄唐，晋人也，高恪寡素，晋国惮之，虽蔬食菜羹，平公每为之欣饱。公与玄唐坐，有间，玄唐出，叔向入，平公伸一足，曰："吾向时与玄子坐，腓痛足痹，不敢伸。"叔向悖然作色不悦，公曰："子欲贵乎？吾爵子；子欲富乎？吾禄子；夫玄先生乃无欲也，吾非正坐无以养之，子何不悦哉？"

平公与玄唐对坐时腿脚酸麻都"不敢动"，等到玄唐离开才在叔向面前放松舒展，这引起了叔向的不满。平公"教训"叔向：你要身份，我就给你爵位，你要财富，我就给你俸禄，可是玄先生无欲无求，什么都不要——这就是"高恪寡素"，对这样的人平公只能用"正坐"养之。玄唐的"高恪寡素"背后又是怎样的人生哲学？为何能得到君王如此的敬重？

嵇康为接舆、玄唐这样的人作传并表达对他们的赞赏，是因为嵇康也是这样的人。嵇喜的《嵇康传》说嵇康"长而好老庄之业，恬静无欲"，嵇康也自称"托好老庄，贱物贵身，志在守朴，养素全真"(《幽愤诗》)。我们来看嵇康与同为"竹林七贤"的山涛（字巨源）绝交的故事。起初"七贤"的政治倾向亲魏，随着司马氏日兴，山涛投靠司马氏统治集团，由尚书吏部郎迁散骑常侍时，举荐嵇康代其原职。嵇康听闻此消息后拒绝了山涛的荐引，并写下了名篇《与山巨源绝交书》：

  吾昔读书，得并介之人，或谓无之，今乃信其真有耳。性有所不堪，真不可强。……少加孤露，母兄见骄，不涉经学。性复疏懒，筋驽肉缓，头面常一月十五日不洗，不大闷痒，不能沐也。每常小便而忍不起，令胞中略转乃起耳。又纵逸来久，情意傲散，简与礼相背，懒与慢相成，而为侪类见宽，不攻其过。又读《庄》《老》，重增其放，故使荣进之心日颓，任实之情转笃。此犹禽鹿，少见驯育，则服从教制；长而见羁，则狂顾顿缨，赴蹈汤火；虽饰以金镳，飨以嘉肴，愈思长林而志在丰草也。……吾不如嗣宗（阮籍）之资，而有慢弛之阙；又不识人情，暗于机宜；无万石之慎，而有好尽之累。久与事接，疵衅日兴，虽欲无患，其可得乎？又人伦有礼，朝廷有法，自惟至熟，有必不堪者七，甚不可者二：卧喜晚起，而当关呼之不置，一不堪也。抱琴行吟，弋钓草野，而吏卒守之，不得妄动，二不堪也。危坐一时，痹不得摇，性复多虱，把搔无已，而当裹以章服，揖拜上官，三不堪也。素不便书，又不喜作书，而人间多事，堆案盈机，不相酬答，则犯教伤义，欲自勉强，则不能久，四不堪也。不喜吊丧，而人道以此为重，已为未见恕者所怨，至欲见中伤者；虽瞿然自责，然性不可化，欲降心顺俗，则诡故不情，亦终不能获无咎无誉如此，五不堪也。不喜俗人，而当与之共事，或宾客盈坐，鸣声聒耳，嚣尘臭处，千变百伎，在人目前，六不堪也。心不耐烦，而官事鞅掌，机务缠其心，世故烦其虑，七不堪也。又每非汤、武而薄周、孔，在人间不止，此事会显，世教所不容，此甚不可一也。刚肠疾恶，轻肆直言，遇事便发，此甚不可二也。以促中小心之性，统此九患，不有外难，当有内病，宁可久处人间邪？……今但愿守陋巷，教养子孙，时与亲旧叙离阔，陈说平生，浊酒一杯，弹琴一曲，志愿毕矣。足下若嬲之不置，不过欲为官得人，以益时用耳。足下旧知吾潦倒粗疏，不切事情，自惟亦皆不如今日之贤能也。若以俗人皆喜荣华，独能离之，以此为快……

  这封绝交书让我们真切感受到一个遵循道家思想的人其生活形态和人生理想是怎样的。嵇康说明自己拒官源自本性——"性有所不堪，真不可强"；

描述了自己的人生状态——"纵逸来久,情意傲散,简与礼相背,懒与慢相成","荣进之心日颓,任实之情转笃";阐明了不堪官场的"九患"——"不堪者七,甚不可者二";说出了自己的人生向往——"思长林而志在丰草","若以俗人皆喜荣华,独能离之,以此为快"。

接舆、亥唐和嵇康的言行典型地体现了道家思想。那么,道家思想的核心是什么,其持久不衰的生命力和魅力又是什么?道家思想对中国的士人及其文字产生了怎样的影响,又有怎样的审美价值?

冯友兰认为,被孔子称作"逸民"、"隐者"的失去贵族地位的奴隶主是道家的前驱。《论语·微子》称这些人"不降其志,不辱其身",对新兴地主阶级在思想上不认输,在政治上不合作。[①]首先为他们创立系统学说的是杨朱。孟子认为杨朱的中心思想是"为我":"杨子取为我,拔一毛而利天下,不为也。"(《孟子·尽心上》)韩非子也说:"今有人于此,义不入危城,不处军旅,不以天下大利,易其胫之一毛。"(《韩非子·显学》)《吕氏春秋》说:"阳生贵己。"(阳生就是杨朱)杨朱派认为一个人的生命是最重要的,生活中的一切都是为了保生养身。

道家经典《老子》中有多处"贵生"之说:"贵以身为天下,若可寄天下;爱以身为天下,若可托天下。"(十三章)"名与身孰亲?身与货孰多?"(四十四章)《庄子》中亦有许多处讲"全形葆真",如"终其天年而不中道夭者,是知之盛也"(《大宗师》);栎社树因"不材"而"无所用"才免于被伐,"故能若是之寿",而"山木自寇也,膏火自煎也。桂可食,故伐之;漆可用,故割之",庄子因此感慨"人皆知有用之用,而莫知无用之用也"(《人间世》)。《庄子》中有一个无用之人,生得奇形怪状,征兵、工役都轮不到他,但在国家救济病人的时候却可以去领粮和柴,庄子说:"夫支离其形者,犹足以养其身,终其天年,又况支离其德者乎?"(《人间世》)"支离其德"就是不仅使其身体无用,还要使其精神也无用。《老子》、《庄子》中的"贵己"、"重生"就是杨朱"为我"学说的深化。除了"避",道家还发

[①] 冯友兰:《中国哲学史新编(上)》,人民出版社1998年版,第266页。

展了其他保生的策略。《老子》说:"不敢为天下先,故能成器长。"(六十七章)《庄子》说:"为善无近名,为恶无近刑……可以保身,可以全生,可以养亲,可以尽年。"(《养生主》)人不可太好、也不可太坏才是保全自己的妙法。还有"吾将处于材与不材之间"的故事都体现了"和光同尘"的思想,自此道家追求"贵生"从"避世"发展为"混世"。

道家思想中的保生、避世与儒家思想中的责任、使命、进取、舍生取义针锋相对,看起来是消极、消沉的。前述嵇康在《与山巨源绝交书》中说:"统此九患,不有外难,当有内病,宁可久处人间邪?"这其中便有全生避世之意。如果道家学说仅提倡保全性命,不会有强大的生命力,不可能有审美价值,更不可能对中国人的生活和中华艺术产生深刻的影响。就像前面论及儒家思想的核心与魅力不在于表面的礼节,道家思想的核心与审美价值也不源自全生避世。道家思想基于保生又超越了保生,其中有许多内容直指个体的生存方式和精神追求,直面所有人都会遇到的困惑,提供了精妙的世界观和方法论,其中的道法自然、恢复本性、拒绝异化、追求大自由等有深厚的审美意味,前面"文学审美与文学技法"部分非常多的审美指向来自道家思想。下面我们从"去名利,去欲执,去分别"、"自然无为"、"发展观与辩证法"三个方面论述道家的核心思想及其审美意蕴。

● 去名利,去欲执,去分别

莫泊桑的小说《项链》中的女主人公过了十年还债的生活,她还的不只是金钱的债,更是欲望的债。贪欲让人类陷入各种困境,反映了普遍存在的、跨时空的人性弱点。《老子》说:"五色令人目盲;五音令人耳聋;五味令人口爽;驰骋畋猎,令人心发狂;难得之货,令人行妨。"(十二章)《项链》的女主人公不就是为各种炫目的物质所诱惑而"人心发狂"吗?她为了参加宴会而借的那条项链在她眼里不就是"难得之货"吗?也正是这难得之货使其"行妨",最终付出惨痛的代价。她表现出对名利的渴求、对欲望的执念、对事物的分别心,这些让她孜孜以求、寝食难安,她心为形役、心为物役,最终让她失去了精神的自由和尊严。"见素抱朴,少私寡欲"(《老子》

十九章），道家极力反对名利、欲执、分别心，人要想获得自由，必须去除外物内欲的束缚和奴役。庄子说，"至人无己，神人无功，圣人无名"（《庄子·逍遥游》），至人、神人、圣人，他们是得道之人、自由之人，获得自由就要"无己"、"无功"、"无名"，"无"就是舍弃、去除、泯灭——舍弃的是名利，去除的是欲执，泯灭的是分别。

《红楼梦》中贾宝玉在大观园的女儿国中斗草簪花、低吟浅唱，混迹于脂粉堆中，最厌恶为了求功名而读所谓的正经书，极力逃避与官宦的交游和应酬，对功名利禄、封妻荫子十分鄙夷，他因薛宝钗劝其上进而痛斥：

好好的一个清净洁白女儿，也学得钓名沽誉，入了国贼禄鬼之流。这总是前人无故生事，立言竖辞，原为导后世的须眉浊物。不想我生不幸，亦且琼闺绣阁中亦染此风，真真有负天地钟灵毓秀之德！

《红楼梦》第三十六回，袭人说："忠臣良将，出于不得已他才死。"宝玉反驳：

那武将不过仗血气之勇，疏谋少略，他自己无能，送了性命，这难道也是不得已！那文官更不可比武官了，他念两句书汙在心里，若朝廷少有疵瑕，他就胡谈乱劝，只顾他邀忠烈之名，浊气一涌，即时拼死，这难道也是不得已！

《庄子·让王》说："今世俗之君子，多危身弃生以殉物，岂不悲哉！"在贾宝玉看来，世俗君子争功邀名都是"国贼禄鬼"，最终"弃生以殉物"，这是很可悲的。《庄子·骈拇》中有一段话说得更为深刻：

自三代以下者，天下莫不以物易其性矣。小人则以身殉利，士则以身殉名，大夫则以身殉家，圣人则以身殉天下。故此数子者，事业不同，名声异号，其于伤性以身为殉，一也。

庄子认为"以物易其性"及"伤性以身为殉"极不明智，可天下之人莫不如此。尧让天下于许由，许由说："鹪鹩巢于深林，不过一枝；偃鼠饮河，不过满腹。归休乎君，予无所用天下为！"（《庄子·逍遥游》）许由这样的人之所以是圣人，是因为能控制自己的欲望，放弃对名利的追求。可是，天下有多少人能这样做，能在名利面前保持清醒的头脑呢？《老子》说："名与身孰亲？身与货孰多？得与亡孰病？"（四十四章）正是因为物质欲望的膨胀，出现了偷盗、争斗、剥削和压迫，所以要"不贵难得之货，使民不为盗"（三章）。对名利的追求不仅引发行为和社会秩序的混乱，也使得民心不稳。有得到就会有失去，得到时得意并且为保住所得殚精竭虑，失去时慌张沮丧而思虑重重，这种得失之患成为搅乱心性的重要原因："宠辱若惊，贵大患若身。何谓宠辱若惊？宠为下，得之若惊，失之若惊，是谓宠辱若惊。"（十三章）欲望膨胀、争名夺利必然使人心乱："子独不见狸狌乎？卑身而伏，以候敖者；东西跳梁，不辟高下；中于机辟，死于罔罟"（《庄子·逍遥游》）；每日不得安宁、惶惶不安："其寐也魂交，其觉也形开。与接为构，日以心斗。缦者、窖者、密者。小恐惴惴，大恐缦缦"（《庄子·齐物论》）。去除贪欲是恢复心灵宁静唯一的途径，《老子》因此强调："不见可欲，使民心不乱。"（三章）

初中课文周国平的《白兔与月亮》讲述了一只白兔和月亮的故事：

有一只白兔独具审美的慧心。她爱大自然的美，尤爱皎洁的月色。每天夜晚，她都来到林中草地，或是无忧无虑地嬉戏，或是心旷神怡地赏月。……于是，诸神之王召见这只白兔，向她宣布了一个慷慨的决定："万物均有所归属。从今以后，月亮归属于你。"白兔仍然夜夜到林中草地赏月。可是，说也奇怪，从前的闲适心情一扫而光了，脑中只绷着一个念头："这是我的月亮！"她牢牢盯着月亮，就像财主盯着自己的金窖。乌云蔽月，她便紧张不安，唯恐宝藏丢失；满月缺损，她便心痛如割，仿佛遭了抢劫。在她的眼里，月的阴晴圆缺不再各具风韵，反倒险象迭生，勾起了无穷的得失之患。和人类不同的是，我们的主人公毕竟慧心未泯，她终于去拜见诸神之王，请求他撤销那个慷慨的决定。

这个寓言故事形象地说明了与"难得之货"关联的"宠辱若惊"，人一旦沉溺于各种欲望，就会患得患失、惴惴不安，正如《老子》所说："甚爱必大费；多藏必厚亡。"（四十四章）诸神之王把月亮赐予白兔，这看起来是一个"慷慨"的决定，实际上却是一个危险的陷阱。"其耆欲深者，其天机浅"（《庄子·大宗师》），白兔因为"深欲"而失去了天真，不再安然和快乐，天机变得狭浅。白兔是聪慧的，感受到了"甚爱"和"多藏"的危险与痛苦，最终作出了正确的决定，放弃被自己独占的月亮，也放弃了内心的那份贪欲。

人们之所以追求名利、执着于物质欲求，一个重要的原因是有了"分别心"——世上的事物有了好坏、高低、贵贱、亲疏、喜恶的区分——内心变得不安宁、不平衡。《庄子·齐物论》强调万物表面之下共通的本质："莛与楹、厉与西施，恢恑憰怪，道通为一。"所有的事物都归于一个本源之道，这个道在所有事物中是唯一的最高主宰。能分辨的有无、是非、大小都是世界的表象——"故分也者，有不分也；辩也者，有不辩也"；能分辨的是表象，本质的东西是无法称名的，与表象也可能存在重大差异——"夫大道不称，大辩不言，大仁不仁"。各种表象、知识，都是局部、相对、有限而非本质的，而道是本质的、不可见的，难以用语言来表达，因此"夫知者不言，言者不知，故圣人行不言之教"（《庄子·知北游》）。庄子认为人应该仿效自然事物，既无知识又无愿欲，不必自寻烦恼去思考和分辨，只有这样才合乎"道"；反之，一切人的有意识有目的的活动、认识、思虑、打算，都只是对"道"的损伤。《庄子·应帝王》中著名的故事"日凿一窍，七日而混沌死"即深刻地说明了这个道理。

《庄子·大宗师》中刻画了"真人"的形象：

古之真人，其寝不梦，其觉无忧，其食不甘，其息深深。……古之真人，不知说生，不知恶死；其出不欣，其入不距；翛然而往，翛然而来而已矣。不忘其所始，不求其所终；受而喜之，忘而复之，是之谓不以心捐道，不以人助天。是之谓真人。若然者，其心志，其容寂，其颡頯；凄然似秋，煖然似春，喜怒通四时，与物有宜而莫知其极。

"真人"最明显的特点就是不强求、顺应自然，而这源于去除了分别心——"不知说生，不知恶死；其出不䜣，其入不距；翛然而往，翛然而来"，"不忘其所始，不求其所终；受而喜之，忘而复之"。正因为不再分辨，人就可以不再执着、迷惑、患得患失，可以"安时而处顺"（《庄子·养生主》），"呼我牛也而谓之牛，呼我马也而谓之马"（《庄子·天道》），"不乐寿，不哀夭；不荣通，不丑穷"（《庄子·天地》），"死生、存亡、穷达、贫富、贤与不肖、毁誉、饥渴、寒暑，是事之变、命之行也"（《庄子·德充符》）。人消除了分别心，便获得了安然和自由，实现了对尘世的超越，达至一种富有审美意味的人生状态。

● 自然无为

《庄子·马蹄》里，马原本保有自己的本性，可是"善治马"的伯乐出现了，"烧之，剔之，刻之，雒之，连之以羁馽，编之以皂栈"，这造成十之二三的马死去；又"饥之，渴之，驰之，骤之，整之，齐之，前有橛饰之患，而后有鞭筴之威"，此时已有过半的马死去。马原先吃草饮水，高兴时脖颈相交摩擦，生气时相互踢撞，后来把车衡和颈轭加在它身上，把配着月牙形佩饰的辔头戴在它头上，马就会侧目怒视，僵着脖子抗拒轭木，暴戾不驯，或拼命吐出嘴里的勒口，或偷偷摆脱头上的马辔，马最终形成了与人对抗的态度和智巧。除了如此对待马，人工对自然的改变还表现在其他方面：做陶器的说他善于加工陶土，使之"圆者中规，方者中矩"，木匠说他善于加工木材，使其"曲者中钩，直者应绳"。庄子对此发出疑问：粘土和木材的本性难道就是去迎合圆规、角尺、钩弧、墨线吗？

《庄子·马蹄》指出，人们有自己的天性，最初过着"天放"的生活："织而衣，耕而食，是谓同德；一而不党，命曰天放"。那时的社会是"至德之世"："其行填填，其视颠颠"，人们的行动持重自然，目光坚定专一；人与万物和谐相处，禽兽成群，草木旺盛，哪里知道什么君子和小人啊！可是，就像马、陶土、树木被人工改变，"天放"之人也被改变了！道家认为圣人倡导所谓的"仁"、"义"及相应的礼仪就是约束、改变人的"钩"、"绳"、"规"、"矩",人们要符合"仁"、"义"的要求,就要遵守规范、改变自我,这成为一个"中钩"、"应绳"的过程。人们在此过程中变得"中规"、"中矩",而这意味着一个人被"变形"、"扭曲"。如此看来,社会就像一个大机器,人们在其中被物化成一个个的零件。为了让每个人安心、称职地执行自己的功能,"仁"、"义"及相应的"名"、"利"刻画了人的坐标、标定了生命的价值、确定了发展的方向、提供了追求的动力,个体被物化、工具化,这扭曲了人的天性。基于对人的本性被扭曲的焦虑与批评,道家提出了回归自然、返朴归真的主张。《庄子·秋水》中有这样一段对话:

(河伯)曰:"何谓天?何谓人?"北海若曰:"牛马四足,是谓天;落马首,穿牛鼻,是谓人。故曰:'无以人灭天,无以故灭命,无以得殉名。谨守而勿失,是谓反其真。'"

恢复人的本性,去掉各种束缚与诱惑,回到朴素而纯真的状态,这既是价值追求,也有审美意义。庄子提出"心斋"、"坐忘"、"丧我"、"形如槁木,心如死灰"、"嗒焉似丧其耦"等种种形态,都在强调要把一切为仁为义为善为美为名为利等等所奴役所支配所束缚的"假我"、"非我"舍弃掉,只有"吾丧我",才能回到自然、天放的状态,才能重拾真我。这真我因本真和自然而与宇宙具有相通的本质,即所谓"无不忘也,无不有也,澹然无极而众美从之"(《庄子·刻意》)。个体因返朴归真而通"道",就能打破时空、主客、物我、天人界限,做到"胜物而不伤","物物而不物于物"乃至"与造物者游"。

如前所述,道家认为"仁"、"义"改变乃至扭曲了人性。《老子》说:"不尚贤,使民不争。"(三章)贤是榜样,尚贤就会让人们"争做"贤人,达到贤的标准、维护贤的名节,争的过程就有可能使人性扭曲,丧失人的本性乃至自由与自主的人生,可谓"夫残朴以为器,工匠之罪也;毁道德以为仁义,圣人之过也","同乎无知,其德不离;同乎无欲,是谓素朴"(《庄子·马蹄》)。人们无知无欲,这才是"素朴"的社会、"素朴"的人民啊!

道家鼓吹"离圣去知",这是一个极端的说法,但它有特定的背景和立场,即希望人和社会都回到原初自然朴素的状态。与此相关联,道家提倡"无为",认为这是返朴归真、回归自然的途径。《老子》中有不少关于"无为"的论述:

是以圣人处无为之事,行不言之教。(二章)

为无为,则无不治。(三章)

专气致柔,能婴儿乎?……爱民治国,能无知乎?……明白四达,能无为乎?(十章)

道常无为而无不为。(三十七章)

无有入无间,吾是以知无为之有益。不言之教,无为之益,天下希及之。(四十三章)

为学日益,为道日损。损之又损,以至于无为。无为而无不为。(四十八章)

我无为而民自化;我好静而民自正;我无事而民自富;我无欲而民自朴。(五十七章)

为无为,事无事,味无味。(六十三章)

是以圣人无为故无败,无执故无失。(六十四章)

"无为"绝不是什么都不做,"无为而无不为",正是因为"无为",天下事无有不成。就像人迹未至的原始森林,所有的一切都是按照其本性生存,它们遵循着自然的规律相互作用、相辅相成,生意盎然、生生不息。人和社会也是如此,都有自己天然的本性,都有自己发生发展的规律,以"无为"的态度面对世界,让事物都显现、展露、发挥自己的本性,事物就能得到最好的发展,呈现和谐的状态。这是一种物与我、人与自然完满和谐的自然境界。老子提出"婴儿"、"朴"、"无极"来指谓这种理想境界,赞赏未经人为干预的自然的、原始的状态。后来庄子又从主客体关系的角度提出"大通"、"大顺"、"物我同一"、"死生同状"的观念,构建起道家理想的人生境界。

● 发展观与辩证法

《老子》说:"万物负阴而抱阳,冲气以为和。"(四十二章)世界上所有的事物都是"阴"、"阳"两方面对立统一的共生体,道家由此而生发的发展观与辩证法体现在两个方面:

第一,对立面相互依存、相互渗透。

《老子》说:"天下皆知美之为美,斯恶已。皆知善之为善,斯不善已。有无相生,难易相成,长短相形,高下相盈,音声相和,前后相随。恒也。"(二章)这段话说明,任何一个性质、属性的存在都以对立面的存在为条件。《老子》中还有许多反映此观点的表达:

无状之状,无物之象。(十四章)

夫唯不争,故天下莫能与之争。(二十二章)

曲则全,枉则直,洼则盈,敝则新,少则得,多则惑。(二十二章)

明道若昧;进道若退;夷道若纇;上德若谷;广德若不足;建德若偷;质真若渝;大白若辱;大方无隅;大器晚成;大音希声;大象无形;道隐无名。(四十一章)

天下之至柔,驰骋天下之至坚。(四十三章)

大成若缺,其用不弊;大盈若冲,其用不穷;大直若屈,大巧若拙,大辩若讷。(四十五章)

是以圣人方而不割,廉而不刿,直而不肆,光而不耀。(五十八章)

人之生也柔弱,其死也坚强。万物草木之生也柔脆,其死也枯槁。故坚强者死之徒;柔弱者生之徒。是以兵强则灭,木强则折。强大处下,柔弱处上。(七十六章)

天下莫柔弱于水,而攻坚强者莫之能胜,以其无以易之。弱之胜强,柔之胜刚,天下莫不知,莫能行。(七十八章)

第二,对立面是互相转化的。

《老子》说:"民之饥,以其上食税之多,是以饥。"(七十五章)"朝甚除，田甚芜，仓甚虚，服文采，带利剑，厌饮食，财货有余，是为盗竽，非道也哉！"（五十三章）"天之道损有余而补不足。人之道则不然，损不足以奉有余。"（七十七章）所谓"人之道"，其实是剥削阶级的"道"——非但没有以余补不足，还剥削那些贫苦之人以反哺富足之人。如何面对统治阶级的剥削？《老子》提出的策略是："将欲歙之，必固张之；将欲弱之，必固强之；将欲废之，必固兴之；将欲夺之，必固与之。"（三十六章）对于某一事物，要想使其改变现有状态，就要促使它沿着当前的状态持续发展直至极限，随后事物将朝向相反的方向转化，恰如任继愈在《老子绎读》第四十章的提示中说："这一章讲'反者道之动'，'道'向着它相反的方面运动。"[1]这是典型的发展与辩证的观点。发展观与辩证法是道家尤其是老子学说非常精妙的部分，对世界、人生、艺术都产生了极大的影响，前述曹禺在《日出》前面引用的就是《老子》中的这些话，表达他对那个"损不足以奉有余"的腐朽世界的看法——物极则反，这个世界注定是要灭亡的。

基于发展的观点，关注量变的积累引起质变乃至物极则反，这是《老子》整个思想中的一个原则，即所谓的"物壮则老"（三十章），事物发展到极盛之时，它就必然要走下坡路，一步步衰老下去。《老子》说，"祸兮福之所倚，福兮祸之所伏"，"正复为奇，善复为妖"（五十八章），事物会向其对立面转化。《老子》还说，事物向对立面转化并非突如其来的，而是一个从量变到质变的过程："合抱之木生于毫末，九层之台起于累土，千里之行始于足下。"类似的说法还有："故飘风不终朝，暴雨不终日。……天地尚不能久，而况于人乎"（二十三章），"反者道之动。……天下万物生于有，有生于无"（四十章），"天下难事，必作于易；天下大事，必作于细"（六十三章）。

道家思想对中国艺术审美产生了奠基性的、极为重要的影响。道家思想最初并非为文艺审美而生，但是道家对"道"的描述，显示出高度的诗性智慧，富有深刻的文艺审美意味，因此成为中国文艺审美的重要本体。[2]前

---

[1] 任继愈：《老子绎读》，北京图书馆出版社2006年版，第95页。
[2] 易小斌：《道家与文艺审美思想生成研究》，岳麓书社2009年版，第103页。

述文学理论和作品批评中的文学审美部分，就有大量的道家思想转化为具体的审美指向，包括："道法自然"、"原天地之美"的审美追求；"朴"、"淡"、"和"、"韵"、"虚"、"静"的审美趣味；对立统一、发展转化的辩证审美；形象感悟、整体观照的审美体验；等等。徐复观说："假定谈中国艺术而拒绝谈玄的心灵状态，那等于研究一座建筑物而只肯在建筑物的大门口徘徊而不肯到达门内。"① 因此，道家之"道"是理解中国审美的必经之门。

三、儒道互援

总的说来，儒家思想以人的社会属性为重，道家思想以人的个体属性为重；儒家主张有为、仁爱、大同、内圣外王，鼓励人们积极入世、建功立业；道家则主张自然、无为、齐物、逍遥、全生避害，鼓励人们超然世外、解放自我。儒家讲"己立立人，己达达人"，"居天下之广居，立天下之正位，行天下之大道"；道家则主张出世、超越、放达的品格，身处人世间却非"与人为徒"而是"与天为徒"，"遂其情，安其性"，恢复"天放"的本性。儒、道思想在很多方面看似是对立的，对一个文人来说，他是否需要"站队"，即他要么是儒家思想的信奉者，要么是道家思想的追随者？我们来看陶渊明诗文中最富美感的借景抒情的文字：

山气日夕佳，飞鸟相与还。（《饮酒二十首》其五）

幽兰生前庭，含熏待清风。（《饮酒二十首》其十七）

暧暧远人村，依依墟里烟。狗吠深巷中，鸡鸣桑树颠。（《归园田居》其一）

道狭草木长，夕露沾我衣。（《归园田居》其三）

山涧清且浅，可以濯吾足。（《归园田居》其五）

飘飘西来风，悠悠东去云。（《与殷晋安别》）

平畴交远风，良苗亦怀新。（《癸卯岁始春怀古田舍二首》其二）

---

① 徐复观：《中国艺术精神》，春风文艺出版社1987年版，第5页。

气和天惟澄，班坐依远流；弱湍驰文鲂，闲谷矫鸣鸥。(《游斜川》)

清气澄余滓，杳然天界高。哀蝉无留响，丛雁鸣云霄。(《己酉岁九月九日》)

孟夏草木长，绕屋树扶疏。……微雨从东来，好风与之俱。(《读山海经》其一)

这些文字非常典型地体现了道家的审美趣味，所描写的景色干净、朴素，富含玄远的意味。这些诗句描画的既是物质的自然，更是内心的自然，与复杂、矫厉的人事和世事形成鲜明的对比。这些诗句无疑是陶渊明作品中最动人、最迷人的部分。但是，不能因此而认为陶渊明只有纯粹的道家思想。李长之指出，陶渊明从29岁第一次出仕到41岁最后一次出仕，一直"动荡于仕与隐之间"。陶渊明40岁时写的《荣木》前言有云："总角闻道，白首无成"，"先师遗训，余岂云坠？四十无闻，斯不足畏。脂我名车，策我名骥；千里虽遥，孰敢不至？"陶渊明彻底辞官前仍通过诗文表达对时局、世事的关切。[1]陶渊明早年受到儒家教育，他自白"少年罕人事，游好在六经，行行向不惑，淹留遂无成"(《饮酒二十首》其十六)，"忆我少壮时，无乐自欣豫，猛志逸四海，骞翮思远翥"(《杂诗》)，"少时壮且厉，抚剑独行游，谁言行游近，张掖至幽州。……不见相知人，惟见古时丘。路边两高坟，伯牙与庄周。此士难再得，吾行欲何求"(《拟古九首》其八)。陶渊明在其诗文中表达了他对儒家先贤和儒家典籍的崇拜：

先师有遗训，忧道不忧贫。(《癸卯岁始春怀古田舍二首》其二)

谈谐无俗调，所说圣人篇。(《答庞参军》)

奉上天之成命，师圣人之遗书。发忠孝于君亲，生信义于乡闾。(《感士不遇赋》)

羲农去我久，举世少复真；汲汲鲁中叟，弥缝使其淳。凤鸟虽不至，礼乐暂得新；洙泗辍微响，漂流逮狂秦。诗书复何罪，一朝成灰尘；区区诸老翁，为事诚殷勤。如何绝世下，六籍无一亲。(《饮酒二十首》其二十)

---

[1] 李长之：《陶渊明传论》，《李长之文集》，河北教育出版社2006年版，559页。

儒家思想如"君子固穷"有力地支持了陶渊明的安贫乐道，他屡次提到"固穷节"："历览千载书，时时见遗烈，高操非所攀，谬得固穷节。"（《癸卯岁十二月中作与从弟敬远》）"不赖固穷节，百世当谁传。"（《饮酒二十首》其二）"竟抱固穷节，饥寒饱所更。"（《饮酒二十首》其十六）"宁固穷以济意，不委曲而累己。"（《感士不遇赋》）"斯滥岂攸志，固穷夙所归。"（《有会而作》）陶渊明在《咏贫士七首》中多次抒发穷而守道的意志："量力守故辙，岂不寒与饥。"（其一）"闲居非陈厄，窃有愠见言。何以慰吾怀，赖古多此贤。"（其二）"岂忘袭轻裘，苟得非所钦。"（其三）"安贫守贱者，自古有黔娄。……朝与仁义生，夕死复何求。"（其四）"贫富常交战，道胜无戚颜。"（其五）"谁云固穷难，邈哉此前修。"（其七）

陶渊明的人生和他的作品当然也受道家思想的影响，尤其在他晚年——41岁归耕后——最为明显。陶渊明在《桃花源诗》中描绘了他心目中的理想社会："春蚕收长丝，秋熟靡王税。荒路暧交通，鸡犬互鸣吠。俎豆犹古法，衣裳无新制。……怡然有余乐，于何劳智慧。"这正是老子所说的"小国寡民"的形态："使有什伯之器而不用，使民重死而不远徙；虽有舟舆无所乘之，虽有甲兵无所陈之；使人复结绳而用之。至治之极。甘其食，美其服，安其居，乐其俗，邻国相望，鸡犬之声相闻，民至老死不相往来。"（《老子》八十章）《庄子·马蹄》中描述的社会也是这样："夫赫胥氏之时，民居不知所为，行不知所之，含哺而熙，鼓腹而游。"而陶渊明正有诗道："仰想东户时，余粮宿中田，鼓腹无所思，朝起暮归眠。"（《戊申岁六月中遇火》）《庄子·秋水》说："当尧舜而天下无穷人。"陶渊明同样慨叹："重华去我久，贫士世相寻。"（《咏贫士七首》其三）

再看陶渊明的人格特点。萧统在《陶渊明传》中说："渊明少有高趣，博学，善属文，颖脱不群，任真自得。""任真自得"，这是非常贴切的陶渊明人格写照。陶渊明自白"少无适俗韵，性本爱丘山"（《归园田居》其一），他热爱自然，因为自然和他的人格——任真——非常契合，而自然的对立面就是扭曲与矫厉的官场。陶渊明在《归去来兮辞》中说："及少日，眷然有归欤之情。何则？质性自然，非矫厉所得。"这是他感到自己的个性与入世做官之间存在矛盾，陶渊明的个性使他更亲近自然而单纯的生活："少学琴书，偶爱闲静，开卷有得，便欣然忘食，见树木交荫，时鸟变声，亦复欢然有喜。常言：五六月中，北窗下卧，遇凉风暂至，自谓是羲皇上人。"（《与子俨等疏》）陶渊明回归田园，不仅是回归、亲近物质的自然，更是回归自己的本性，这种回归的力量使他数次入仕出仕。陶渊明在29岁时刚一出仕时即写"遂尽介然分，拂衣归田里"（《饮酒二十首》其十九）；36岁再出仕，又觉矛盾想抽身而去，在《始作镇军参军经曲阿作》中写"目倦川涂异，心念山泽居"，在《庚子岁五月中从都还阻风于规林二首》其二中写"静念园林好，人间良可辞"；37岁时在《辛丑岁七月赴假还江陵夜行涂口》写"投冠旋旧墟，不为好爵萦"；直至41岁最终辞官归田写"园田日梦想，安得久离析"（《乙巳岁三月为建威参军使都经钱溪》）。

回归田园对陶渊明来说是"久在樊笼里，复得返自然"，这是一个漫长、复杂的过程。"如何舍此去，遥遥至西荆"是他对闲居生活的不舍；"望云惭高鸟，临水愧游鱼"，"误落尘网中，一去三十年"是他为官生活的痛苦；"羁鸟恋旧林，池鱼思故渊"是他归田的动力；"商歌非吾事，依依在耦耕"是他对自己本性的认识；"真想初在襟，谁谓形迹拘？聊且凭化迁，终返班生庐"是他付诸行动的决心；"行行循归路，计日望旧居"，"道路回且长，风波阻中途"是他回归田园的急切和艰难；"纡辔诚可学，违己讵非迷。且共欢此饮，吾驾不可回"是他对自己最终选择田园生活的坚定；"鼓腹无所思，朝起暮归眠"，"但愿长如此，躬耕非所叹"，"栖栖世中事，岁月共相疏"是简单朴素的田园生活的写照；"此事真复乐，聊用忘华簪"，"众鸟欣有托，吾亦爱吾庐"，"俯仰终宇宙，不乐复何如"，"采菊东篱下，悠然见南山"是田园生活带来的欣喜与安然。认识自己的本性，按照自己的本性"回归自然"，这就是在践行道家思想，陶渊明因此而获得了大快乐、大安宁，他将这种快乐和安宁用文字表达出来，感动了世世代代的人们。

从陶渊明的人生和文字，我们能看到儒道思想可以交织在一个人的身上，在他人生的某个阶段也许某种思想占主导地位，但这并不表明他就屏蔽、根除了另一种思想。这好像两条不同的路，每条路有不同的风景也有不同的艰险，有的人如嵇康，明确地偏爱道家的路；有的人如陶渊明，在人生的不同阶段分别尝试过两条路——在儒家的路上谋生，不忘儿时受到的经世济国的教诲，践行"君子固穷"的儒家精神，在道家的路上安放自己的灵魂，追寻和回复自己的天性，用优美的文字表达自己内心的欢喜；有的人将儒家之道视为正途，遇到艰险时在道家的天地疗伤休憩，最终还是要回到儒家的路；还有的人对两条路上的风景都能接受和欣赏，在不同的人生道路上徜徉。

作为中国文化的核心层，儒道思想为中国文人提供了最基本的世界观和方法论，深刻地影响着文学作品的主题、内容与表现手法，这是文本分析必须关注的一个非常重要的背景。下面以苏轼为例，较为详细地呈现、分析儒道思想对其人生和作品的影响。

苏轼（1037—1101），字子瞻，又字和仲，号东坡居士。苏轼的人生三起三落，可谓跌宕起伏、极为坎坷。

1057年苏轼参加科举考试，一举成名，在录取的三百多个进士中名列第二。主考官欧阳修大赞其应试文《刑赏忠厚之至论》，他说："读轼书不觉汗出，快哉！老夫当避此人，放出一头地。"[①]苏轼步入仕途之日，正值王安石变法之时，朝廷上革新派和守旧派斗争激烈，苏轼站在守旧派的立场上，多次上书神宗请求尽快制止变法，未果。苏轼感到自己与当权者的理念相差太大，便请求外任，获准后任杭州通判。三年后，又到密州、徐州、湖州等地任知州，在此期间，苏轼针对新法推行中出现的问题写了一些讥讽的诗文。1079年，苏轼被指控讪谤朝政、反对新法、指斥皇帝，李定、舒亶等人欲置苏轼于死地，苏轼被关押审讯，此即"乌台诗案"，苏轼最终因此案被贬黄州团练副使任。

1085年，年仅10岁的宋哲宗继位，皇太后摄政，尽废王安石新法，任用司马光为宰相。苏轼青云直上，先任登州太守，到任五天就被召回京城，

[①] 崔承运：《苏轼散文选集》，百花文艺出版社2009年版，第4页。

官至翰林学士知制诰。短短 17 个月时间，苏轼从戴罪之身的从八品升到正三品。太后和司马光全盘否定王安石的新法，苏轼坚持原则反对这种做法。因与太后和司马光政见不合，苏轼主动请辞外放，获准后出任杭州知州。

1091 年苏轼回朝，做了七个月的吏部尚书，然后出任颍州、扬州知州，再任兵部尚书一个月，礼部尚书九个月。1093 年哲宗亲政，无情打击"元祐党人"，先把苏轼降为定州知州，赶出京城，上任一个月被贬到遥远的惠州，在那里住了两年零六个月，再被贬到更远的儋州。

人生的艰险坎坷并未妨碍苏轼一生为官为文都取得大成就。在朝中为官他"忠言直谏，挺挺大节，群臣无出其右"，"不俯身从众，卑论趋时"（《宋史·苏轼传》）；做地方官则为官一处惠民一方，留下件件政绩。以文学成就而言，苏轼是宋代成就最高的文学家，在整个中国文学史上其地位也十分突出。宋人称："苏轼文章为天下第一。"（范祖禹《荐讲读官札子》）《宋史·苏轼传》称赞他的创作"浑涵光芒，雄视百代"，即使是当时的政敌，也称苏轼"诚天下之奇才"（王巩《甲申杂记》）。清人李调元说："以其诗声如律吕，气若江河，……由其天分高，学力厚，故纵笔所之，无不精警动人。"（《雨村诗话》卷下）清代赵翼称苏轼："才思横溢，触处生春。胸中书卷繁富，又足以供其左旋右抽，无不如志。其尤不可及者，天生健笔一枝，爽如哀梨，快如并剪，有必达之隐，无难显之情，此所以继李杜后为一大家也。"（《瓯北诗话》卷五）苏轼遭受到如此多的打击与磨难，却绽放出极为绚烂的人生光芒，这与其同时保有刚健进取和超然豁达的人生态度有关，而这根本上源于苏轼将儒、道思想集于一身，二者共存互援，给予苏轼以支持和平衡的力量。

苏辙为苏轼写的《亡兄子瞻端明墓志铭》中有两则故事。一则是说苏轼 10 岁时，母程氏亲授以书。程氏读《范滂传》，慨然太息。轼曰："轼若为滂，母许之否乎？"程氏曰："汝能为滂，吾顾不能为滂母邪？"又一则是说苏轼读庄子，叹曰："吾昔有见于中，口未能言，今见《庄子》，得吾心矣。"叶嘉莹认为，这两则故事表现了苏轼性格中的两种主要特质：一种是想要奋发有为，愿以天下为己任，虽遇艰危而不悔的"用世之志"；另一种则是不为外物之得失荣辱所累的超然旷达。令人瞩目的是，苏轼把儒家用世之志与道家旷达精神作了极圆满的融合，虽经困穷斥逐之中也未曾迷失彷徨，而终于自我实现、自我成就。① 刚健的儒家情怀、旷达的道家精神，二者相辅相成牵引着苏轼的进退得失，塑造了苏轼丰满充实的人生，理解苏轼、理解苏轼的作品，就要理解苏轼的儒道情怀及二者如何在其身上共存互援。

● 苏轼的儒家情怀

苏轼以尊主泽民思想为行事原则。新党上台，他极力反对王安石新法病民扰民之弊，旧党上台，他又极力反对司马光的"尽废新法"，结果是大半生迭遭构陷，频频被贬。这非常典型地显现了苏轼的儒家情怀——"知其不可为而为之"，从中我们能看到苏轼的浩然之气和家国情怀。苏轼坚持一个儒生为人为官的原则，他为了实现心中的理想和道义在所不惜，这与孔子矢志不渝地实现自己治国理想的作为非常相似。

苏轼年轻时就有一番取仕治国的壮志，他说："当时共客长安，似二陆初来俱少年。有笔头千字，胸中万卷，致君尧舜，此事何难。用舍由时，行藏在我，袖手何妨闲处看。"（《沁园春·孤馆灯青》）直到老年，经受了那么多的打击和困难，他仍然壮志未改："吾侪虽老且穷，而道理贯心肝，忠义填骨髓，直须谈笑于死生之际。"（《与李公择书》之十一）

苏轼自幼年就接受儒家的熏陶与教育。苏轼的父亲苏洵是一位儒生，他写的《权书》、《衡论》、《六经论》、《洪范论》等均与儒家经典有关。关于教育儿子，苏洵在《上张侍郎第一书》中说："洵有二子轼、辙，龆龀授经，不知他习，进趋拜跪，仪状甚野，而独于文字中有可观者。"由此可见苏洵对儒家经典的推崇及苏轼儒学根底的深厚。苏洵令苏轼和苏辙兄弟遍注儒家经典，苏轼的《书论》、《诗论》、《礼论》、《春秋论》、《中庸论》、《孟子论》、《论孔子》、《仁说》、《论语说》（佚传）等是其专研儒家经典的代表作。

苏轼崇拜和敬仰孔子，他在《论孔子》中说："孔子以羁旅之臣得政期

---

① 叶嘉莹：《迦陵文集（五）》，河北教育出版社1997年版，第117-118页。

月,而能举治世之礼,以律亡国之臣,堕名都,出藏甲,而三桓不疑其害己,此必有不言而信,不怒而威者矣。孔子之圣见于行事,至此为无疑也。"苏轼在《孟子论》中赞赏了孔子"博学而不乱,深思而不惑","是故尧、舜、禹、汤、文、武、周公之法度礼乐刑政,与当世之贤人君子百氏之书,百工之技艺,九州之内,四海之外,九夷八蛮之事,荒忽诞谩而不可考者,杂然皆列乎胸中"。苏轼认为孟子继承并发挥了孔子的礼治思想,孟子之道"始于至粗,而极于至精。充乎天地,放乎四海,而毫厘有所必计"。

苏轼非常信奉和推崇以"礼"为核心的儒家理论:

今使礼废而不修,则君臣不严、父子不笃、孝弟不形、义不显,反不足重乎?(《礼以养人为本论》)

孔子论三代之盛,必归于礼之大成,而其衰必本于礼之渐废。君臣、父子、上下,莫不由礼而定其位。至以为有礼则生,无礼则死!(《学士院试春秋定天下之邪正论》)

乐作于下,礼行于上,雍容和穆,终日而不乱。夫古之人何其知礼而行之不劳也,惟其习惯而无疑,……是以其人入于其间,耳目聪明而手足无所忤,其身安于礼之曲折而其心不乱,以能深思礼乐之意,故其廉耻退让之节,睟然见于面而盎然发于其躬。夫是以能使天下观其行事,而忘其暴戾鄙野之气。……故夫三代之视上古,犹今之视三代也。三代之器不可复用矣,而其制礼之意尚可依仿以为法也。(《礼论》)

君子以礼治天下之分,使尊者习为尊,卑者安为卑。则夫民之慢上者非所忧也;君子以义处天下之宜,使禄之一国者,不自以为多,抱关击柝者不自以为寡,则夫民之劳苦独贤者又非所忧也;君子以信一天下之惑,使作于中者必形于外,循其名者必得其实,则夫空言不足以劝课者,又非所忧也。此三者足以成德矣。(《礼义信足以成德论》)

周室既衰,诸侯并起力征争夺者,天下皆是也。德既无以相过,则智胜而已矣,智既无以相倾,则力夺而已矣。至秦之乱,则天下荡然无复知有仁义矣。汉高帝以三尺剑,起布衣,五年而并天下。……故陆贾讥之曰:"陛下以马上得之，岂可以马上治之！"叔孙通亦曰："儒者难以进取，可与守成。"……故具论三代以来所以取守之术，使知禹、汤、文、武之威德亦儒者之极功。(《儒者可与守成论》)

如前所述，儒家把"礼"、"仪"从外在规范转换为个体的心理原则，也就是人性和人格，这种转换因凸显个体的人格力量而具有美学意义。苏轼在践行儒家思想的过程中完成了其人格塑造，其人格魅力在为官为文中彰显出来，而这一点最突出地体现在他对儒生的责任以及与君王的关系的理解，尤其在遭遇"不用"、"弃用"、"贬抑"时如何自处。

苏轼认为经世济国是一个儒生责无旁贷的使命，他在《学士院试孔子从先进论》中说："圣人视天下之不治如赤子之在水火也，其欲得君以行道，可谓急矣。"苏轼赞赏贾谊的学问，但对贾谊的经济之道提出了批评，他在《贾谊论》中说：

非才之难，所以自用者实难。惜乎贾生王者之佐，而不能自用其才也。夫君子之所取者远，则必有所待；所就者大，则必有所忍。古之贤人，皆有可致之才，而卒不能行其万一者，未必皆其时君之罪，或者其自取也。……仲尼圣人，历试于天下，苟非大无道之国，皆欲勉强扶持，庶几一日得行其道。将之荆，先之以子夏，申之以冉有。君子之欲得其君，如此其勤也。孟子去齐，三宿而后出昼，犹曰：王其庶几召我。君子之不忍弃其君，如此其厚也。公孙丑问曰：夫子何为不豫？孟子曰：方今天下，舍我其谁哉？而吾何为不豫？君子之爱其身，如此其至也。夫如此而不用，然后知天下之果不足与有为，而可以无憾矣。若贾生者，非汉文之不用生，生之不能用汉文也。夫绛侯亲握天子玺而授之文帝，灌婴连兵数十万，以决刘吕之雌雄，又皆高帝之旧将，此其君臣相得之分，岂特父子骨肉手足哉？贾生，洛阳之少年，欲使其一朝之间，尽弃其旧而谋其新，亦已难矣。为贾生者，上得其君，下得其大臣，如绛、灌之属，优游浸渍而深交之，使天子不疑，大臣不忌，然后举天下而惟吾之所欲为，不过十年，可以得志。安有立谈之间，而遽为人痛哭哉！观其过湘为赋以吊屈原，纡郁愤闷，趯然有远举之志。其后卒以自伤哭泣，至于夭绝，是亦不善处穷者也。夫谋之一不见用，安知终不复用也？不知默默以待其变，而自残至此。呜呼！贾生志大而量小，才有余而识不足也。

这段话极为重要，典型体现了苏轼将儒家提倡的修身、治国、平天下结合起来。苏轼认为贾谊的遭遇不是君之罪而是自取，非汉文帝不用贾谊而是贾谊不能用汉文帝，原因在于贾谊不能"待"和"忍"。苏轼举出孔子和孟子的例证：孔子"历试于天下"，期待有一天能"得行其道"；孟子面对王之弃用以"方今天下，舍我其谁哉"的气概坚持到最后一刻："夫如此而不用，然后知天下之果不足与有为，而可以无憾矣。"苏轼认为这样做才是"君子之不忍弃其君，如此其厚也"。"夫君子之所取者远，则必有所待，所就者大，则必有所忍"，苏轼在遭遇困厄的时候，一定也是如此鼓励自己的要"待"和"忍"的。

对儒家思想的认同加上"待"、"忍"的决心，苏轼积极而坚定地履行自己的职责，坚持原则忠言直谏，务实精进惠民爱民。陆贽是苏轼敬慕的前贤，他在《答虔倅俞括一首》中说：

文人之盛，莫若近世。然私所钦慕者，独陆宣公一人。家有公奏议善本，顷侍讲读，尝缮写进御。区区之忠，自谓庶几于孟轲之敬王，且欲推此学于天下，使家藏此方，人挟此药，以待世之病者，岂非仁人君子之至情也哉！

苏轼在《乞校正陆贽奏议进御札子》中对陆贽作了全面而精当的评价：

伏见唐宰相陆贽，才本王佐，学为帝师。论深切于事情，言不离于道德。智如子房而文则过，辩如贾谊而术不疏，上以格君心之非，下以通天下之志。但其不幸，仕不遇时。德宗以苛刻为能，而贽谏之以忠厚；德宗以猜疑为术，而贽劝之以推诚；德宗好用兵，而贽以消兵为先；德宗好聚财，而贽以散财为急。……可谓进苦口之乐石，针害身之膏肓。使德宗尽用其言，则贞观可得而复。

第六章　儒道思想

"上以格君心之非，下以通天下之志"，这是苏轼所赞赏的儒生应有的志向和作为。苏轼欣赏陆贽对德宗的直言劝谏，如苦口之良药，丝毫不计自己的安危得失。苏轼同样怀着报国之志写了大量策论、奏疏，如《上初即位论治道二首》《刑政论》《道德论》《进策二十五篇》(《策略》五篇、《策别》十七篇、《策断》三篇)、《上皇帝书》《奏浙西灾伤第一状》《代张方平谏用兵书》《湖州谢上表》等等，这些策论、奏疏都直面君事国事，勇于指陈时弊、论古今治乱、现民生疾苦而不为空言。

在为文为诗方面，苏轼同样秉承儒家精神关注国事、关切民生。如其弟苏辙在《历代论一〈并引〉》中所说："父兄之学，皆以古今成败得失为议论之要。"苏轼在《题柳子厚诗二首》其二中说："诗须要有为而作，用事当以故为新。"他在《凫绎先生诗集叙》中赞扬颜太初的诗文："先生之诗文，皆有为而作，精悍确苦，言必中当世之过。凿凿乎如五谷必可以疗饥，断断乎如药石必可以伐病。"苏轼通过他的诗文表达对百姓疾苦深切的关注：他写面对饥荒的痛苦——"秋禾不满眼，宿麦种亦稀。永愧此邦人，芒刺在肤肌。平生五千卷，一字不救饥"(《和孔郎中荆林马上见寄》)；他写田间妇人的叹息——"汗流肩赪载入市，价贱乞与如糠粞。卖牛纳税拆屋炊，虑浅不及明年饥"(《吴中田妇叹》)；他写山中农民——"岂是闻《韶》解忘味，尔来三月食无盐"(《山村五绝》之三)，直指朝廷食盐专卖扼杀盐业；他写因挖运河通盐船而被征调的人民的苦难——"人如鸭与猪，投泥相溅惊"(《汤村开运盐河雨中督役》)；他讽喻朝廷兴建水利多不切实际，害多利少——"东海若知明主意，应教斥卤变桑田"(《八月十五日看潮五绝》之四)。

苏轼高度的社会责任感不仅表现在他的奏疏和诗文中，他还付诸行动改善民生，践行儒家"仁者爱人"的理念。苏轼一生虽然仕途坎坷，宦海沉浮，却始终常怀爱民之心，常谋利民之事，即使在被贬后，仍然专注于为民办实事。在徐州，苏轼亲自带领官员防洪、筑堤、引洪入黄；在杭州，他疏浚西湖，修筑苏堤，创办医院，赈济灾民；在密州，他捕蝗抗灾，常山祈雨，收养弃儿，检敛饿殍；在惠州，他引泉入城造福当地百姓。

综上所述，苏轼一生经历了很多坎坷与挫折，是儒家精神支撑他不断进取、百折不挠。"孔子历试于天下"、"孟子去齐"的榜样召唤着苏轼、激励着苏轼,他怀着"天将降大任于斯人也"、"舍我其谁"、"当仁不让"的责任感与使命感,勇敢地面对君王不智、奸佞当道,以一个充满"浩然之气"的"大丈夫"的角色实践着自己经世济国的理想。

● 苏轼的道禅精神

苏轼在《前赤壁赋》中写道:

客曰:"'月明星稀,乌鹊南飞。'此非曹孟德之诗乎?西望夏口,东望武昌,山川相缪,郁乎苍苍,此非孟德之困于周郎者乎?方其破荆州,下江陵,顺流而东也,舳舻千里,旌旗蔽空,酾酒临江,横槊赋诗,固一世之雄也,而今安在哉?况吾与子渔樵于江渚之上,侣鱼虾而友麋鹿,驾一叶之扁舟,举匏尊以相属。寄蜉蝣于天地,渺沧海之一粟。哀吾生之须臾,羡长江之无穷。挟飞仙以遨游,抱明月而长终。知不可乎骤得,托遗响于悲风。"

苏子曰:"客亦知夫水与月乎?逝者如斯,而未尝往也;盈虚者如彼,而卒莫消长也。盖将自其变者而观之,则天地曾不能以一瞬;自其不变者而观之,则物与我皆无尽也,而又何羡乎!且夫天地之间,物各有主,苟非吾之所有,虽一毫而莫取。惟江上之清风,与山间之明月,耳得之而为声,目遇之而成色,取之无禁,用之不竭。是造物者之无尽藏也,而吾与子之所共食。"

苏轼在千古名篇《前赤壁赋》中极写曹操一世之雄后骤然发问:"而今安在哉?"可是曹操毕竟成就了功业,自己却被放逐于江湖,人生似更为不堪——"况吾与子渔樵于江渚之上,侣鱼虾而友麋鹿"。如此看来,人生就像"寄蜉蝣于天地,渺沧海之一粟"那样渺小与无助,这与《庄子·秋水》中"吾在于天地之间,犹如小石小木之在大山也"的说法是一致的。苏轼喟叹:"哀吾生之须臾,羡长江之无穷",他想要"挟飞仙以遨游,抱明月而长终",但又意识到这不可能——"知不可乎骤得",只能"托遗响于悲风"。这些文字似充满悲观的气息,又显现出遁世之意。如果文章止于此处,可谓动人,但称不上"天地至文",后面的文字出现了转折与升华,显现出妙味与意境。苏轼说，水"未尝往也"，月"莫消长也"，永存还是消逝取决于观察的视角——"盖将自其变者而观之，则天地曾不能以一瞬；自其不变者而观之，则物与我皆无尽也"。人可以与自然一样"无尽"，对自然的永恒"又何羡乎"。人怎能"无尽"？人与自然融为一体，如此有限的人生和永恒的自然之间的界限就消失了。如陶渊明在辞世前所写："死去何所道，托体同山阿。"（《拟挽歌辞三首》其三）

苏轼的这些思想明显有道家的痕迹。《庄子·德充符》说："自其异者视之，肝胆楚越也；自其同者视之，万物皆一也。"苏轼在《醉白堂记》中夸赞韩琦"方其寓形于一醉也，齐得丧，忘祸福，混贵贱，等贤愚，同乎万物，而与造物者游，非独自比于乐天而已"。苏轼在《静常斋记》中说："虚而一，直而正，万物之生芸芸，此独漠然而自定，吾其命之曰'静'；泛而出，渺而藏，万物之逝滔滔，此独且然而不忘，吾其命之曰'常'。无古无今，无生无死，无终无始，无后无先，无我无人，无能无否，无离无著，无证无修。即是以观，非愚则痴。舍是以求，非病则狂。"以道家"齐一"的观点来看待人生，则生死、寿夭的分别都不存在，更何况官场的荣辱得失。这是苏轼能得到释然和解脱的重要的思想基础。苏轼在《前赤壁赋》中说，"且夫天地之间，物各有主，苟非吾之所有，虽一毫而莫取。"这体现了儒家的"知天命"，也体现了道家的"顺其自然"。苏轼提醒自己要摒弃"我执"而能"忘我"乃至"丧我"，进而达到"虚静"的心灵状态，如此而遭遇、感应、享受"取之无禁，用之不竭"的"江上之清风与山间之明月"，人生至此与天地而共有"大美"。

苏轼的《前赤壁赋》之所以堪称千古佳作，最重要的原因是他用精妙的文笔展现了深刻的哲学思考以及撼动心灵的妙味与境界，这种思考与妙味的基源是道家思想。苏轼借由道家思想对其跌宕起伏的人生体验进行了极富美感的升华，因此而获得心灵层面的释然与超脱，给人以极大的审美享受。

元丰七年（1084年），苏轼即将离开黄州赴汝州时，应安国寺僧首继连之邀作《黄州安国寺记》，苏轼在文章中回顾了自己居黄期间的生活及思想变化：

元丰二年十二月，余自吴兴守得罪，上不忍诛，以为黄州团练副使，使思过而自新焉。其明年二月至黄。舍馆粗定，衣食稍给，闭门却扫，收召魂魄，退伏思念，求所以自新之方。反观从来举意动作，皆不中道，非独今以得罪者也。欲新其一，恐失其二，触类而求之，有不可胜悔者，于是喟然叹曰："道不足以御气，性不足以胜习。不锄其本而耘其末，今虽改之，后必复作。盍归诚佛僧求一洗之。"得城南精舍曰安国寺，有茂林修竹，陂池亭榭。间一、二日辄往，焚香默坐，深自省察，则物我相忘，身心皆空，求罪垢所以生而不可得。一念清净，染污自落，表里翛然，无所附丽，私窃乐之。

"物我相忘，身心皆空"、"一念清净"、"表里翛然，无所附丽"，这些语言明确蕴含道家意味。值得注意的是，苏轼将自己"不中道"的原因归结为自己的"习"、"气"。我们认为，可以用"狂"这个字称之。苏轼在作品中多次以"狂"、"疏狂"、"老夫狂"自况：

老夫聊发少年狂。(《江城子·密州出猎》)

人皆笑其狂，子独怜其愚。(《送岑著作》)

疏狂似我人谁顾。(《次韵王定国马上见寄》)

野人疏狂逐渔钓，刺史宽大容歌呼。(《再和》)

春色岂关吾辈事，老狂聊作座中先。(《坐上赋戴花得天字》)

且趁闲身未老，尽放我、些子疏狂。(《满庭芳·蜗角虚名》)

嗟君老狂不知愧，更吟丑妇恶嘲谤。(《送碧香酒与赵明叔教授》)

美酒一杯谁与共，尊前舞雪狂歌送。(《渔家傲·临水纵横回晚鞚》)

强染霜髭扶翠袖，莫道狂夫不解狂，狂夫老更狂。(《十拍子·暮秋》)

更问尊前狂副使，来岁、花开时节与谁来。(《定风波·两两轻红半晕腮》)

自言静中阅世俗，有似不饮观酒狂。(《送刘道原归觐南康》)

有研究者统计，苏轼诗集、词集里分别有84首诗和12首词中有"狂"字出现。诗里面苏轼在杭州和其他外任时期"狂"字出现频率最高，尤其是在乌台诗案发生前不久；而在词里面，黄州时期"狂"字出现频率最高。①苏轼在《辨贾易弹奏待罪札子》文中说："臣愚蠢无状，常不自揆，窃怀忧国忧民之意。自为小官，即好僭议朝政，屡以此获罪。然受性于天，不能尽改。"他在一首给孔文仲的诗里说："我本麋鹿性，谅非伏辕姿。"（《次韵孔文仲推官见赠》）苏轼所说的这个天性就是狂——与礼和规范相逆，与"野"相生相伴。苏轼如麋鹿一般，其野性、狂放是自然的存在，他作不出"优辕"之姿，而这草野悠游之性使他不为官场相容——"我本不违世，而世与我殊"（《送岑著作》）。苏轼形容自己是野生的麋鹿，这不禁使我们想起《庄子·马蹄》中所写的"天放之马"。苏轼对自己的这种本性有清醒的认识，同时对能否改变自己的本性持怀疑态度，如他在前述《黄州安国寺记》中所说"今虽改之，后必复作"。苏轼的这种天性与其自幼年就亲近道禅，一生都从道禅中获得启悟与支持有很大的关系。

元符元年（1098年），苏轼贬居海南时写《众妙堂记》，记述了他在梦中与张易简道士的对话：

（苏轼）曰：老先生且至。其徒有诵《老子》者曰：玄之又玄，众妙之门。予曰：妙一而已，容有众乎？道士笑曰：一已陋矣，何妙之有。若审妙也，虽众可也。因指洒水薙草者曰：是各一妙也。予复视之，则二人者手若风雨，而步中规矩，盖焕然雾除，霍然云散。

老庄描绘了一个与世间的官场全然不同的世界，从这个梦中我们能看到，苏轼喜欢并向往这个世界。他在多个诗文中表达了这个愿望：

轼龆龀好道，本不欲婚宦，为父兄所强，一落世网，不能自逭，然未尝一念忘此心也。(《与刘宜翁使君书》)

长恨此身非我有，何时忘却营营。夜阑风静縠纹平，小舟从此逝，江海寄余生。(《临江仙·夜归临皋》)

我不如陶生，世事缠绵之。(《和陶饮酒二十首》其一)

---

① 阮延俊：《论苏轼的人生境界及其文化底蕴》，华中师范大学博士学位论文2012年，第21页。

不如西州杨道士，万里随身惟两膝。(《次韵孔毅甫久旱已而甚雨三首》)

苏轼在童年即受学于道士张易简，他一生亲近道禅。苏轼一生游览过的道观不计其数，他与道士之交往而有姓名者就有三十余人。[①]苏轼一生交往过的僧人可考者一百三十余人，有诗词来往者八十余人。[②]苏轼听道人禅师说法，欣赏他们的文字书画作品，共游名山大川，彻夜促膝长谈。苏轼写下大量文字表达对道人禅师的敬慕，对道禅生活的向往，对道语禅意的感悟。下面略举几例：

藤州邵彦肃道士曾与苏轼同窗，嘉祐年间，他们先后中了进士，邵不愿为官，到容州都峤山静心修道。苏轼被贬琼州时，邵道士非常同情苏轼的遭遇，便随他前往琼州相伴二年。元符三年（1100年），苏轼接到赦还的圣旨，路过容州时特意到都峤山拜访邵道士，两人欣然共处了十几日。苏轼跟道士分享修行方面的心得："身如芭蕉，心如莲花。百节疏通，万窍玲珑。来时一，去时八万四千。此义出《楞严》，世未有知之者也。"（《书赠邵道士》）邵道士送苏轼到苍梧，二人乘舟顺江而下，苏轼在《藤州江上夜起对月赠邵道士》中云："江月照我心，江水洗我肝，端如径寸珠，堕此白玉盘。我心本如此，月满江不湍，起舞者谁欤？莫作三人看！峤南瘴疠地，有此江月寒，乃知天壤间，何人不清安！"夜深难眠，苏轼叫醒邵道士，一同月下抚琴而歌，离别时，苏轼作《送邵道士彦肃还都峤》："乞得纷纷扰扰身，结茅都峤与仙邻。少而寡欲颜常好，老不求名语益真。许迈有妻还学道，陶潜无酒亦从人。相随十日还归去，万劫清游结此因。"

苏轼任杭州通判时，与钱塘僧官惠辩结交甚好，常听其宣讲佛理。苏轼在《海月辩公真赞并引》一文中说：

余通守钱塘时，海月大师惠辩者，实在此位。神宇澄穆，不见愠喜，而缁素悦服，予固喜从之游。时东南多事，吏治少暇，而余方年壮气盛，不安

---

① 阮延俊：《论苏轼的人生境界及其文化底蕴》，华中师范大学博士学位论文2012年，第114页。
② 同上，第69页。

厌官。每往见师，清坐相对，时闻一言，则百忧冰解，形神俱泰。因悟庄周所言东郭顺子之为人，人貌而天虚，缘而葆真，清而容物，物无道正，容以悟之，使人之意也消，盖师之谓也欤？……人皆趋世，出世者谁？人皆遗世，世谁为之？爰有大士，处此两间。非浊非清，非律非禅。惟是海月，都师之式。庶复见之，众缚自脱。

官场"多事少暇"，而那时的苏轼"年壮气盛"，有强烈的功名之欲，这些都给苏轼带来压力和烦恼，与惠辩的交流使其"百忧冰解，形神俱泰"。值得注意的是，苏轼问："人皆趋世，出世者谁？人皆遗世，世谁为之？"世间俗事总要有人打理，而惠辩即是"处此两间"之人。惠辩是正副僧职之外别补的僧官，负责"簿帐案牒奔走将迎之劳"，这些事情"高举远引山栖绝俗之士不屑为之"，而惠辩能"外涉世而中遗物"，以出世之心为俗世之务。苏轼认为这很难得——"盖亦难矣"！苏轼有道禅之心，又在官场中尽职尽责，官场即为修行的道场，这与惠辩的作为是相似的。

参寥是苏轼交往最为密切的诗僧之一。苏轼在徐州知州任上，参廖往彭城见苏轼并作《访彭门太守苏子瞻学士》，苏轼酬以《次韵僧潜见赠》。元丰二年（1079年）三月苏轼由知徐州移知湖州，秦观、参寥特意前来，三人游惠山、松江、垂虹亭等地，四月到湖州遍游诸寺。苏轼贬居黄州后，参寥多次给他写信，苏轼亦对参寥十分思念，写有《与参廖子二十一首》。元丰六年（1083年）参廖探望苏轼，二人同游赤壁、武昌西山、定慧院，彼此诗赋唱和甚多。元丰七年（1084年）苏轼被命移汝州，两人离开黄州之后沿长江东下，同游庐山，苏轼作《跋太虚辩才庐山题名》赠参寥，后同回潜山。是年六月二人分别，参寥作《九江与东坡居士话别》，苏轼作《次韵道潜留别》和之。元祐四年（1089年）苏轼任杭州知州期间常往智果院谒见参寥。苏轼被贬惠州后，两人仍多有信件来往。苏轼去世后，参寥作《东坡先生挽词》数首悼之。

苏轼研读了大量佛禅经典，他以禅入诗文，在文学作品中展现他的禅悟。如胡仔在《苕溪渔隐丛话》中所说："（东坡）后自岭外归，其诗云：'浮云时事改，孤月此心明。'语意高妙，如参禅悟道之人，吐露胸襟，无一毫窒碍。"苏辙在《亡兄子瞻端明墓志铭》中说苏轼"既而谪居于黄，杜门深居，驰骋翰墨，其文一变，如川之方至，而辙瞠然不能及矣！后读释氏书，深悟实相，参之孔老，博辩无碍，浩然不见其涯也"。有研究者对《苏轼诗集》进行分析，苏轼一生作诗2823首，其中佛禅诗490首，占其全部诗作的六分之一左右。①

《维摩经》应当是苏轼最先研读的佛经之一，苏轼一生的诗歌创作与《维摩经》结下了不解之缘。②苏轼初仕凤翔时所作的《维摩像唐杨惠之塑在天柱寺》有云："昔者子舆病且死，其友子祀往问之。……今观古塑维摩像，病骨磊嵬如枯龟。乃知至人外生死，此身变化浮云随。"诗作以《庄子·大宗师》"子祀往问子舆病"的故事为开端，巧妙关合《维摩经》"尔时长者维摩诘自念，寝疾于床"，释迦牟尼派遣众弟子及菩萨前往问疾的素材。苏轼称维摩诘为"至人"，"至人"一说出自《庄子·逍遥游》，可见苏轼对佛经的认识与《庄子》有着密切的关联，这与前述"由庄入佛"的文化背景是一致的。苏轼对《金刚经》极为欣赏，他在少年时代就开始接触《金刚经》，15岁时即手录《金刚经》，在后来的贬谪生涯中，苏轼不止一次书写过《金刚经》。苏轼对《金刚经》的两个核心思想——"虚妄之相"和"无所住"都有深刻理解并表现在其诗文中。③如"万事到头都是梦，休休。明日黄花蝶也愁"（《南乡子·重九涵辉楼呈徐君猷》），"世事一场大梦，人生几度秋凉"（《西江月·世事一场大梦》），"君看岸边苍石上，古来篙眼如蜂窠。但应此心无所住，造物虽驶如吾何"（《百步洪》）。除了《维摩经》和《金刚经》，苏轼对《坛经》、《楞严经》、《华严经》、《圆觉经》等均有精深的研读，并写

---

① 李明华：《苏轼诗歌与佛禅关系研究》，吉林大学博士学位论文2011年，第123页。
② 梁银林：《苏轼诗与〈维摩经〉》，《文学遗产》2006年第1期，第83-89页。
③ 张海沙，赵文斌：《苏轼与〈金刚经〉》，《中国文学研究》2010年第2期，第61-63页。

下大量以经义入诗入文的作品。①②③

与僧道交游,阅读佛禅经典,塑造了苏轼旷达的人格,也呼应了苏轼疏狂的天性,为苏轼打开了人生的另一方天地。苏轼从这些典籍中获得启悟与力量,从同道中人身上获得慰藉与支持,这使他能够从道禅的视角看待现世的困厄并将其升华,进而用文字的形式表达这种升华带来的心灵美感。

基于上述资料,我们可以看到苏轼兼具儒家情怀和道禅精神,这不是贴在苏轼身上两个独立的标签,而是深植于其人生的生命坐标。更重要的是,这两个人生立场不是孤立的,更不是相悖的,而是相互融合、相互支持的。中国传统文化中有"儒道互补"的说法,但对苏轼来说儒道不仅是互补,更是"互援"——更积极、更富有能动性。苏轼在《广成子解》中对《庄子·在宥》记载的黄帝问道于广成子之事进行诠释,从中我们可以看到儒道思想紧密的融合。

(黄帝)曰:"我闻吾子达于至道。敢问至道之精。吾欲取天地之精,以佐五谷,以养民人,吾又欲官阴阳,以遂群生,为之奈何?"

苏轼解:"道固有是也。然自是为之,则道不成。"苏轼认为道是自然的存在,非强求所得,这有道家"无为而无不为"、"顺其自然"的意味。

广成子曰:"而所欲问者,物之质也,而所欲官者,物之残也。"

苏轼解:"得道者不问,问道者未得也。得道者无物无我,未得者固将先我而后物。夫苟得道,则我有余而物自足,岂固先之耶。……言其情在于欲己长生,而外托于养民人、遂群生也。夫长生不死,岂非物之实,而所谓养民人、遂群生,岂非道之余乎?"苏轼借道家之言对经国济世进行解读,得道需要"去执去欲"、"物我不分"。黄帝存有"私心"和"欲执",所谓养民人、遂群生都是为了自己的长生。苏轼似在提醒自己,"得道者不问",努

---

① 丁庆勇等:《〈坛经〉与苏轼诗歌创作》,《湖南第一师范学院学报》2012年第1期,第98-101页。
② 梁银林:《苏轼诗与〈楞严经〉》,《社会科学研究》2010年第1期,第187-191页。
③ 阮延俊:《苏轼诗与禅之研究》,华中师范大学硕士学位论文2008年,第104-106页。

力耕耘不问收获，最终自然得道，为官谋事时要做到"物我不分"，摈弃自己的私欲，坚持纯粹朴素的做人做事的原则。

而佞人之心，翦翦者，又奚足以语至道？

苏轼解："真人之与佞人，犹谷之与稗也。所种者谷，虽瘠土堕农，不生稗也。所种者稗，虽美田疾耕，不生谷也。……倭伪之种，道何从生！"苏轼以稗和谷分别喻佞人和真人，真人无论处于多么恶劣的环境，也能因道而生，依道而行；佞人无论处于多么优渥的条件，最终也会废道而亡。一个人要相信和坚守自己的本质，不因外部环境而改变或动摇。

天地有官，阴阳有藏。

苏轼解："广成子以窈冥昏默立长生之本，以无思无为无欲去长生之害，又以至阴至阳坚凝之，吾事足于此矣。天地有官，自为我治之，阴阳有藏，自为我蓄之。为之者在我，成之者在彼。"苏轼在此再次强调无为——"无思无为无欲"，强调顺天道、顺自然——"为之者在我，成之者在彼"。

"我守其一，以处其和。故我修身千二百岁矣，吾形未尝衰。"……广成子曰："来，余语汝。彼其物无穷，而人皆以为终，彼其物无测，而人皆以为极。"

苏轼解："物本无终极，其分也成也，其成也毁也。物未尝有死，故长生者物之固然，非我独能。我能守一而处和，故不见其分成与毁尔。"事物总在不断地发展变化，总会处于分、成、毁的不同状态并循环不已，只有"守一"，才能抓住事物的本质，顺应事物发展的规律，以不变应万变，这是典型的道家发展辩证的观点。"守一而处和"，这似是苏轼对自己的内心喊话，鼓励自己面对困厄要坚持、坚守下去。能"守一而处和，故不见其分成与毁尔"，这也是道家"齐一"思想的体现，与《前赤壁赋》中"自其不变者而观之，则物与我皆无尽也"的感悟是一致的。

"吾与日月参光，吾与天地为常，当我缗乎，远我昏乎，人其尽死而我独存乎！"

苏轼解："可见、可言、可取、可去者，皆人也，非我也。不可见、不可言、不可取、不可去者，真我也。近是则智，远是则愚，得是则得道矣。故人其尽死而我独存者，此之谓也。"被看到、评说、毁誉的是他人眼中的我，不可见、不可评说、不可毁誉的才是真正的我。"得是则得道矣。故人其尽死而我独存"，寻获世间真理的人最终得道，这样的人是不朽的。他人眼中的我可以被压迫至死，而真我是永远不灭的，这似乎是苏轼处于人生低谷时对自己的内心喊话。

有研究者认为，《广成子解》是苏轼贬居黄州时的作品。[①]《广成子解》中黄帝是经世济国的代表人物，广成子是道家的得道人物，黄帝向广成子问道，与苏轼贬居黄州的精神需求非常契合——在人生非常艰难的时刻，在官场、世事中遇到困难时，苏轼从道家的视角和立场予以纾解。苏轼基于对道家的"道"、"无为"、"真人"的理解，提醒自己要"顺其自然"、"无为而无不为"、"逆顺齐一"、"物我齐一"、"处和守一"，这不仅能使苏轼对现世中的艰难挫折感到释然，甚至这些艰难挫折会发生转化与升华，成为"得道"必需的经历、必经的考验。这里蕴含着儒道互援的意味——苏轼基于儒家思想为官谋事，道家思想给予他部分做事的原则和策略，尤其在苏轼遭受困厄时使其感到安然和释然；而如果将苏轼的一生看作"得道"的过程，儒家的入世实践则是得道的经历与考验。

儒道两家之思想对苏轼来说有相当高的同一性，这是儒道能够互援的一个前提。苏轼有"孔老为一"、"佛老不二"的说法："昨日子由寄老子新解，读之不尽卷，废卷而叹，使战国时有此书，则无商鞅、韩非；使汉初有此书，则孔老为一；晋宋间有此书，则佛老不为二。"（《跋子由〈老子解〉后》）苏轼还说，儒释"不谋而同"，"相反而相为用"（《南华长老题名记》），"孔老异门，儒释分宫。又于其间，禅律相攻。我见大海，有北南东。江河虽殊，其至则同"（《祭龙井辩才文》）。

---

① 阮延俊：《论苏轼的人生境界及其文化底蕴》，华中师范大学博士学位论文2012年，第129页。

道家提出"知不可奈何而安之若命"(《庄子·德充符》),儒家提出"仁者不忧"(《论语·子罕》),"乐天知命"(《周易·系辞上》),二者有着高度的契合,这是苏轼儒道互援的一个基本立场。苏轼说:"命,令也,君之令曰命,天之令曰命,性之至者亦曰命。……命之与性非有天人之辨也。至其一而无我,则谓之命耳。"(《苏氏易传》卷一)君王、天道是命(令),自己的天性也是命,面对这诸多不可违抗之命,尽心知命是必然的选择。熙宁五年(1072年),苏轼在杭州通判任上赴湖州察看堤岸时,湖州知州孙觉请其为墨妙亭作记,苏轼在《墨妙亭记》中写道:

或以谓余,凡有物必归于尽,而恃形以为固者,尤不可长,虽金石之坚,俄而变坏,至于功名文章,其传世垂后,乃为差久。今乃以此托于彼,是久存者反求助于速坏。此即昔人之惑,而莘老又将深檐大屋以锢留之,推是意也,其无乃几于不知命也夫。余以为知命者必尽人事,然后理足而无憾。物之有成必有坏,譬如人之有生必有死,而国之有兴必有亡也。虽知其然,而君子之养身也,凡可以久生而缓死者无不用;其治国也,凡可以存存而救亡者无不为,至于不可奈何而后已。此之谓知命。

苏轼认为,孙觉把这些古文遗刻等文物托给一座亭子来保存,这是保存久长的反而向坏得快的寻求帮助,这不是不知天命吗?苏轼进而指出,就像凡是可以保生缓老的方法都要尽力去做,凡是可以保存国家免于衰亡的办法也要尽力去做,一直到无能为力才罢休——这就叫知天命。由此可见,苏轼的"知天命"是儒道融合的——"余以为知命者,必尽人事,然后理足而无憾"——既顺其自然又积极进取。元丰元年(1078年),苏轼在《思堂记》中有一段话表达了类似的想法,只是更加深情、更加动人:

遇事则发,不暇思也。未发而思之,则未至。已发而思之,则无及。以此终身,不知所思。言发于心而冲于口,吐之则逆人,茹之则逆余,以为宁逆人也,故卒吐之。君子之于善也,如好好色;其于不善也,如恶恶臭。岂复临事而后思,计议其美恶而避就之哉?是故临义而思利,则义必不果;临战而思生，则战必不力。若夫穷达得丧，死生祸福，则吾有命矣！……虽然，言各有当也。万物并育而不相害，道并行而不相悖。以质夫之贤，其所谓思者，岂世俗之营营于思虑者乎？《易》曰无思也，无为也。我愿学焉。《诗》曰"思无邪"，质夫以之。

"未发而思之，则未至"，此"至"为"性至"，性至之时"不暇思"，这即是前面苏轼提到的"性之至者亦曰命"。道家强调自然和自由，强调一个人要认识、恢复自己的本性，儒家同样强调修身养性。《论语·颜渊》讲"内省不疚，夫何忧何惧"，《孟子·尽心上》讲"尽其心者，知其性也。知其性，则知天矣"，《中庸》讲"唯天下至诚，为能尽其性。能尽其性，则能尽人之性；能尽人之性，则能尽物之性；能尽物之性，则可以赞天地之化育；可以赞天地之化育，则可以与天地参矣"。苏轼正是凭着一颗至诚的心"与天地参"，他依道家的"尽天性"，尊儒家的"知天命"，临义不思利，临战不思生，最终以无思、无为、思无邪的态度成就了灿烂而光辉的一生，活出真实的、尽天性的人生。对此叶嘉莹用"不落空"评价苏轼[①]：

他所追求的是一个可以无所待于外的完成。中国道家思想，要无待于外，自我完成。其实不但道家这样说，韩愈讲儒家的道理也说过的："博爱之谓仁，行而宜之之谓义，由是而之焉之谓道，足乎己无待于外之谓德。"苏东坡虽然在仕宦上失败了，但他不落空。

苏轼的一生像是在手持长杆走钢丝，长杆的一端是儒家情怀，另一端是道家精神，这两方面互通互援，使苏轼的人生能保持平衡并实现自我的圆满。苏轼将儒家的"从心所欲不逾矩"、道家的"逍遥游"和佛家的"得大自在"无间融合，以儒家积极入世之精神，融合佛道清旷达观之襟怀，入世而超世，超世而入世，执着人生又善处人生，以出世的态度做入世的事业，无论穷达显幽，都能保持精神的独立和思想的自由。苏轼援道禅入儒，道禅的静达旷放用儒家道德人格的浩然正气来支撑，成就虚静高洁的精神和淡泊

---

① 叶嘉莹：《唐宋词十七讲》，岳麓书社1989年版，第258页。

超逸的人生。可贵的是，当他在经世济国中遭遇困难和打击时，没有借道家思想逃避与消沉，更没有自我放逐，而是通过儒道互援获得新的起点和平衡，不断从挫折中奋起。苏轼依道家精神清修的地方不在山林，而在官场上、世事中、天地间。

《庄子·人间世》中有一段颜回的话：

> 然则我内直而外曲，成而上比。内直者，与天为徒。与天为徒者，知天子之与己皆天之所子。而独以己言蕲乎而人善之，蕲乎而人不善之邪？若然者，人谓之童子，是之谓与天为徒。外曲者，与人之为徒也。擎跽曲拳，人臣之礼也，人皆为之，吾敢不为邪？为人之所为者，人亦无疵焉，是之谓与人为徒。

"内直而外曲"，这可作为苏轼的人生写照。"内直"是苏轼体认的道家精神，使其有童子般的回归与坚持，苏轼因此而得以"与天为徒"；"外曲"是苏轼践行的儒家思想，"擎跽曲拳"指人臣之礼——手拿朝笏躬身下拜，苏轼"不敢不为"，其"不敢"不是因为从众——"人皆为之"，而是因为他秉持的儒家有关责任和使命的信念，苏轼因此而"与人为徒"。苏轼脚踩着大地——"与人为徒"，同时又观望着天际——"与天为徒"，他凭着这股充塞于天地之间的浩然之气激荡着他的人生，也激荡着他的文字。

林语堂认为苏轼的一生"求仁得仁"，他用苏轼自己的话来评价苏轼[①]："浩然之气不依形而立，不恃力而行，不待生而存，不随死而亡者矣。故在天为星辰，在地为河岳，幽则为鬼神，而明则复为人。此理之常，无足怪者。"(《潮州韩文公庙碑》)我们也用苏轼的两首诗词作为本部分的结尾：

定风波

莫听穿林打叶声，何妨吟啸且徐行。竹杖芒鞋轻胜马，谁怕？一蓑烟雨任平生。

料峭春风吹酒醒，微冷，山头斜照却相迎。回首向来萧瑟处，归去，也

---

① 林语堂：《苏东坡传》，海南出版社2001年版，第438页。

无风雨也无晴。

<h2 style="text-align:center">六月二十日夜渡海</h2>

参横斗转欲三更，苦雨终风也解晴。

云散月明谁点缀？天容海色本澄清。

空余鲁叟乘桴意，粗识轩辕奏乐声。

九死南荒吾不恨，兹游奇绝冠平生！

综上所述，儒道思想设定了中国文人基本的人生坐标，它既是精深的哲学思考，又是有力的人生指引。理解中国的文人、理解他们的作品，自然要深入体会儒道思想。儒道思想触及世界与人生最根本的问题，文人基于自己的人生经历以艺术的形式表达对这个问题的理解，蕴含儒道思想的文学作品既是深刻的，又是优美的，我们从中获得人生的启悟，也获得心灵的感动。

后　记

对语文教学的研究可谓是偶然的"闯入"。直至40岁前，我的学习和工作与语文教学一点关系都没有。

我大专学电气自动化，硕士学普通心理学，博士学教育心理学，博士在读期间开始参与课程改革的课题，毕业后做了好几年的学生学业成就项目，工作的重点是研究泛学科的学业成就评价框架。我在工作中发现一个问题，如果不具体深入到某个学科，很多测试目标有可能落空。出于好奇，我决定从语文学科入手，分析一下究竟从哪些方面、如何测试学生的语文素养。

有趣的是，从我看第一本与语文教育相关的书籍，我就发现自己对文学理论、文学史、文学批评、文学原典特别感兴趣！自2012年，我开始大量阅读相关书籍，在兴趣和任务的双重驱动下，我分别在2014年出版了《正本清源教语文——文本的内容分析策略》，2016年出版了《返璞归真教语文——文本的艺术分析》，这本书是这一系列的第三本。在《正本清源教语文》一书的后记中我回忆了自己从初中开始到硕士研究生毕业，非常喜欢并且大量阅读文学作品，在《返璞归真教语文》一书的后记中我提到语文教学的研究让我和文学"重逢"。感恩这偶然的"闯入"，感恩这美好的"重逢"。

自2011年，几乎所有的日子都在读书、写书中度过。辛苦吗？确实辛苦！鲁迅在《致宫竹心》中说："以文笔做生活，是世上最苦的职业。"我完全无意与伟大的鲁迅相比，只是在写作的"苦"这一点，这句话让我心有戚戚。世界上哪个职业不苦呢？只要想做好，都苦！为什么鲁迅说写作最苦？我想是因为鲁迅有其他"不苦"或者"不太苦"的工作可以做，而偏偏无法割舍写作。他在《致萧军、萧红》中说："我也时时感到寂寞，常常想改掉文学买卖，不做了，……不过这是暂时的愤慨，结果大约还是这样的干下去，到真的干不来了的时候。"——这真是"知其不可为而为之"啊！这几年放弃了做课题、评职称、带研究生，放弃了外出讲座的收入，专心致志、心无旁骛地看书和写书。可能未来有一天到了"真的干不来了的时候"，我仍然要说，我的人生中有这样的日子实在是太惬意、太幸运了！做一件对教学来说有意义、对自己来说有趣的事情，付出辛苦是必然也是乐于接受的啊！

  最后，感谢任红瑚女士——本书的策划编辑，这是我们合作的第八本书，我的第一本书就源自任编辑的鼓励和支持，这对我走上现在的生活道路影响很大。也感谢文字编辑张思扬女士对本书审阅工作的辛苦付出。

图书在版编目（CIP）数据

追根溯源教语文：文本的背景分析/赵希斌著．—上海：华东师范大学出版社，2017

ISBN 978-7-5675-6955-3

Ⅰ.①追… Ⅱ.①赵… Ⅲ.①语文教学—教学研究 Ⅳ.①H193

中国版本图书馆CIP数据核字（2017）第233436号

大夏书系·语文之道

追根溯源教语文：文本的背景分析

著　　者	赵希斌
策划编辑	任红瑚
审读编辑	张思扬
封面设计	淡晓库
出版发行	华东师范大学出版社
社　　址	上海市中山北路3663号　邮编　200062
网　　址	www.ecnupress.com.cn
电　　话	021-60821666　行政传真　021-62572105
客服电话	021-62865537
邮购电话	021-62869887　地址　上海市中山北路3663号华东师范大学校内先锋路口
网　　店	http://hdsdcbs.tmall.com/
印 刷 者	北京密兴印刷有限公司
开　　本	700×1000　16开
插　　页	1
印　　张	15
字　　数	222千字
版　　次	2017年10月第一版
印　　次	2021年7月第二次
印　　数	6101—8100
书　　号	ISBN 978-7-5675-6955-3/G·10641
定　　价	42.00元
出版人	王焰

（如发现本版图书有印订质量问题，请寄回本社市场部调换或电话021-62865537联系）